USAGES DU MONDE

OUVRAGES DE LA BARONNE STAFFE

Le Cabinet de Toilette. — 73ᵉ édition.

Un volume in-18, relié toile anglaise. — **4** francs.

La Maitresse de Maison. — *L'Art de recevoir chez soi.* — 40ᵉ édition.

Un volume in-18, relié toile anglaise. — **4** francs.

Traditions Culinaires et *l'Art de manger toutes choses à table.* — 10ᵉ édition.

Un volume in-18, relié toile anglaise. — **4** francs.

La correspondance dans toutes les circons- tances de la vie. — 15ᵉ édition.

Un volume in-18, relié toile anglaise. — **4** francs.

Mes Secrets. — *Pour plaire ; pour être aimée.* 24ᵉ édition.

Un volume in-18, cartonné. — **4** francs.

Les Pierres précieuses et les Bijoux.

Un volume in-16. — **2** francs.

Agenda de la Baronne Staffe, *pour 1 897.*

Un volume in-4º écu, cartonné. — **2** francs.

En préparation :

La Femme dans la Famille.

Un volume in-18, relié toile anglaise. — **4** francs.

USAGES DU MONDE

Règles du Savoir-Vivre

DANS LA

ociété Moderne

PAR

La Baronne STAFFE

122ᵉ ÉDITION

REVUE ET AUGMENTÉE

PARIS

G. HAVARD FILS, ÉDITEUR

27, RUE DE RICHELIEU, 27

1897

AVANT-PROPOS

LA VÉRITABLE ÉLÉGANCE

Tout change avec le temps, mais bien plus en apparence qu'en réalité, par les formes plus que par le fond. Les choses partant d'un principe sont les mêmes, dans tous les siècles et en tous lieux ; il n'y a que des différences de surface.

C'est ainsi que le savoir-vivre a varié dans son *expression*. Mais si l'on veut bien réfléchir, on se dira qu'aujourd'hui, comme à l'origine, le but de la politesse est de « rendre ceux avec lesquels nous vivons contents d'eux-mêmes et de nous ». Voilà pourquoi — à ne parler que des temps modernes — on retrouverait sous les traits de l'homme chic de notre fin de siècle celui qui s'est successivement appelé chevalier, honnête homme, homme de cour, grand seigneur; voilà pourquoi, sous le nom de mondaine, revit la « châtelaine », la femme de qualité, la grande dame.

Contemporains de la vapeur et de l'électricité, nous ne pouvons avoir les lentes et majestueuses façons du siècle des perruques; la galanterie filandreuse, les compliments longuets du siècle de la poudre ne sont pas davantage à notre portée. Toujours en déplacements de sport ou d'affaires, il nous a fallu, aussi, prendre d'autres manières que celles qui faisaient florès en 1830, où l'on disait d'un gentilhomme, modèle du savoir-vivre d'alors, qu'il aurait fait le tour de l'Europe sans toucher du dos le fond de sa calèche de voyage. Mais si le temps manque aux femmes pour se fondre en de profondes révérences, si les hommes ne peuvent plus faire, à la journée, des madrigaux « en bouquets montés et en guirlandes »; si une sévère et très astreignante étiquette est difficile à observer, lorsqu'on se parle, au moyen du téléphone, de Paris à Marseille, est-ce à dire que nous ne sommes plus polis, autrement que nous ne sommes plus Français, ainsi que quelques esprits chagrins le voudraient faire entendre? Qu'on nous permette de protester, de nous défendre.

On nous accuse d'avoir jeté bas l'arbre des bienséances. Cet arbre — pour continuer à nous servir d'une comparaison excellente, car elle est quasi tangible — cet arbre n'a même pas été écimé. Il a gardé ses maîtresses branches; à peine l'avons-nous élagué, nous bornant à retrancher les rameaux encombrants. Est-ce donc un crime d'avoir supprimé l'ennuyeuse et inutile cérémonie, les formules hyperboliques, les usages devenus sans objet? Tout cela, il faut avoir l'équité d'en convenir, était aussi gênant, à notre époque affairée, qu'une robe longue pour trotter à pied. Mais de même qu'une jupe courte peut n'être pas sans grâce, de même la politesse de notre temps, allégée d'abus, peut avoir ses petits mérites. Elle est toujours fille de la divine bienveillance et, pour s'être débarrassée, dans le chemin par-

couru, de l'attirail des autres siècles, elle n'en est
pas moins restée la généreuse courtoisie française,
l'élégante urbanité, qu'on cherchera toujours à
imiter hors frontières.

Oui, il donne encore ses lois au monde, en
fait de politesse et de goût, celui qui, n'ayant ni
la morgue et la froideur de l'homme du Nord, ni
l'exubérance et la faconde de l'homme du Midi,
sait être digne sans hauteur, réservé sans taci-
turnité, affable sans banalité, assez en dehors pour
plaire, jamais trop pour devenir vulgaire; celui
qui, n'étant ni silencieux comme les races septen-
trionales, ni bavard comme les races méridionales,
cause avec charme, *écoute avec esprit*; celui qui,
dénué du sang-froid irritant ou de l'exagération
déplaisante, possède cette pointe de fougue, de brillant et de poésie, qui le transfigure dans les grands
événements.

Oui, toutes les femmes de l'univers copient
encore son esprit, son allure, ses façons, à cette
Française qui se moque de la sensiblerie, mais
que vous trouvez pleine de pitié vraie; qui est
bonne avec grâce, intelligente sans pédanterie,

spirituelle avec ménagements; qui, — selon les
circonstances — est, pour le mari, le camarade
le plus charmant ou la *compagne* la plus dévouée;
pour les autres, la femme la plus accueillante, la
plus indulgente, la plus aimable, sachant tout
écouter sans bravade de cynisme, comme sans
effarouchement de pruderie ridicule.

A ces traits rapidement esquissés du couple
français, qui ne reconnaîtrait le type gaulois,
type qui a traversé les âges. Ce composé de qualités
où la raison tempère l'exaltation, où le bon sens
empêche l'enthousiasme de tourner au grotesque,
on l'appelle le *chic*, en ce temps-ci, on l'appelait
le *bel air* au siècle dernier.

Le chic ou le bel air est un don de terroir; il
est, en notre France, comme une conséquence
des effluves telluriques, de la situation géogra-
phique. Et la preuve, c'est que, chez nous, on le
trouve incomplet peut-être, mais au moins sous
l'une ou l'autre de ses faces, dans toutes les
classes, à tous les degrés de la vie sociale.

Voilà pourquoi Paris est, moralement, le pôle
magnétique du monde, voilà pourquoi les peu-

ples subissent l'attraction de notre nature, faite de bienveillance et d'élégance.

Eh ! oui, *élégance*. L'élégance existe, certes, dans l'ordre des idées et des sentiments. L'élégance morale, comme l'autre, est le contraire du laid, du grossier, du vulgaire, c'est-à-dire du mercantilisme, de l'égoïsme, du mépris du droit. Une nation élégante ne tombe jamais dans certaines fautes basses. Elle peut commettre des folies, non des indignités. En ses plus mauvais jours, son *chic* subsiste.

Donc la France est toujours le pays des gens du *bel air*. Son élite, c'est-à-dire ses diverses aristocraties, forme la société la plus polie et, par suite, la plus agréable du monde. Et il ne faut, chez nous, qu'un peu d'effort au commun des mortels, pour obtenir le titre envié d'homme parfaitement chic ou de femme du monde, tant la race est bien douée.

Toutes les classes feraient donc bien d'ajouter aux autres cette étude facile, car nous sommes à l'époque heureuse des fortunes rapides et des promptes élévations. Il est utile d'acquérir les *belles manières* au temps de la jeunesse, pour être complètement à la hauteur des positions prochaines.

Et si l'on restait dans la sphère où le hasard nous aurait fait naître, cette étude aurait encore eu son bon côté : tenez pour certain que la soumission aux usages établis est un frein, qu'elle empêche plus d'une action mauvaise ou vilaine ; que la politesse améliore, élève parce que son essence est l'amour et le respect du prochain.

Aussi avons-nous cru pouvoir écrire un nouveau manuel contenant les lois du savoir-vivre, les règles de l'élégance, les nuances du tact, appliquées à tous les événements, à toutes les circonstances de la vie de notre époque.

Nous serions bien glorieuse, si quelqu'un se louait d'avoir feuilleté les chapitres qui vont suivre, et où nous avons essayé de guider ceux qui pourraient ignorer tout ou partie des usages *rajeunis*, des coutumes modernes, des formules nouvelles.

Est-ce trop d'ambition ? Nous ne pouvons oublier qu'au dix-huitième siècle, la lecture de la *Civilité puérile et honnête* terminait toujours l'éducation des jeunes filles et des jeunes hommes de haut lignage. Ce vieux Code de la politesse, édition déjà ancienne de Poitiers, qui prévoyait le cas où l'on pouvait cracher dans la poche de son voisin, qui défendait à ses lecteurs de se moucher à table avec leur serviette et de peigner leurs cheveux à l'église ! !

Toutes les filles nobles, avons-nous dit, étaient astreintes à cette étude au sortir du couvent, et il en est une, très spirituelle et très grande dame, la marquise de Créquy, qui s'en félicite :

« Il y a telle formule d'usage et tel protocole, dit-elle, qui ont fait honneur à ma parfaite éducation et ne se sont bien imprimés dans mon esprit, que moyennant la lecture de la *Civilité puérile et honnête.* »

Comme nous serions fière qu'on en dît autant des *Usages du monde !*

BARONNE STAFFE.

PRÉFACE

DE LA

NOUVELLE ÉDITION

Toutes les œuvres humaines sont plus ou moins imparfaites, et nous n'avons jamais cru que la nôtre fût exempte du sort commun, même au moindre degré. Nous savions que ni toute notre expérience, ni toute la conscience avec laquelle nous avons écrit ce livre ne pourraient le sauver de certaines lacunes.

Ce sont quelques-uns de nos nombreux correspondants qui nous ont fait toucher ces lacunes du doigt, en nous demandant de résoudre de petits problèmes de savoir-vivre non prévus, en nous adressant des réflexions très judicieuses.

Nous avons répondu à celles de ces questions qui nous paraissaient vraiment intéressantes, qui étaient d'ordre général. Il a bien fallu en laisser de toutes personnelles et très particulières sans solution, le cadre qui nous est accordé étant assez étroit. Nous regrettons vivement de n'avoir pu

satisfaire tout le monde, car tous nos correspondants nous témoignent une sympathie dont nous
sommes très fière et surtout profondément tou-
chée; de lecteurs ils sont devenus nos amis et
les collaborateurs de notre publication si vraiment
française.

Aussi les prions-nous de continuer à nous
écrire, à nous confier les cas qui les embarrassent.
C'est avec un plaisir véritable que nous ouvrons
ces lettres, presque toujours affectueuses, où
nous sentons si bien qu'il existe une sorte de
communion entre le lecteur et l'auteur, qu'elles
augmentent toujours notre désir d'être utile...
dans la mesure de nos moyens.

D'année en année, nous espérons augmenter
ce livre; nous voulons aussi le tenir à jour, ayant
souci de ce que le temps ajoute aux usages et de
ce qu'il rejette. Un supplément paraîtra chaque
année, que tous les lecteurs pourront se procurer,
pour parfaire toujours notre volume.

Villa Aimée, 12 mars 1897.

USAGES DU MONDE

RÈGLES DU SAVOIR-VIVRE

NAISSANCE

Avant la naissance.

En France, où nous n'admettons, dans l'expression, ni la pudibonderie odieuse de quelques pays, ni le manque brutal de réserve de quelques autres, les espérances de maternité s'annoncent de cette façon : « Mme X... attend un enfant pour telle époque ». La mère, elle-même, faisant part de son bonheur, dira : « J'attends un enfant », le père : « Nous attendons, etc. »

Dès que l'heureuse nouvelle est portée à la connaissance des femmes amies de la famille, elles se mettent à broder, à tricoter, à pomponner pour le petit être qui va entrer dans la vie. L'une prépare la couverture de berceau, l'autre les brassières. Celle-ci, qui n'a pas le temps de travailler à l'aiguille, envoie un collier d'ambre, ou des boîtes plus ou moins précieuses contenant les poudres parfumées qui rafraîchissent les chairs roses du petit corps tendre; etc., etc.

Ces présents ne sont pas obligatoires, mais les femmes sont si heureuses de les offrir, qu'elles donneront force de loi mondaine à la gracieuse coutume renouvelée des contes de Perrault.

Il est charmant et bienfaisant, cet empressement autour des berceaux. Il doit porter bonheur à la chétive créature quand elle arrive en ce monde. Mais il faudrait entourer tous les bébés de sourires et de tendresses; les mères dénuées recevront — avec quelle reconnaissance! — les langes chauds et le linge doux dont on doit envelopper les frêles nouveau-nés. Et on oubliera encore moins les enfants orphelins dès la première heure de la vie; ni ceux qui sont plus qu'orphelins, les abandonnés, que pas un baiser n'a accueillis lorsqu'ils ont paru en pleurant.

Les cadeaux sont envoyés quelques semaines avant la naissance, de sorte que celle à qui ils sont adressés peut encore remercier celles qui les lui ont faits.

Pour être complète, rappelons que la couleur des nouveau-nés du sexe mâle est le bleu (sans exclusion du blanc) et celle des filles le rose.

Formalités légales (cas ordinaires).

La naissance d'un enfant doit être déclarée à la mairie du lieu où la mère est accouchée. Cette déclaration ne peut, sous aucun prétexte, être effectuée dans une autre commune. La déclaration doit être faite dans les trois jours qui suivent l'accouchement. Ce délai est absolument rigoureux. Après il serait trop tard, et l'on n'obtiendrait l'inscription de l'acte de naissance qu'au prix de mille ennuis et de dépenses, de peines édictées par le Code. Cette obligation appartient au père. S'il ne peut se présenter et qu'il n'ait pas donné de procuration, s'il est malade, absent ou mort, la déclaration sera faite par le médecin ou la sage-femme qui a accouché la mère, ou par toute autre personne ayant assisté à l'accouchement.

Si l'enfant est né mort, il faut quand même déclarer sa naissance, et un médecin doit attester que sa mort a précédé sa naissance. Quand il y a des enfants jumeaux, on doit faire connaître l'ordre dans lequel ils sont nés, afin qu'on puisse établir quel est l'aîné.

S'il arrivait à quelqu'un de trouver un enfant nouveau-né, il devrait en faire la déclaration immédiatement.

Lors de la déclaration, on présente l'enfant à la mairie, afin que l'officier de l'état civil puisse constater le sexe. Pour passer l'acte, le concours de deux témoins, — dans les conditions requises : nationalité française, capacité de signer, domicile dans l'arrondissement communal du lieu où l'acte s'établit, sexe masculin... jusqu'à nouvel ordre — le concours de deux témoins est indispensable. Le père, ou celui qui agit en son lieu et place les amène.

Les nom et prénoms de l'enfant sont donnés, le premier avec la véritable orthographe, pour s'épargner tout embarras, toute confusion dans l'avenir, les derniers dans l'ordre où l'on entend qu'ils restent. Les prénoms ne doivent pas être choisis en dehors de ceux que la loi permet d'employer.

Après la naissance.

La naissance de l'enfant est annoncée, dès le lendemain, par le père, à la parenté, la sienne et celle de sa femme, à tous les amis intimes. Il écrit ou télégraphie, à son choix.

Ceux qui ont reçu la nouvelle répondent soit par lettre ; soit par carte, avec quelques mots affectueux sous leur nom ; ou par télégramme.

Les gens qui sont sur les lieux viennent prendre des nouvelles de l'accouchée, le jour suivant : ils inscrivent leur nom sur un registre, en laissant leur carte, ou demandent à serrer la main du père, selon les habitudes de vie du ménage auquel ils ont affaire.

Après quelques jours, les femmes entrent chez la mère et lui apportent des fleurs sans aucun parfum, des fruits rares ou autres chatteries.

L'accouchée reçoit étendue sur une chaise longue, et parée, car c'est fête, grande fête dans la maison.

La robe de la mère est à la couleur de l'enfant. La nourrice ou la bonne (si la mère a le bonheur de nourrir elle-même). qui se tient à portée pour montrer l'héritier, la nourrice ou la bonne porte également la livrée du nouveau-né, et les tentures du berceau sont aussi roses ou bleues sous des dentelles blanches. L'enfant est tout de blanc vêtu.

Ces visites ont lieu de trois heures à cinq. Les dames admises auprès de l'accouchée ne doivent faire qu'une apparition, pour ne pas la fatiguer. Une visite d'une certaine durée serait contraire aux lois de la politesse et du bon sens.

A moins que la santé de l'enfant ne donne des inquiétudes, on attend le rétablissement complet de la mère pour la cérémonie du baptême. Toutefois, l'Église demande qu'il soit donné trois jours après la naissance, à moins de motif grave.

Parlerons-nous des relevailles qui se font la veille du baptême ? Cette cérémonie relève plutôt de la piété que du savoir-vivre. C'est un acte tout religieux et je ne sache que les relevailles d'une reine d'Espagne qui prennent un air d'événement et soient célébrées avec pompe, avec éclat.

Tout ce qu'on peut en dire, c'est que la mère qui se présente à l'église avec son enfant, en cette circonstance, doit être très simplement (j'allais dire humblement) vêtue. L'enfant est porté par la garde et la nourrice.

Les femmes de la famille — parmi celles qui sont mariées — assistent seules aux relevailles.

Quinze jours après la naissance, les parents de

l'enfant adressent, à *toutes* les personnes avec lesquelles ils ont des rapports, et quel que soit le *genre* des relations, un billet de faire part de cette naissance. Nous donnons des modèles de ce billet — où la fantaisie s'admet fort bien (pages 348 et 349).

Lorsque l'enfant naît tout à la fin de l'année, les parents, en envoyant leur carte de visite à l'occasion du Jour de l'An, y attachent par un étroit ruban rose pâle ou bleu tendre, une toute petite carte qui porte le prénom du bébé et la date de sa naissance :

ANDRÉ

Né le 12 décembre.

Ce n'est qu'une mode datant de deux ou trois années ; mais elle est pratique, en ce sens qu'on s'acquitte en une fois d'un double devoir.

LE BAPTÈME

Choix d'un parrain.

On donne à son premier né, pour parrain, son grand-père paternel, pour marraine sa grand'mère maternelle. Le second enfant aura, pour parrain, son grand-père maternel, pour marraine, sa grand'mère paternelle. Et ainsi de suite, dans les deux familles, par rang d'âge et alternance de sexes, s'il est possible.

Cependant, on peut désirer d'assurer à ses enfants des appuis en dehors de la famille, où aide et protection leur sont *naturellement* accordées. Mais, alors, c'est aux grands-parents à vous tenir quitte du choix déférent que vous aviez fait d'eux, pour tenir votre enfant sur les fonts baptismaux.

Dans ce cas, on doit encore pressentir les dispositions des personnes amies ou des protecteurs et supérieurs qui peuvent être utiles à l'enfant, en s'intéressant à lui à titre de filleul. Mais comme il y a beaucoup de gens qui ont de la répugnance à assumer les charges matérielles et morales qui incombent à ceux qui ont « répondu » pour un enfant, on sondera les esprits à ce sujet, avec beaucoup de diplomatie et de tact.

Il ne faut pas s'exposer à recevoir un refus mortifiant ; il faut encore moins risquer d'embarrasser des personnes trop polies et trop délicates pour décliner le choix qu'on a fait d'elles, mais trop indolentes ou trop pauvres pour supporter, sans en être ennuyées, les frais ou les devoirs imposés par le titre de parrain. On voit qu'il est bon de réfléchir en cette circonstance et de ne pas demander ce genre de service à la légère.

D'autre part, un homme qui croirait pouvoir être utile à un enfant, en devenant son parrain, devrait faciliter au père des démarches qui sont toujours pénibles à faire dans la crainte d'un insuccès.

Les choses réglées et acceptées, du côté de la marraine comme du côté du parrain, on met en rapport le compère et la commère, s'ils ne se connaissent pas encore. C'est le père de l'enfant qui présente le parrain à la marraine huit jours avant la cérémonie. Est-il besoin de dire que, s'il faut des époux assortis, il est bon également que le parrain et la marraine *aillent ensemble*, c'est-à-dire qu'ils aient mêmes manières, même éducation ?

Le baptême.

Le père de l'enfant s'entend avec le curé de sa paroisse au sujet du jour et de l'heure auxquels sera donné le baptême. Il indique d'avance les nom et prénoms de l'enfant.

Le baptême est administré à l'église de la paroisse où est né l'enfant, ou à celle du domicile de ses parents.

Si les parents choisissent pour leur enfant des noms qui ne sont pas inscrits au calendrier, le prêtre est autorisé à y ajouter un nom de saint (Décision du Conseil d'État, 1803). On fait bien de donner les mêmes noms à l'église et à la mairie, de les ranger dans le même ordre, afin qu'il ne surgisse pas de difficulté, dans les circonstances où l'acte de baptême et l'extrait de naissance doivent être produits en même temps.

Tout le monde sait qu'une personne quelconque peut administrer le baptême à un enfant en danger de mort. Un païen peut donner un baptême valable. On prend de l'eau naturelle, on la verse sur la tête de l'enfant, ayant soin de toucher la peau et en disant : « Je te baptise au nom du Père, du Fils et du Saint-Esprit. »

Avec une dispense de l'évêque, on peut retarder

le baptême de l'enfant et simplement l'ondoyer, en attendant le véritable sacrement.

Ne peuvent être parrain ni marraine, le père ni la mère. Les personnes chargées de présenter un enfant sur les fonts baptismaux doivent être âgées d'au moins douze ans, pour satisfaire aux désirs de l'Église. Cependant, elle admet de plus jeunes parrains et marraines.

Pendant la cérémonie, le parrain et la marraine se tiennent, le premier à droite, la seconde à gauche de la femme qui porte l'enfant ; ils répondent ensemble aux diverses questions qui leur sont adressées par le prêtre et récitent le *Credo* et le *Pater noster* (en français), lorsqu'ils sont invités à le faire. Pendant les exorcismes, ils étendent, en même temps que le prêtre, leur main droite nue sur la tête de l'enfant. Ils portent encore cette main sur l'enfant quand l'eau est versée, et ne la retirent qu'après que les paroles sacramentelles ont été prononcées. Enfin ils reçoivent de la main droite, toujours, un cierge allumé qu'ils rendent après que le prêtre a béni l'enfant.

Les parrain et marraine peuvent se faire représenter au baptême.

Au temple protestant, le rôle du parrain et celui de la marraine sont encore plus simples. Ils répondent, une seule fois, au lieu et place de l'enfant, auquel le pasteur demande : s'il s'engage à demeurer fidèle à la foi chrétienne.

« Je m'y engage, » disent à haute voix les représentants du nouveau-né.

Quant aux prières liturgiques, c'est le prêtre qui les prononce. Le parrain et la marraine répètent à demi-voix.

Chez les Israélites, le parrain et la marraine se bornent à assister à la cérémonie, qui a lieu chez les parents, et à prier avec les autres personnes présentes et le rabbin.

Obligations mondaines du parrain et de la marraine.

Dès qu'un homme est avisé du choix que des parents ont fait de lui pour tenir leur enfant sur les fonts baptismaux, il leur adresse ses remerciements « de l'honneur qu'ils lui font ».

Le parrain doit une visite à sa commère en compagnie du père de l'enfant, quelques jours avant la cérémonie.

Il laisse toujours le choix des noms à donner aux père et mère et à la marraine.

Dans la matinée du jour du baptême (ou la veille), il envoie à sa commère des boîtes et des sacs de dragées, un bouquet, des gants insérés dans un coffret ou dans un sachet.

Il adresse, en même temps, à la mère de son filleul, des boîtes de dragées, qu'elle distribue à celles de ses amies qui n'ont rien à attendre du parrain ni de la marraine.

Le parrain doit encore un cadeau à son filleul. Ordinairement, il lui offre *la batterie de cuisine* à son usage, service à bouillie : poêlon, assiette et cuiller à ses initiales, en argent ou en vermeil, ou un seul de ces objets, ou un hochet, ou toute autre chose, selon ses ressources !

C'est encore le parrain qui fait largesse au prêtre, aux enfants de chœur, au carillonneur, aux domestiques du père, à la nourrice de l'enfant, ou à la bonne qui lui est attachée. On voit qu'il ne faut pas *imposer* ce titre de parrain. Pour les mêmes raisons, un homme dont la position est médiocre *ne s'offrira pas* à tenir un enfant sur les fonts de baptême. Les parents n'oseraient peut-être pas refuser, tout en craignant de voir les obligations du parrainage trop peu grandement remplies à leur gré.

Le parrain va prendre sa commère chez elle, dans sa voiture, dans une voiture louée ou à pied, selon les circonstances. Il l'amène chez les parents de l'enfant.

C'est dans la voiture du parrain — à moins que le trajet ne se fasse simplement à pied — que prennent place la marraine, la mère, la femme qui porte l'enfant et, naturellement, le parrain, pour se rendre à l'église. Les voitures du père transportent les autres invités. Pour cette cérémonie, le parrain (et à à son exemple le père et les hommes invités) portent une élégante toilette de ville : redingote, haut de forme, gants mastic ou perle ; ou l'uniforme.

Le parrain insère dans une boîte de dragées, la pièce d'argent ou d'or ou le billet de banque qu'il veut offrir au prêtre officiant. Mais dans le cas où ce serait un prélat qui donnerait à l'enfant le premier sacrement, il faudrait bien se garder d'introduire une somme quelconque dans la boîte de dragées. On prierait l'évêque ou le cardinal d'accepter un présent de burettes en vermeil, ou un calice, ou tout autre objet servant au culte.

Après avoir signé sur le registre des actes de baptême, le parrain dépose sur la table la somme d'argent destinée au sonneur et aux enfants de chœur. Cette somme est enveloppée dans un papier blanc, avec indication.

Au retour de l'église, le parrain distribue des gratifications plus ou moins importantes aux serviteurs de la maison, à la sage-femme, à la nourrice, etc. Ces sommes sont contenues dans des *sacs de dragées*.

Les boîtes et les sacs sont bleus pour un garçon, roses pour une fille, ou crème pour l'un et l'autre. Ils portent le prénom de l'enfant et la date de son baptême. Il y a aussi des boîtes en forme de missel. D'autres ont des décorations symboliques ou moyen âge, alors une inscription gothique relate en outre des noms de l'enfant, ceux des parrain et marraine, avec la qualification *Dame* et *Messire;* la date, la

désignation de l'église où le baptème a été reçu, etc.,
y figurent également. Enfin la fantaisie et l'imagination peuvent se donner libre carrière sur ce point.

Toutefois, la simple boîte ronde, carrée ou à pans
coupés ne sera jamais détrônée, non même par les
luxueux sacs de satin brodés d'or qui devaient les
supplanter. Et les dragées resteront également victo-
rieuses, elles, qu'au mépris des traditions, on avait
voulu remplacer par des bonbons en chocolat.

Un parrain doit des dragées à toutes les femmes qui
font partie de ses relations.

La marraine choisie remercie avec empressement
ceux qui lui donnent *un fils spirituel*; elle accueille
gracieusement le compère qu'on lui a donné. Si elle
est jeune fille ou très jeune femme, il faut un tiers
pendant la visite que lui fait le parrain et, lorsqu'il
vient la chercher, dans le trajet qui sépare sa maison
de celle des parents de l'enfant. Elle offre à son filleul,
quelques jours avant la cérémonie, la robe et le bonnet
qu'il portera le jour du baptème. Elle y ajoute, si
elle veut, un couvre-pieds, le tout fait de ses mains,
si elle est adroite.

Elle se récuse gentiment si on lui laisse le choix
des noms; elle ne donne le sien que si on l'en prie.

Si la marraine est une jeune fille, elle fait savoir
au parrain qu'elle n'acceptera de lui qu'un bouquet et
des dragées.

Elle distribue aux femmes de ses amies les boîtes
de dragées que lui a données le parrain.

De ce jour naissent et sont continuées des relations courtoises entre le parrain et la marraine.

Si celle-ci est mariée, son mari invite le parrain à dîner — avec les parents du filleul — quinze jours ou un mois après la cérémonie.

La marraine porte aussi sa plus élégante toilette de ville pour la cérémonie du baptême.

La fête du baptême.

Un baptême est toujours l'occasion d'une fête, à moins de circonstances exceptionnelles et douloureuses.

Superbe ou modeste, cette fête est toujours à la charge du père de l'enfant.

Dans les grandes maisons, les domestiques mâles doivent revêtir la livrée de gala.

C'est un dîner qui, — le plus souvent, — réunit les invités lesquels, dans le grand monde, sont allés s'habiller en toilette du soir. Le parrain et la marraine y sont traités en héros du jour. On les place l'un près de l'autre, au centre de la table, ou l'un vis-à-vis de l'autre, à la place des maîtres de la maison.

En guise de surtout, on trace, ce jour-là, sur la nappe, l'initiale de l'enfant baptisé, en fleurs roses ou bleues... tout dépend, bien entendu, des habitudes et de la situation de fortune.

C'est un *grand dîner*... relativement aux ressources. Des dragées y figurent toujours au dessert.

Si l'on est riche, on n'oublie pas les pauvres et les déshérités, en ce jour de bonheur. On envoie aux enfants assistés des dragées et les reliefs du dessert.

Devoirs respectifs des parrain et marraine et du filleul.

Les parrain et marraine sont tenus de s'intéresser à l'enfant qu'ils ont présenté au baptême. Au nouvel an, à sa première communion, à son mariage, à son premier succès : baccalauréat, thèse, épaulette, etc., ils lui doivent un cadeau, selon leur fortune. A moins d'impossibilité, ils voient souvent leur *fils spirituel*, le conseillent, le dirigent, le réprimandent au besoin.

Le filleul écrit ou rend en personne ses devoirs à ses parrain et marraine, au jour de l'an... « à tout le moins ». En dehors de la famille étroite, c'est à eux, les premiers, qu'il annonce sa première communion, son mariage, en leur demandant d'y assister. Il leur apprend ses succès et les tient au courant de tous les événements importants de sa vie.

— Si ces parrain et marraine ne sont pas des amis intimes de sa famille, s'ils occupent une position au-dessus de la sienne, le filleul fait preuve de bon

goût et de dignité en s'abstenant de toute familiarité qui pourrait déplaire. Il remplit ses devoirs,
mais se tient à l'écart, se laisse appeler. En leur écrivant, il les traite de « Monsieur et cher parrain,
Madame et chère marraine ».

LA PREMIÈRE COMMUNION

La préparation.

En dehors des règles de la piété, l'acte religieux de la première communion, comme tous les événements de la vie, a d'étroits liens avec le savoir-vivre. C'est-à-dire que les parents les plus incrédules sont tenus de faire observer à leurs enfants et d'observer, eux-mêmes, certaines bienséances en cette circonstance.

En premier lieu, on ne ridiculisera jamais en présence d'un enfant cette religion dans laquelle on le fait instruire, qu'on lui fait pratiquer.

On doit lui faire suivre exactement le catéchisme, lui faire accomplir toutes les prescriptions de l'Église, et veiller à l'exécution des devoirs que lui donne le prêtre qui lui enseigne sa religion. Si c'est possible, on accompagne son enfant aux instructions ou on l'y fait accompagner et on exige qu'il y ait une bonne tenue.

Le bon goût tout seul, ou d'accord avec la piété,

exige que les enfants ne sortent plus pendant les huit jours qui précèdent la première communion, si cen'est, bien entendu, pour les exercices religieux.

Quand on le peut, on les conduit en voiture à ces dernières instructions.

Le rôle des parents.

Dans les familles où les principes austères se sont conservés, dans celles où le bon sens règle toutes les actions, la jeune fille admise à la première communion est vêtue, en ce jour solennel, avec une extrême simplicité. Une toilette élégante, des garnitures, des bijoux témoigneraient contre les parents de cette enfant : quand on serait sans foi, on devrait penser que cet acte de religion n'est pas fait pour servir de prétexte à la coquetterie innée des jeunes filles. On les habillera donc très modestement, mais si on peut convertir en aumône la somme ainsi épargnée, on achètera la robe blanche d'une fillette pauvre.

Beaucoup de mères conviennent, avec leur fille, de rogner telle élégance dans sa toilette de communiante pour acheter à des enfants dénués les objets indispensables. On ne saurait trop louer une pratique qui, à double point de vue, produit d'excellents résultats.

La fête de la première communion se passe dans

la plus stricte intimité. Les parents proches sont seuls invités au repas qu'on est dans l'habitude de donner soit après la messe, soit à l'heure ordinaire du dîner. Répétons-le : quelles que soient les opinions religieuses des parents, ils doivent craindre de distraire, en ce jour, de l'idéal, du divin, l'enfant qui a peut-être senti s'éveiller en lui quelques graves, quelques hautes pensées. Il est inutile d'ajouter qu'il est encore moins permis de promener les communiants à travers les rues... *pour leur amusement*, car il est parfois inévitable de présenter les enfants en costume de cérémonie, chez les parents et les amis intimes qui n'ont pu assister à la messe du grand jour ; chez les supérieurs, les protecteurs, qui auraient manifesté le désir de les voir.

Les vacances qui suivent la première communion doivent être occupées par des plaisirs tranquilles... et sains.

Visites et promenades à la campagne, si on le peut. Si on habite la campagne, parties de pêche, excursions intéressantes.

Souvenirs et cadeaux.

A l'occasion de leur première communion, les enfants offrent des « souvenirs » à leurs jeunes amis et aux amis de leur famille. Ce sont soit de petits livres de piété, élégamment reliés et portant la date de cette première communion qu'ils sont destinés à remémorer dans l'esprit de ceux à qui ils sont offerts, soit des images symboliques, au dos desquelles sont imprimés, en lettres d'or, la date, le nom de l'enfant, une prière ou une belle pensée.

L'usage s'en répand de plus en plus. C'est une sorte de lettre de faire part et celui qui la reçoit doit, en retour, une carte de visite aux parents, avec un mot de remerciement et un souhait pour l'enfant. Entre petits amis, il n'est pas question de carte; l'enfant auquel un « souvenir » de ce genre a été adressé remercie par lettre son jeune camarade.

Au retour de l'église, les communiants distribuent des images-souvenirs aux serviteurs de la famille et les accompagnent d'une pièce d'or ou d'argent.

Par un sentiment délicat, les mères dont la situation est aisée offrent une provision d'images aux compagnons de catéchisme de leur enfant, — aux compagnons pauvres, — les mettant à même d'échanger avec leurs camarades riches le souvenir de la blanche journée. Et elles enseignent à leur enfant à ne pas dédaigner l'offrande du petit déshérité, et même à le suivre dans la vie, à l'aider de tout son pouvoir.

Les enfants reçoivent aussi, à l'occasion de la première communion, des présents de toute leur parenté et des amis de leur famille.

Ces présents consistent — ou devraient consister — en images et médailles à l'effigie des saints leurs patrons, en petites bagues d'argent à chaton symbolique, chapelets, livres de piété, montre d'or (pour les garçons), bourse à maille d'argent (pour les filles), beaux paroissiens et autres objets analogues. On peut encore offrir un gentil mouchoir, un sac blanc, une ceinture, un brassard.

Mais les bijoux, les objets luxueux et même les choses très frivoles devraient être proscrits.

Et encore, il ne faudrait pas *exposer* ces présents avec le nom du donateur, comme on le fait, hélas ! sans réfléchir à l'inconvenance de cette manière d'agir en cette journée où, moins qu'en toute autre encore, il ne faut exciter les idées mondaines chez les enfants des deux sexes.

J'irai même jusqu'à demander que les cadeaux — à l'exception de ceux qui doivent entrer dans la composition de leur toilette et qui, alors, sont donnés par les parents proches, — ne leur soient envoyés que le lendemain de la première communion.

C'est aussi le lendemain de la première communion que les parents font une visite au prêtre qui a donné l'instruction religieuse à leur enfant. Si les communiants ne se sont pas cotisés entre eux pour faire un présent, — et même dans ce cas lorsqu'on est riche, — on apporte un cadeau que l'on offre avec tout le tact requis. Pour un jeune prêtre, ce sera un bel ouvrage de théologie ; pour un prêtre âgé, dont on suppose que la bibliothèque est formée, un objet d'art représentant quelque sujet pieux. Si on avait affaire à un pauvre desservant de campagne, on pourrait, peut-être, choisir une chose utile : un bon fauteuil ou toute autre pièce manquant au mobilier sommaire.

L'enfant accompagne ses parents dans cette visite de remerciement.

RAPPORTS AVEC LES PROFESSEURS

Devoirs des enfants.

Les enfants auxquels on fait donner des leçons à la maison seront toujours soigneusement habillés pour recevoir leur professeur. Il y aurait de la grossièreté à les laisser paraître, en sa présence, avec des cheveux ébouriffés et des vêtements souillés ou négligés — vêtements qu'ils ne doivent, au reste, porter en aucune circonstance.

On exigera qu'ils parlent très poliment, respectueusement même, à ceux qui prennent la peine de les instruire. On réprimera toute velléité de révolte contre l'autorité du professeur; à moins de circonstances exceptionnelles, on ne prendra jamais parti pour eux contre lui.

Les enfants reconduisent à la porte leur professeur, qui est leur *supérieur*, par l'âge et par le savoir.

Devoirs des parents.

Lorsqu'une fille a des maîtres masculins, la mère, la gouvernante ou une femme de chambre d'un certain âge assiste *toujours* à la leçon.

Le prix des leçons étant convenu d'avance, à l'époque fixée pour les payer, on dépose la somme due (enveloppée, avec adresse manuscrite) sur la table à écrire, à la place du professeur. Il serait impoli de mettre cet argent dans la main de celui auquel il est destiné.

On invite quelquefois le professeur à dîner... dans quelque position qu'on se trouve, il n'y a à cela nul inconvénient, car nous supposons qu'on a choisi des gens recommandables pour leur confier l'âme ou l'esprit de ses enfants.

On peut également faire quelques présents au professeur. Le plus fier les acceptera s'ils sont choisis et surtout offerts avec tact. Il comprendra très bien qu'on veut lui prouver qu'indépendamment du prix payé, on lui est encore redevable. On choisit l'occasion du Jour de l'An, sa fête de nom, un anniversaire. Le professeur est-il dans l'aisance, on lui offre une jolie chose, pas précisément utile : un beau livre, un bibelot, une arme de luxe ou un éventail, selon le sexe.

Est-il, au contraire, dans une position précaire, on

le priera d'accepter un manchon (s'il s'agit d'une femme), un col de fourrure pour pardessus (s'il s'agit d'un homme); une épingle de chapeau, une épingle de cravate; une demi-douzaine de paires de gants, différenciés, c'est-à-dire gants fourrés et gants de ville, gants du soir; une canne, une ombrelle, etc.

Les parents parlent toujours aux professeurs de leurs fils ou filles avec la plus parfaite politesse, donnant ainsi l'exemple à leurs enfants et témoignant, par ce moyen, de leur reconnaissance à ceux qui enseignent un art ou une science aux êtres qui leur sont le plus chers. Le payement tout sec n'est pas suffisant, il faut y ajouter une gratitude sincère.

Ces indications serviront également dans les relations avec le proviseur d'un lycée, le principal d'un collège; une institutrice, la directrice d'un pensionnat, la supérieure d'un couvent (avec cette dernière, on introduira une nuance très marquée de respect), etc., etc.

Devoirs des professeurs.

Le professeur, lui, est tenu de se présenter convenablement vêtu : des habits tachés, du linge négligé, une barbe longue feraient la plus mauvaise impression sur l'esprit de l'élève. Il lui parlera avec bienveillance, mais d'un ton où l'on sente l'autorité. Enfin la plus élémentaire loyauté lui commandera de ne jamais laisser échapper, en sa présence, un mot qui offense une croyance, la délicatesse, la morale.

Dans ses rapports avec les parents, son attitude aura toute la dignité voulue, si elle est aussi éloignée de la hauteur que de la platitude.

LE MARIAGE

Préliminaires.

Un jeune homme a distingué une jeune fille, il souhaite de l'obtenir pour femme, mais il ne va pas, de but en blanc, la demander en mariage.

Il s'ouvre de ses intentions à ses parents ou, à leur défaut, à un ami âgé, à son protecteur, à un supérieur, si les relations établies entre lui et ce dernier lui permettent de faire cette démarche.

La personne qui a reçu la confidence du jeune homme se met en rapport soit directement avec les parents de la jeune fille, soit avec un ami intime de ceux-ci. Cela dépend tout à fait des relations existantes ou des circonstances, dont il faut toujours s'inspirer. Mais il y a lieu d'arranger une rencontre entre les deux jeunes gens, entrevue qui permettra de savoir si les projets peuvent être poursuivis.

Il va de soi que, si les parents de la jeune fille ont de sérieuses raisons pour décliner la recherche, cette rencontre n'a pas lieu.

Avant d'entamer une *affaire matrimoniale*, les intermédiaires sont tenus de prendre des renseignements précis et venus de bonne source, sur la fortune, la position sociale, voire la généalogie, les tenants et aboutissants des deux familles en cause.

Il n'est pas facile, toutefois, de prendre des informations sur la dot d'une jeune fille. La chose est fort délicate. On est presque forcé d'attendre, sur ce point, les renseignements que fournira son père. On ne peut guère songer à s'adresser au notaire de celui-ci, non plus, pour se faire donner des indications approximatives sur la fortune de la famille. Le notaire s'y refuserait avant d'y être autorisé par qui de droit, et le procédé employé pour s'édifier froisserait sûrement ceux qu'on aurait mis en cause.

Toutefois, ce n'est qu'après s'être assuré que la convenance existe sur tous les points qu'on doit risquer l'entrevue qui précède la demande en mariage. Il ne faut pas qu'après s'être rencontrés, s'être plu, les deux jeunes gens voient souffler sur leurs rêves par une difficulté imprévue, née de la situation de l'un ou de l'autre. Les *marieurs* appelleront donc à leur aide toutes les ressources du tact, ils réfléchiront bien avant d'engager des pourparlers, où le juste amour-propre de chacun est à ménager.

C'est dans une réunion, au bal, le plus souvent, parfois pendant une visite convenue des deux parts, je veux dire entre les parents des deux côtés, ou au théâtre (dans ce cas, *l'aspirant* va faire une visite à

la mère de la jeune fille dans sa loge, sous le prétexte
d'accompagner une personne de leurs connaissances
communes, qui le présente), que la rencontre cher-
chée a lieu. Quand le jeune homme s'est retiré, la
mère de la jeune personne attire sur lui l'attention
de cette dernière, par quelques mots sur ses manières,
son aspect physique, etc., et voit quelle impression
il a produite sur sa fille.

Il est encore préférable que des amis communs
les réunissent à un dîner intime, organisé pour la
circonstance et auquel assistent, cela va sans dire,
les parents de la jeune personne.

Ceux-ci ont la prudence de ne pas instruire leur
fille du but de la réunion quelconque. Cette réserve
a des avantages. Si on la prévenait de l'espèce
d'examen qu'elle va subir, l'émotion, l'appréhension
qu'elle éprouverait lui feraient perdre de sa grâce et
de son naturel et elle n'aurait pas non plus assez de
sang-froid pour juger celui qui se présente avec l'idée
de devenir le compagnon de sa vie. D'autre part, si
elle ne plaît pas, il est fâcheux de le lui apprendre.
Elle est humiliée, elle perd confiance en elle. Or, s'il
est bon qu'une jeune fille n'ait pas trop haute opinion d'elle-même, il ne faut pas davantage qu'elle se
croie au-dessous de ce qu'elle est.

Mais, dira-t-on, elle devine bientôt de quoi il s'agit,
dans cette réunion intime où elle est seule de fille à
marier et où elle rencontre un « Monsieur », qu'elle
connaît à peine ou même pas du tout. N'importe,

mieux vaut la laisser dans un doute salutaire, à moins qu'elle ne soit « très forte », ce que je ne souhaite pas au prétendant.

Ces mêmes amis communs sont chargés de faire connaître l'effet respectivement produit. Si la jeune fille ne plait pas, on ne lui parle de rien. Si c'est le prétendant qui ne convient pas, il supporte son sort dignement, stoïquement, sans rancune surtout. Il peut subir un refus sans que sa valeur en soit du tout atteinte. Une jeune fille refusée après une entrevue où on pense l'avoir jugée est, au contraire, un peu dépréciée, pour continuer à parler un langage marchand.

Dans les rencontres ultérieures, un prétendant repoussé doit avoir le bon goût et aussi l'habileté de rester poli et courtois à l'égard de la jeune fille et des parents de celle-ci.

Quel que soit le résultat obtenu, ceux qui se sont entremis dans la négociation ont droit à des remerciements des deux parts. S'ils ont à porter une réponse désobligeante, ils sont vraiment à plaindre, bien que nous leur supposions un grand talent pour les précautions oratoires et les circonlocutions délicates.

Le secret est toujours inviolablement gardé par tout le monde, en cas d'échec de part ou d'autre.

Quelquefois — et il en devrait toujours être ainsi — la jeune fille favorablement disposée demande pourtant quelques jours de réflexion pour in-

terroger son cœur; ou, encore, elle souhaite connaître
un peu plus, avant d'échanger les paroles, celui qui
veut se charger du soin de son bonheur. On s'arrange
pour qu'elle le rencontre le plus souvent possible, on
l'attire dans la maison, non sur un pied d'intimité,
mais toutes les fois que l'occasion s'en présente et
que les circonstances le permettent. Le bon goût
exige que le prétendant se garde d'assiduités trop
ostensibles, pendant l'épreuve à laquelle il est soumis. Il ne doit pas faire soupçonner ce qui se passe.

Tout en se montrant discret, en redoutant de fatiguer, de gêner, il ne manquera aucune des occasions de rencontrer la jeune fille, qui lui seront
offertes par les parents de celle-ci.

Plein de réserve dans le monde, il lui est bien
permis, dans l'intimité de la famille où on l'admet,
de laisser *poindre* l'affection qu'il éprouve. Il n'a
qu'à ne pas oublier que rien n'est encore décidé,
pour garder à l'égard de la jeune fille, même sous
les yeux des parents, toute la correction voulue. Si
les choses ne tournaient pas à son gré, il se félicite-
rait de n'avoir pas été trop loin dans l'expression de
ses sentiments. Mais toute autre chose est de se
montrer aimable, prévenant, non seulement envers
la jeune fille, mais encore envers tous les membres
de cette famille dans laquelle il désire d'entrer. Il
peut encore accentuer égards et prévenances, en ce
qui concerne la mère de la jeune fille. On ne s'étonnera pas de ces marques de déférence masculine que

tout homme bien élevé doit aux femmes, surtout aux femmes d'un certain âge.

La demande en mariage.

Lorsque le prétendant a plu d'emblée à la jeune fille, ou quand l'épreuve s'est terminée à son avantage, ce qu'on lui fait savoir, par l'intermédiaire qu'il avait choisi, il témoigne d'un grand empressement et fait immédiatement porter la demande en mariage officielle par son père, un parent âgé, un vieil ami ou un supérieur tel que chef, patron, s'il peut lui demander ce service.

L'ambassadeur du prétendant est tenu de se présenter en toilette de ville très soignée, toilette des visites de cérémonie, même lorsqu'il est envoyé dans une famille dont la situation est au-dessous de la sienne.

Dans cette entrevue, les questions de fortune, d'intérêts respectifs sont posées, telles qu'elles seront réglées au contrat. Une grande loyauté est requise des deux parts. Le père indiquera tout de suite le chiffre de la dot de sa fille pour épargner à l'autre partie l'embarras de le demander.

Si le père de la jeune fille ne donnait pas une réponse immédiate, du moins la ferait-il connaître ultérieurement *le plus tôt possible*.

La jeune fille en cause n'assiste pas à l'entrevue,

2

de la demande en mariage, à moins de circonstances difficiles à prévoir.

Dans ce cas et si elle est sommée de répondre elle-
même, elle s'exprime en toute franchise, bien qu'avec
réserve. Si cette demande réalise son vœu secret,
pourquoi le cacherait-elle? Mais, encore une fois,
pour être naturelle, elle n'ira pas jusqu'à manquer
de retenue.

Ainsi officiellement agréé, le prétendant s'habille
avec l'élégance que comportent ses ressources (toilette de ville très soignée) et fait immédiatement,
aux parents de la jeune fille, une visite au cours de
laquelle on appelle celle-ci. Cette entrevue réclame
beaucoup de tact de la part du *futur* (il est déjà plus
que prétendant). Il remercie avec une certaine chaleur, mais sans exagération, — les parents d'abord,
la jeune fille ensuite, — de l'accueil qui a été fait à
sa demande. La froideur serait malséante, mais l'expression du bonheur doit être contenue.

La jeune fille peut sans manquer aux convenances
se montrer aimable. Pourquoi serait-elle obligée de
témoigner de la froideur à celui dont la naissante
affection la rend heureuse, dont les prévenances la
touchent, qui réalise son idéal. Il ne lui est pas
défendu de montrer au jeune homme qu'elle se
trouve honorée de sa recherche.

Quand il prend congé, c'est elle qui lui tend la
main : L'initiative de ce mouvement lui appartient,
parce que c'est une marque de confiance qu'elle

accorde, et qu'un homme, même en cette circonstance, ne peut aller au-devant de ce témoignage
d'estime.

Ajoutons que si les parents de la jeune fille habitent la campagne, ils offrent des rafraîchissements à
celui qui vient, de loin, peut-être, demander leur
fille en mariage au nom du prétendant et qu'ils
usent de la même hospitalité à l'égard du *futur*,
lorsqu'il se présente à son tour.

Il est clair que, si une jeune fille n'avait plus ses
parents, ce serait à son tuteur ou à ceux avec lesquels elle demeure qu'on s'adresserait pour l'obtenir
en mariage. Les choses se passeraient exactement
comme nous l'avons indiqué pour une jeune personne qui vit avec ses père et mère.

A compter du jour de la demande en mariage, le
futur est admis à voir souvent celle qu'on pourrait
nommer l'*accordée*. Il y a aussi échange de visites
et de politesses entre les familles des deux jeunes
gens.

Les fiançailles.

Pendant la visite que fait le prétendant agréé, on
fixe le jour des fiançailles à une date très rapprochée
s'il est possible. On convient encore ensemble des
invitations à adresser pour cette fête, c'est-à-dire
que les parents de l'*accordée* demandent au futur

quelles sont les personnes lui appartenant — par les liens de l'amitié ou de la parenté — qu'il désire y convier.

La fête des fiançailles se passe en famille et dans une intimité rigoureuse. Les amis de la veille et ce qu'on appelle « les connaissances » n'y assistent pas. En effet, on n'expose pas le bonheur ingénu de la jeune fille, ses joies rougissantes aux yeux et aux commentaires des indifférents.

C'est seulement dans le cas où le prétendant occuperait une haute position sociale, qu'on donnerait un air officiel à l'événement, qu'on déclarerait les fiançailles avec quelque solennité. Et encore vaudrait-il mieux se dispenser de cet éclat et d'une publicité qui n'est requise que pour le mariage.

Le fiancé envoie son *premier* bouquet le jour des fiançailles. Ce bouquet est composé de fleurs blanches, parmi celles que préfère la fiancée dans cette couleur.

Accompagné de ses proches ou de ceux qui les représentent, il arrive avant tous les autres invités pour passer au doigt de la jeune fille (entourée elle-même de sa famille) la bague de fiançailles, qu'il a apportée lui-même.

Il a consulté discrètement pour savoir quelle est la pierre favorite de la jeune fille, car il ne doit pas acheter cet anneau au hasard. Il y a des fiancées qui ont peur des perles, parce qu'elles s'imaginent qu'elles présagent des larmes. Beaucoup aiment la

turquoise pour sa douce couleur et sa signification :
constance, vérité. L'opale est très jolie, pas banale ;
on la dit impressionnable : elle change de couleur,
rougissant ou éteignant ses feux selon les émotions
de celle qui la porte. On ne donne jamais d'éme-
raudes en cette circonstance, et pourquoi donc ? puisqu'on l'appelle *pierre des vierges*. L'aigue-marine
changeante ne sera pas non plus choisie, malgré sa
beauté, elle est réputée porte-malheur, et ce n'est
pas en pareil jour qu'on peut rompre en visière aux
superstitions de sa fiancée.

Dans l'antiquité, on offrait aux jeunes fiancées
une pierre gravée, dont le sujet était la fable de
l'Amour et de Psyché, l'union mystique des deux
divinités étant considérée comme le symbole des
unions chastes et durables.

Quelle qu'elle soit, cette bague doit être bien
accueillie. Elle est glissée au doigt de la jeune fille
(au quatrième de la main gauche) par le fiancé lui-
même. Il est autorisé à porter à ses lèvres cette
main qui vient de recevoir son anneau, symbole
d'engagement qu'on ne peut déjà plus rompre que
pour des motifs très graves. Cette bague signifie, du
reste : « Je ne m'appartiens plus ». Elle est portée
pour écarter les recherches ultérieures qu'une jeune
fille loyale ne doit pas désirer voir se produire.

Le père de la jeune fille peut autoriser un autre
baiser : « Embrassez votre fiancée », dit-il au jeune
homme. C'est bien un peu troublant pour le jeune

couple, et c'est pour cette raison que cette partie de la cérémonie se passe dans la stricte intimité de la famille étroite.

Au dîner — qui nous paraît indispensable — les fiancés sont parfois placés à côté l'un de l'autre, au milieu de la table; ils ont en face d'eux le père et la mère de la jeune fille; le père du fiancé est auprès de la maîtresse de la maison, sa mère auprès du maître de la maison. Les personnes qui ont négocié le mariage sont aux côtés des fiancés.

Souvent aussi, on leur laisse occuper à table la place qu'on réserve aux personnes jeunes. Mais si le fiancé vient seul, il est à la droite de la mère de la fiancée.

Le menu de ce dîner doit être relativement simple. Il faut qu'on sente bien que c'est un *dîner de famille*, des jours de fêtes et de joie. Les fiançailles sont déclarées solennellement au dessert. — Si la réception est une soirée dansante, la cérémonie de la déclaration a lieu vers minuit. Les invités font leurs souhaits de bonheur aux fiancés.

La jeune fiancée est habillée d'une robe gaie, rose tendre, bleu céleste, blanche avec des rubans aurore. Les femmes présentes assortissent la couleur de leur toilette à la circonstance, c'est-à-dire qu'il ne faut pas de notes sombres. Le fiancé et les autres hommes portent le costume du soir, l'habit, si cette tenue est dans leurs habitudes de vie.

Dans la soirée qui suit, sans isoler les fiancés, on

s'arrangera pour qu'ils puissent causer sans être entendus. On agit de même jusqu'au mariage. On ne les laisse jamais seuls ; mais on n'affecte pas de *monter la garde* autour de cet amour permis.

Le lendemain des fiançailles, on écrit aux membres des deux familles et aux amis intimes qui n'ont pas été invités, mais auxquels on doit pourtant cette marque de déférence de les instruire de l'événement. Selon les rapports établis et que nous ne pouvons déterminer, c'est la fiancée ou ses parents qui font part des fiançailles à leur parenté. Le fiancé ou ses parents ont le même devoir envers leur propre famille.

Le mariage est annoncé aux supérieurs, protecteurs, bienfaiteurs, qu'on peut avoir des deux parts, aussitôt qu'aux parents proches.

On leur demande parfois de vouloir bien signer au contrat, mais cela n'entraîne pas toujours l'invitation aux noces et, parfois, ils se font même représenter à la bénédiction nuptiale. Tout cela dépend des situations, des rapports, — bien qu'on tende à des relations meilleures et plus fraternelles entre humains, et qu'on se laisse moins qu'autrefois attacher au rivage par sa grandeur.

Afin d'éviter les commentaires des gens qui ne sont pas dans le secret et que les assiduités du fiancé feraient causer, on s'arrange, si c'est possible, pour que l'époque du mariage ne soit pas trop distante de celle des fiançailles.

D'ailleurs, en France, nous n'aimons pas les longues, les langoureuses fiançailles en honneur dans certains pays, et qui donnent le temps de se blaser l'un sur l'autre.

Les mères, chez nous, n'admettent pas les sottes sentimentalités où l'amour se dissout ; elles souffriraient de voir leur fille étreindre longuement en public la main de son fiancé, même à la veille du mariage.

Jusqu'au jour où il emmène la jeune fille devenue sa femme, elles contraignent nos amoureux à une réserve, à une retenue qui a ses bons côtés, je vous en réponds.

Il presse de tous ses vœux l'instant où il sera libre d'exprimer ses sentiments sans témoins et sans entraves ; il est impatient de posséder tout seul la bien-aimée aux yeux candides qui n'ont jamais reflété que son image, et il jouit mieux d'un bonheur que l'habitude et les facilités n'ont pas défloré.

Pendant les fiançailles.

A partir du jour des fiançailles, le bouquet quotidien est de rigueur... si les ressources du fiancé lui permettent de faire cette dépense. Il est exclusivement composé de fleurs blanches. Pour conjurer la satiété, on fait prendre au fragile présent des formes différentes. Un jour, ces fleurs représenteront un éventail ; une autre fois, on les fera disposer en encadrement pour le miroir de la toilette ; enfin le bouquet du jour du contrat pourra être arrangé en manière de coffret, lequel enfermera un bijou.

Mais il ne faudrait pas risquer cette dernière ingé niosité que nous indiquons, avant le jour du contrat. Les présents *solides*, d'une valeur intrinsèque, ne sont autorisés qu'à partir du jour où l'on fait *les régle- mentations* d'argent.

Toutefois, avec le consentement de la mère de la jeune fille, le futur peut offrir à celle-ci, des bonbons au nouvel an, à sa fête, à son anniversaire, à Noël, etc., et aussi des livres et de la musique chaste- ment choisis.

De même les fiancés n'ont pas à s'étonner si leur fiancée ne leur fait pas de présent à l'occasion de leur fête de nom, ou toute autre circonstance. Il est bien plus convenable qu'elle s'abstienne.

Mais je sais que les fiancées comblées de fleurs et de bonbons par leur fiancé ont souvent grande envie de répondre à ces amabilités par un petit présent qu'elles feraient au jeune homme, avec l'assenti- ment de leur mère, à l'occasion de sa fête. Dans ce cas, il n'y a qu'un seul cadeau possible, un livre... sur lequel elles n'écriront aucune dédicace.

La coutume d'offrir une chemise à son fiancé la veille du mariage --- encore en usage dans quelques pays --- est complètement tombée en désuétude à Paris, toute princière qu'ait été son origine. Au temps où le linge était si coûteux qu'il était un luxe rare, les princesses donnaient une chemise à leur fiancé la veille du mariage. Aujourd'hui ce présent, qui n'a plus aucun mérite d'élégance, paraîtrait ridicule et... presque choquant, car nos idées ont beaucoup changé sur une foule de points, et nous avons une certaine réserve et une retenue que nos aïeux ignoraient.

Si on tenait *absolument* à faire un présent à son fiancé, il faudrait le choisir tout autre et l'offrir le jour du mariage civil, au retour de la mairie. Alors, c'est à son mari qu'on le ferait.

Après les fiançailles, les parents de la jeune fille et ceux du jeune homme peuvent annoncer (chaque famille de son côté) le mariage de leur enfant aux gens de leur monde. Le savoir-vivre interdit à ceux-ci toute question qui friserait la curiosité, à plus forte raison l'indiscrétion. En général, les parents se bornent à donner des détails succincts, indispensables.

La jeune fiancée, rencontrée dans le salon de la mère du futur, par les amies de cette dernière, leur est présentée en ces termes : « Mlle..., ma future bru. » Ces mots sont accompagnés d'un sourire affectueux.

La même cérémonie a lieu dans le salon de la mère de la fiancée, à l'égard du « futur gendre ».

Du reste, une fiancée doit aller dans le monde moins souvent qu'au temps où elle ne s'était pas

promise. Elle fait bien surtout de renoncer aux plaisirs que son fiancé ne pourrait partager.

L'état de fiancée impose à une jeune fille un redou-
blement de réserve. J'imagine qu'avant les fiançailles, elle était aimable et gracieuse, sans coquetterie. Elle restera ce qu'elle était, mais en se tenant
un peu plus souvent auprès des gens d'un certain
âge, aux côtés de sa mère, surtout.

Elle n'affectera pas des allures sérieuses et com-
passées, l'enjouement va trop bien à la jeunesse,
mais elle n'oubliera pas qu'elle a déjà des obligations envers celui dont elle a agréé l'affection, qui
veut remettre entre ses mains l'honneur de son
nom et le bonheur de la vie.

Une gaieté très bruyante n'est jamais d'un excellent goût, mais c'est surtout dans les circonstances
qui nous occupent qu'une jeune fille doit réprimer
les trop fortes exubérances de sa nature. Elle crain-
dra de faire mal interpréter des allures qui pourraient
être fort innocentes en elles-mêmes, mais que nos
semblables ne sont pas toujours disposés à trouver
telles.

Il n'est pas une sorte de plaisirs mondains à éviter plutôt qu'une autre. Mais on fait bien d'assister
moins souvent aux fêtes et aux réunions de tous
genres. Il est bon de se préparer par un peu de
recueillement à la vie nouvelle dans laquelle on va
entrer.

Pour ne pas mettre son bonheur en question, on

renonce aux déplorables habitudes de flirt que les jeunes Américaines et les misses anglaises ont importées si malheureusement chez nous parmi les jeunes filles.

On prend bien garde d'exciter la jalousie de son fiancé. On lui fait des sacrifices sans les faire valoir; il les comprend bien et en sait gré. S'il prie sa fiancée de renoncer à une fête où il ne peut se trouver, elle lui accorde sa requête de bonne grâce. Tout cela n'est que le noviciat de la vie conjugale où, pour maintenir l'harmonie, la dignité, le bonheur dans le ménage, elle devra faire cas des goûts de son mari, de ses sentiments, de ses idées, et prendre garde de heurter jusqu'à ses défauts.

Une jeune fille à laquelle — contrairement à l'usage — un jeune homme, ignorant sa nouvelle situation, ferait une déclaration d'amour, devrait lui répondre immédiatement qu'elle ne peut l'entendre à double titre, puisqu'elle est fiancée. Elle ne parlerait pas de l'incident à son fiancé, mais le raconterait tout de suite à son père et à sa mère.

Quelles peuvent être la durée et la fréquence des visites d'un fiancé? demandera-t-on. C'est difficile à préciser. Tout dépend des rapports déjà établis. Une règle qu'on peut tracer est celle-ci: Ne jamais fatiguer les gens, même ceux qui nous aiment le mieux, en les forçant à retarder l'heure de leur coucher ou de leur repas. Choisir toujours un moment opportun pour faire ses visites, c'est-à-dire ne jamais

arriver dans ces instants où les femmes sont tout
entières à la surveillance du ménage ; se retirer si
une couturière, une modiste demande les dames du
logis ; enfin, s'arranger de façon à ne pas mériter
l'épithète désobligeante de « gêneur ». J'ajoute bien
vite qu'un gendre, un mari en espérance gênent
rarement ; cependant, il faut prévoir tous les cas,
celui où cette qualité ne suffirait pas pour faire tout
accepter, tout excuser.

Beaucoup de jeunes filles s'interrogent pour savoir
s'il est de bon goût de se montrer heureuse de la
présence de son fiancé. Inspirée par une sotte pruderie, quelques-unes croient devoir se montrer
froides. C'est absurde, comme toute pose. Pourquoi
faudrait-il dissimuler une affection honnête, permise... *due?* L'excès dans l'expression de cette
affection est seule à réprimer, comme toute exagération.

Il est bien cérémonieux pour des fiancés de s'appeler « Monsieur », « Mademoiselle ». Il faut
ajouter le prénom : « Monsieur Raoul », « Mademoiselle Denise ».

En écrivant : « Cher monsieur Raoul », « Chère
mademoiselle Denise », « Ma chère fiancée ».

Mais il est d'autres familiarités que je réprouve ;
ainsi, il vaut mieux qu'une fiancée ne sorte pas en
public avec son fiancé, fût-elle avec sa mère. Dans
le cas où elle sortirait avec lui dans la rue, au théâtre,
etc., il faudrait la faire accompagner d'un parent

proche masculin, qui aurait encore seul le droit de prendre fait et cause pour elle, si elle devait être protégée, défendue. Le fiancé n'a pas qualité suffisante pour agir directement.

Je dirai aussi que si le fiancé n'habite pas la même ville que sa fiancée, il fait mieux de descendre à l'hôtel que dans la famille de la jeune fille, les jours où il est autorisé à venir la voir. Ceci s'entend pour l'habitation ; il peut fort bien dîner chez les parents de sa fiancée.

Et, encore, qu'il vaut même mieux ne pas demander la photographie d'une fiancée, un hasard peut permettre aux indifférents d'apercevoir ce portrait dans l'appartement du fiancé et il en pourrait résulter des interprétations fâcheuses pour la jeune fille.

Beaucoup de jeunes gens, qui sortent en compagnie de leur fiancée et de leur future belle-mère, ne savent à laquelle des deux ils doivent offrir le bras. Le bon goût, le tact, les convenances, leur imposent l'obligation d'offrir leur bras à la mère, en dépit du plaisir plus vif qu'ils auraient à choisir leur fiancée. A la rue, une future belle-mère acceptera ce bras et sa fille marchera à ses côtés. Dans un jardin, à la campagne, elle déchargera son futur gendre de ce devoir de courtoisie et permettra aux deux jeunes gens de marcher bras dessus bras dessous auprès d'elle.

Pour pénétrer dans un salon, le futur n'offrira

son bras ni à l'une ni à l'autre. En entrant dans une maison particulière, on ne se donne pas le bras.

En tous lieux et en toutes circonstances où un homme soutient de son bras la marche d'une femme, ce bras est offert à la belle-mère future et non à la fiancée.

On en agit ainsi par égard pour l'âge de la mère, pour ne pas trop attirer l'attention sur les relations qui existent, si pures, si autorisées que soient ces relations.

Il est bien permis aussi au fiancé de manifester la sympathie affectueuse et le respect qu'il éprouve pour sa future belle-mère.

Ne fait-il pas déjà un peu partie de la famille?

Il prend part à ses joies et à ses peines. Un membre de cette famille est-il malade? il n'augmente pas le nombre des visites consenties, mais il va prendre des nouvelles chaque matin à la porte.

Ce membre de la famille vient-il à mourir, il dépose sur le cercueil un bouquet ou une couronne sans inscription.

Cadeaux de noces.

Les invités aux noces, les parents, les amis intimes font des présents aux fiancés... Ce cadeau est envoyé *avant* le mariage.

Les parents masculins célibataires sont souvent

bien embarrassés pour choisir un cadeau de noces
destiné à une jeune fiancée. Les oncles, grands-
oncles et oncles à la mode de Bretagne, âgés (cousin germain du père ou de la mère), ont pris l'habitude d'offrir une bourse élégante contenant une jolie
somme en or, ou un porte-cartes renfermant un
chèque, des billets de banque. Un vieux cousin,
chef de race, fût-il à un degré éloigné, peut aussi se
permettre ce présent — à l'égard du fiancé comme
de la jeune fille, bien entendu.

Bien souvent, on donne à un jeune couple un
objet plus ou moins artistique, dont il pourrait parfaitement se passer, qui ne lui plaît pas toujours.
Je ne parle pas du double emploi que peut faire un
cadeau exactement pareil à un autre déjà reçu. Avec
de l'argent, un jeune ménage achète ce qu'il désire,
ce qui lui manque.

Un jeune homme, un célibataire, ami des fiancés,
offrira un objet de maison, *de ménage :* service de
table, lustre de salle à manger, lampe, vases,
service à glaces, etc. En aucun cas, fût-il l'ami de
la seule fiancée, il ne se permettra d'offrir un objet
(bijou, éventail, etc.) qui puisse servir exclusivement à la jeune femme qu'elle va devenir. Ami du
seul fiancé, il peut au contraire donner à celui-ci une
épingle de cravate, des boutons de manchettes, ou
tout autre objet à son usage personnel.

Une jeune fille donne à la fiancée tout ce qu'elle
veut, depuis des dentelles d'Alençon ou des dia-

mants, jusqu'à un écran peint par elle, jusqu'à un mouchoir brodé de ses mains. On accorde la même latitude pour les présents, quand il s'agit de gens mariés.

Une famille peut faire un présent collectif. Mais ce n'est pas l'usage dans un certain monde, à Paris, que les garçons et les demoiselles d'honneur se cotisent pour faire un cadeau aux mariés. Les présents sont envoyés chez les parents de la fiancée, sauf par les gens qui ne connaissent pas celle-ci ni ses parents. Dans ce cas, c'est au domicile du fiancé qu'il sont portés.

La carte de l'envoyeur est jointe au présent pour en indiquer la provenance.

Il faudrait pouvoir s'entendre entre donateurs pour ne pas répéter le même cadeau jusqu'à trois ou quatre fois, comme cela se voit.

En choisissant le présent, il faut bien réfléchir pour donner un objet agréable si ce n'est utile, et toujours en harmonie avec la situation que vont avoir les fiancés.

Les fiancés remercient immédiatement par lettre ceux qui ont envoyé des cadeaux.

Il va sans dire que le fiancé ne remercie pas ceux qui ont adressé le présent à sa fiancée spécialement; ni encore moins la fiancée, lorsque le cadeau a été offert au fiancé. Plus tard, quand ils sont mariés, l'un ou l'autre fait allusion à ce présent qui n'était pas pour lui, mais dont il jouit, en parlant de sa beauté ou de son utilité devant le donateur.

Dans les familles très délicates, on n'expose plus les présents. Dans cette coutume, on sentait comme une laide arrière-pensée. On semblait vouloir exciter l'*émulation* chez les donateurs. Dans la crainte de passer pour pauvres ou avares, les vaniteux — qui seraient peut-être restés indifférents à l'opinion des fiancés et de leur famille — faisaient des sacrifices, pour paraître magnifiques aux yeux des gens admis à passer les cadeaux en revue.

Encore moins ces familles envoient-elles aux journaux (qui ne l'insèrent qu'à beaux deniers comptants) la liste de ces présents avec les noms des donateurs en regard.

La corbeille. — Le contrat.

L'envoi de la corbeille et la signature du contrat précèdent de huit à dix jours environ la cérémonie du mariage.

La corbeille est apportée le matin du jour où l'on signe le contrat. Elle se compose de robes de satin, de velours, etc., en pièces ; de dentelles noires et blanches ; de points héréditaires, si les aïeules du fiancé en ont possédé ; de bijoux modernes, de joyaux de famille ; d'un manteau de loutre ; de bandes de lophophore, originale parure pour les robes et les vêtements, dont la solidité, autant que la surprenante beauté, explique la faveur. A ce fond de garderobe, on ajoute une *aumônière* gonflée d'or (pièces neuves), un ou plusieurs éventails, un livre d'heures copié sur un chef-d'œuvre du moyen âge. (Il va sans dire que la corbeille peut être infiniment plus modeste, tout dépend des ressources du fiancé.)

Ces objets sont contenus dans une grande corbeille en vannerie artistique, doublée de satin blanc et de forme carrée, afin que les étoffes n'y prennent pas de faux plis. Un gros bouquet de roses blanches ou un nœud de satin blanc s'attache sur le couvercle.

Le coffre, l'ancien coffre de mariage, est choisi par quelques fiancés amis de l'archaïsme. On les imite de ceux du XVIᵉ siècle. Ils sont décorés, armoriés, sculptés, peints, etc.

On avait eu l'idée de remplacer la corbeille par quelques milliers de francs, insérés dans une enveloppe; mais cette innovation a froissé les délicatesses de sentiment du plus grand nombre des fiancées, et la vieille mode a prévalu. Nous en sommes bien aise.

Encore une fois, la corbeille peut être infiniment simple. Tout dépend de la fortune du fiancé qui ne peut, parfois, offrir qu'un bijou.

L'habitude d'exposer le trousseau et la corbeille — cette habitude d'un goût fort contestable — est complètement tombée en désuétude, chez les gens qui se piquent de véritable délicatesse.

L'étalage de la lingerie intime était pénible à sup-

porter pour le fiancé et révoltait les pudeurs de plus
d'une fiancée. Il y avait en outre une ostentation de
parvenus à étaler ainsi les richesses d'un trousseau,
les splendeurs d'une corbeille.

Nous disons donc qu'on est revenu à nos anciens
et discrets usages, qui ont le mérite de n'offenser
jamais la réserve des fiancés et de ne pas faire soupçonner les parents de sot orgueil et d'autres vilains
sentiments.

A propos du trousseau, disons que le linge personnel d'une femme mariée (celui qu'elle porte) est
marqué à l'initiale de son prénom et à celle du nom
de son mari.

Le linge personnel du mari et le linge de maison
(draps, services de table, torchons, etc.) sont mar-
qués aux deux initiales du mari : celle de son prénom, celle de son nom.

Si on veut, cependant, le linge de maison est
marqué à l'initiale du nom du mari et à celle du nom
de la femme. Par exemple, Mlle Durand a épousé
M. Bernard, le linge est marqué B. D. — Je préfère
l'autre manière. Cependant les gens de la noblesse
marquent toutes choses des armes accolées du mari
et de la femme.

Le contrat se signe parfois chez le notaire.

Quand le notaire se rend chez les parents de la
fiancée, toutes les personnes intéressées s'y as-
semblent. Dans l'un comme dans l'autre cas, les
clauses du contrat doivent avoir été bien débattues,

par avance, entre les deux familles (hors de la présence des fiancés) pour éviter toute discussion, au moment des dernières stipulations.

Quand le contrat se signe chez les père et mère de la fiancée, il est toujours suivi d'un dîner auquel est convié le notaire.

Parfois le contrat se signe au milieu d'une soirée, qui réunit bon nombre d'invités. Les divertissements ou la conversation s'interrompent, le notaire donne lecture du contrat. Alors le futur se lève, salue sa fiancée, signe l'acte et lui passe la plume. Après avoir apposé son nom, celle-ci offre la plume à la mère de son fiancé, laquelle la remet à la mère de la jeune fille, les deux pères signent après et, ensuite, tous les membres des deux familles, par rang d'âge. On est bien aise aussi, parfois, de faire figurer un nom illustre sur le contrat. Si la personne dont on désire la signature est présente, elle signe avec la famille, sinon le notaire lui envoie le contrat à signer le lendemain.

Pour la fête du contrat, la fiancée ne se pare d'aucun des bijoux qui viennent de lui être donnés. Ils ne lui servent qu'après le mariage. Elle s'habille d'une simple et jolie toilette claire, sa dernière robe neuve de jeune fille, et — une dernière fois aussi — elle sort de leur écrin ses petits bijoux, qui ne conviendront plus à la jeune femme qu'elle va devenir. Mais en revanche, grande élégance autour d'elle. Aussi bien, la soirée de la signature n'a déjà plus cet as-

pect intime de la fête des fiançailles. Toutefois on n'y
invite pas de connaissances banales.

Au moment de la signature, si le notaire demande
à la fiancée — comme c'est son droit — la permission de lui baiser la main, elle la lui accordera, après
avoir rapidement consulté du regard sa mère et son
fiancé. Tous deux font, des yeux, un signe d'ac-
quiescement. Quelques personnes vont se révolter
contre cette idée de réclamer le consentement du
fiancé; nous trouvons, au contraire, qu'il y a, dans
cette espèce de reconnaissance anticipée de ses droits,
quelque chose de touchant et qui donne une vue bien
nette des devoirs de la vie conjugale. Mais, dira-t-on,
la fiancée ne dépend encore que de ses parents. Pas
tout à fait; elle porte au doigt un anneau qui l'engage
déjà et elle a reçu des présents qui lui créent des
obligations.

Ajoutons que, dans la question des apports, on
doit être des deux parts d'une loyauté parfaite.

On peut simuler une fortune — il existe des
moyens de commettre cette fraude, — mais il est
impossible de soutenir longtemps cette comédie dans
la vie commune. Alors, les reproches éclatent et les
récriminations ne tarissent plus, à moins que le con-
sort dupé ne soit doué d'un caractère exceptionnel.

Cela se trouve, mais il serait fou de se dire qu'on
tombera sur cette exception. Il y a du reste des gens
excellents mais nerveux qui ne peuvent prendre leur
parti de la déception qui leur est infligée.

Il est rare que nous pardonnions à ceux qui nous ont fait jouer le rôle de dupe. Mais dans tous les cas que l'on pourrait énumérer, l'homme qui peut le moins oublier, c'est un mari qui a été trompé au temps des fiançailles.

La vie conjugale est souvent troublée à jamais, quand l'un des époux reconnaît qu'on lui a menti avant le mariage; — ou, seulement, qu'on lui a tu une vérité qui devait être révélée.

Invitations.

Le lendemain du jour où l'on a signé le contrat, c'est-à-dire huit ou dix jours avant la célébration du mariage, on envoie le billet d'invitation à la cérémonie religieuse. Quant à ceux qui doivent assister aux « festin et entières nopces », ils ont été prévenus près d'un mois d'avance.

Le billet d'invitation à la bénédiction nuptiale est envoyé à tous les gens avec lesquels on est en rapport, sans distinction de condition sociale. Il est bon de dire ici qu'on peut inviter à cette cérémonie les plus infimes de ses connaissances. C'est même faire preuve de goût de n'éliminer personne en cette circonstance.

Mais, pour certains invités, on ajoute la carte qui annonce que la mère de l'épousée recevra après la cérémonie. (Voir page 351.)

(En cas d'empêchement d'accepter la simple invitation à la bénédiction ou l'invitation augmentée de la carte dont nous venons de parler, voir même page ce qu'il y a à faire.)

Les gens qui ont assisté à la bénédiction se rendent à la sacristie après la cérémonie et y félicitent les mariés et leur famille.

Les invités de l'époux ne sont pas toujours connus de la mariée et de sa famille. Dans ce cas, le marié les leur présente soit à la sacristie, soit au lunch, s'ils y sont conviés. Quand les invités non connus de la famille de la fiancée assistent aux noces complètes, ils doivent, autant que faire se peut, se faire présenter chez les parents de la mariée quelques jours avant le mariage.

Alors même qu'une fiancée connaîtrait à peine ou même pas la mère de l'une de ses amies, la politesse la plus élémentaire, les convenances encore plus lui commanderaient d'inviter la mère avec la fille, puisqu'une jeune fille ne va pas seule dans le monde.

Mais pour l'ami du marié, il n'en va pas de même. On peut inviter un jeune homme sans se croire obligé d'inviter aussi sa famille. Lui va seul dans le monde.

Formalités légales et religieuses du mariage.

En premier lieu, les personnes qui désirent s'unir par le mariage doivent demander ou faire demander par leurs parents, à l'officier de l'état civil, de procéder à la publication de ce mariage. Il faut onze jours d'affiche avant de célébrer le mariage. Les publications ont lieu au domicile respectif des futurs époux.

On considère comme leur domicile, pour le mariage, le lieu où ils ont eu une résidence non interrompue, depuis six mois au moins. Les publications doivent se faire au lieu où cette résidence leur a acquis un domicile et au domicile précédent. Si les futurs sont mineurs, — âgés de moins de vingt-cinq ans pour les hommes, de vingt et un ans pour les femmes, — la publication du mariage doit avoir encore lieu au domicile de leurs père et mère, à défaut, au domicile de leurs aïeuls et aïeules paternels et maternels. — Les officiers de l'état civil instruisent les intéressés de ce qu'ils ont à faire (pièces à produire, renseignements à donner) pour obtenir des publications régulières.

La célébration du mariage ne peut avoir lieu, nous l'avons dit, qu'après les publications, et sur la production de pièces plus ou moins nombreuses. Chacune des parties contractantes doit remettre à l'officier de l'état civil un extrait de son *acte de*

naissance. La seconde pièce à fournir est le *consentement* des ascendants ou de la famille. Si les personnes dont le consentement est requis sont présentes, elles le donnent verbalement. Si le consentement était refusé et les futurs époux en âge de s'en
passer, ils auraient à produire le procès-verbal de la
remise des *actes respectueux.* — Au cas où les père
et mère, les aïeuls et aïeules seraient décédés, il
faudrait apporter leur acte de décès. S'ils étaient
absents, interdits, des jugements d'absence ou d'interdiction ; si la maladie les retenait chez eux, des
certificats de médecin, relatant l'impossibilité où ils
seraient de quitter leur maison et de donner leur
consentement de vive voix.

Un veuf ou une veuve qui se remarie produit l'acte
de décès du premier époux.

L'heure de la célébration du mariage est indiquée
par le maire. Au jour et à l'heure fixés, les futurs
se rendent en personne à la mairie. Ils amènent
quatre témoins, qui ne peuvent être choisis parmi
les personnes dont le consentement doit être obtenu.

Tout le monde sait que le mariage civil précède
le mariage religieux.

On ne se marie pas à l'église depuis le premier
dimanche de l'Avent jusqu'au jour de l'Epiphanie,
ni depuis le mercredi des Cendres jusqu'après l'octave
de Pâques. Mais on peut cependant obtenir des dis-
penses pour célébrer le mariage dans ces intervalles.

Un usage presque universel veut que le mariage

soit célébré dans la paroisse de la mariée et par le curé de cette paroisse, ou par un prêtre muni d'une délégation spéciale. Le mariage doit être précédé de la publication de *bans* à la paroisse des époux, trois dimanches consécutifs, à la grand'messe. Les pièces à produire sont *l'extrait de baptême;* le certificat de publication de bans, s'il en a été fait ailleurs que dans la paroisse où l'on célèbre le mariage ; l'acte de dispense, s'il y a eu lieu ; le billet de confession ; le certificat de l'officier de l'état civil qui a marié les époux.

Il nous faut dire un mot des bans de mariage avant de poursuivre. Ils sont soumis aux mêmes exigences que les publications légales, c'est-à-dire qu'ils doivent être *criés* à la paroisse des deux parties ou de chacune d'elles, si elles n'ont pas le même domicile, et qu'il faut également six mois de résidence pour acquérir un domicile aux yeux de l'Église. Si les futurs conjoints sont mineurs et n'habitent pas la même résidence que leurs parents ou tuteurs, toujours comme pour les publications civiles, les bans sont exigés à la paroisse de ces parents ou tuteurs.

Si le mariage est différé pendant trois mois après la publication des bans, il faut les réitérer. En quelques diocèses, pourtant, on accorde six mois.

Les bans se *crient* trois dimanches de suite à la messe paroissiale. Mais on peut racheter un ou deux bans, tous les trois même ; toutefois, le rachat com-

plet n'est admis que dans certains cas fort graves et
rès restreints.

Les fiancés, ou mieux leurs parents, vont s'entendre avec le curé des différentes paroisses ou de
la paroisse unique, pour la date des publications. Le
prêtre leur indique tous les renseignements et pièces
qu'ils doivent fournir.

Le mariage religieux se célèbre le matin, en général; il a plus de pompe en cette partie de la
journée, à cause de la messe. Il faut convenir, au
moins huit jours d'avance, avec le prêtre qui le bé-
nira, de l'heure, des détails, du prix de la cérémonie, lequel varie selon le plus ou moins de solennité qu'on donne à cet acte.

La présence de deux témoins est nécessaire. Ce
sont les mêmes qu'au mariage civil.

Les époux se placent au bas de l'autel, entourés
de leurs familles. La jeune fille à gauche, le marié
à droite.

Dès l'arrivée, le marié a livré à un sacristain la
pièce de mariage et l'acte du mariage civil.

Les anneaux aussi sont remis à ce sacristain, qui
les offre sur un plateau, au moment de la cérémonie
où ils sont échangés. Autrefois, la femme seule
portait la bague d'alliance; aujourd'hui, une coutume
anglaise, d'origine princière, s'est généralisée chez
nous : l'époux, aussi bien que l'épouse, porte l'anneau, signe extérieur des obligations conjugales. La
date du mariage est gravée à l'intérieur de chaque

anneau avec le prénom de la femme dans celui du mari et le prénom du mari dans celui de la femme.

Les mariés écoutent, assis, l'allocution que le prêtre leur adresse, mais se lèvent quand il s'approche pour les unir et l'époux prend dans sa main la main de l'épouse. Ils répondent ainsi aux questions que l'on sait : « Prenez-vous pour femme...? » auxquelles ils répondent : « Oui, monsieur. » Ils ne désunissent pas leurs mains pour s'agenouiller sous la bénédiction du prêtre et l'aspersion.

Ce n'est qu'en donnant à l'épousée sa médaille de mariage que le prêtre vient de lui rendre que le jeune homme dit ou devrait dire à celle qui va être à lui. « Je vous remets ce signe des conventions faites entre vos parents et les miens, » ou « entre vous et moi », selon le cas. La plupart du temps, l'époux ne dit rien du tout, très ému qu'il est, en cet instant. Puis, quand il a reçu l'anneau des mains du prêtre, il le passe au quatrième doigt de la main gauche de la jeune fille, en disant : « Cet anneau est le signe du mariage que nous contractons. » Mais, en cette partie de la cérémonie aussi, il garde encore le silence, le plus souvent.

Les anneaux bénits ont été présentés au marié par le prêtre. C'est de sa main droite *nue* que l'époux passe l'anneau au doigt de la main gauche de sa femme, laquelle lui est tendue *dégantée*. Les mariés ne se regardent que lorsque le prêtre est retourné à l'autel.

Ils se mettent ensuite à genoux pour recevoir la bénédiction nuptiale.

La messe commence. Les époux vont à l'offrande cierge en main, pendant l'Offertoire. Avant l'*Agnus Dei*, on étend parfois sur eux le voile nuptial soutenu par des personnes de l'assistance, et le prêtre les bénit solennellement pendant qu'ils sont ainsi agenouillés (cérémonie omise au mariage des veuves).

La célébration terminée, on passe à la sacristie pour signer l'acte de mariage et recevoir les félicitations des invités.

Si le mariage est contracté entre un protestant et un membre de l'Église catholique, il n'y a aucune sorte de cérémonie. Le prêtre se borne à recevoir le consentement mutuel des époux. Il n'y a pas de publications de bans pour ces mariages mixtes.

Un époux juif n'est pas reçu à l'Église catholique, ni un époux chrétien à la synagogue.

Quand il y a mariage mixte, c'est-à-dire entre protestant et catholique, ce dernier a sollicité auparavant une dispense de l'évêque pour son union avec un ou une protestante. Il est convenu, par écrit et sous serment, que les fils seront élevés dans la religion du père et les filles dans celle de la mère.

A notre avis, c'est le culte de la femme qui doit avoir les honneurs. C'est-à-dire qu'on se rend d'abord au temple protestant, si elle appartient à cette communion, ou à l'église de sa paroisse, si elle est catholique. En un mot, le culte de l'époux vient en second lieu.

Le bon goût veut que les invités assistent aux deux cérémonies religieuses. Elles sont les mêmes, à la différence de la messe : j'entends qu'il y a échange d'anneaux, offrande, quête, etc., à l'une comme à l'autre.

Les hommes invités à la célébration d'un mariage juif doivent être avisés, ici, qu'ils sont tenus — par les usages religieux israélites — de garder leur chapeau sur la tête à la synagogue.

Ils se rangent d'un côté de la synagogue, les femmes de l'autre. Les cérémonies religieuses sont très particulières, nous allons les indiquer sommairement.

La mariée juive s'avance la première du cortège, se faisant soutenir par ses deux témoins, qui lui lèvent les mains très haut, suivant certains rites, non adoptés en toutes synagogues. C'est ainsi qu'elle arrive au fauteuil qui lui est préparé sur l'estrade à côté de celui de son époux, sous un dais, devant le tabernacle voilé. Les parents, les témoins, en certains temples, les demoiselles et les garçons d'honneur aussi s'asseyent sous le dais, aux côtés des époux.

Il y a allocution par le prêtre, le consentement est demandé également, la cérémonie de l'anneau existe aussi, le marié le passe au quatrième doigt de la main droite de l'épousée, en lui disant qu'il la reconnaît pour sa femme légitime devant l'Éternel, selon la loi de Moïse.

Le rite juif portugais place une écharpe (brodée par la fiancée) sur les épaules de l'époux, pendant la cérémonie. La mariée offre également ce jour-là à son fiancé le linceul dans lequel il sera enseveli. Cela ne rappelle-t-il pas le squelette des fêtes égyptiennes ?

Le rabbin bénit l'union, les époux boivent à la même coupe le vin consacré, puis le verre de cristal est brisé. L'acte de mariage est lu à haute voix aux assistants, avant la signature.

Il y a quête vers le milieu de la cérémonie ; elle est exécutée par les demoiselles d'honneur, conduites par les garçons d'honneur.

Les chants religieux du mariage israélite sont de toute beauté et impressionnent profondément.

Dernier détail : quand la mariée juive sort de la maison paternelle pour se rendre à la synagogue, on jette des fleurs sur son passage.

Le mariage civil (usages mondains).

Si le mariage civil ne précède pas immédiatement le mariage religieux, si il est célébré deux ou trois jours avant ce dernier, la mariée s'habille, pour la mairie, d'un élégant mais simple costume de ville de son trousseau.

Les dames qui y assistent font une toilette plus ordinaire que celle qu'elles arboreront à la bénédiction nuptiale.

Les hommes portent l'habit. — Ces prescriptions sont, bien entendu, relatives aux situations.

Le marié va prendre sa future chez elle.

Celle-ci monte en voiture avec son père et sa mère. La place d'honneur — à droite — est réservée à la fiancée, sa mère est à ses côtés, son père en face.

Le fiancé vient, dans une seconde voiture, avec ses parents. Les témoins — au nombre de quatre — et les autres invités ou parents prennent place aussi dans des voitures appartenant au père de la jeune fille ou louées par lui, — car, quoi qu'on dise, dans quelques classes de la société, les dépenses d'une noce incombent au père de la mariée.

Il est clair que, si les témoins et les invités possèdent des voitures, il doivent s'en servir et y offrir des places aux autres conviés.

La jeune fille entre dans la mairie au bras de son père. Son futur époux la suit avec sa propre mère. La mère de la fiancée vient après, au bras du père du marié.

Les fiancés se placent l'un près de l'autre, la mariée à droite; le maire est en face d'eux. Les parents du futur se tiennent à ses côtés, ceux de la jeune fille sont auprès d'elle. Les témoins se groupent derrière ces six personnes.

Il est inutile de donner ici la façon dont se célèbre le mariage. La loi est seule en cause. Les mariés n'ont qu'à répondre un *oui* intelligible à la question sacramentelle : « Prenez-vous pour époux... ? »

Un seul détail est du ressort du savoir-vivre : la mariée signe la première l'acte de mariage, tout pays de loi salique qu'est la France. Elle passe la plume au marié, qui la salue et lui dit, d'un air heureux et avec un sourire : « Merci, madame. »

Il est le premier à lui donner ce titre, auquel elle a droit depuis qu'elle a mis son nom au bas de l'acte qui lie leur vie l'une à l'autre.

Néanmoins, personne d'autre ne la saluera de ce qualificatif, jusqu'après la cérémonie religieuse.

Le mariage civil est gratuit; mais, en général, le marié jette une offrande plus ou moins forte dans le tronc des pauvres. Les garçons de bureau reçoivent aussi du marié une gratification plus ou moins considérable.

Les choses se passent de la même façon, bien entendu, quand le mariage civil précède immédiatement le mariage religieux.

Un dîner — chez les parents de la mariée — réunit tous les invités. Le marié est à la droite de sa belle-mère, la mariée à la droite de son père. Ce sont les personnages *les plus importants* de la journée.

Le marié baise la main de sa femme, en présence

de tous les assistants, avant de se retirer avec sa
propre famille.

Il va sans dire qu'on s'est arrangé pour ménager
un tête-à-tête à ce mari et à cette femme que deux
longs jours séparent encore d'une réunion complète.

Le mariage religieux (usages mondains).

Toutes les personnes invitées à composer le cortège de l'épousée se réunissent chez les parents de
celle-ci.

Le père et la mère de la mariée reçoivent leurs
invités au salon. Le marié a précédé tout le monde,
en compagnie de ses parents. Quant à la jeune
épousée, elle ne paraît qu'au dernier moment et
portant à la main le dernier bouquet blanc que lui
a adressé, le matin, celui qui souvent est déjà son
mari, de par la loi civile.

La mariée est habillée avec une simplicité relative.

A notre humble avis, les diamants sont de trop
et nous exclurions même les riches et lourdes dentelles. La toilette doit être virginale et non fastueuse. Une robe de satin à longs plis, en hiver;
les draperies aériennes de la soyeuse mousseline de
Indes, en été ; les guirlandes parfumées des fleurs de
o eranger, mêlées aux roses blanches et aux myrtes,

n'est-ce pas la plus adorable des parures sous le
nuage du voile? Au plus ajouterions-nous un fil de
perles au cou de notre fille. Nous savons bien que
les points d'Alençon et d'Angleterre, que les pierres
blanches étincelantes parent souvent les mariées,
qu'on brode dans un coin de leur voile leurs armoiries accolées à celles de l'époux, mais, à notre sens,
ce n'est pas là de l'élégance correcte, à moins d'une
situation sociale exceptionnelle.

Le marié porte l'habit ou son grand uniforme, s'il
appartient à l'armée... et même un humble facteur
des postes revêtira le sien, qui est, pour lui aussi,
la grande tenue.

Depuis que, dans l'île voisine, un *squire* s'est
marié en habit rouge, arrivant en ligne droite, à
l'église, des bois où il avait couru le renard toute la
matinée, depuis cette excentricité bien anglaise, on
s'était quelquefois départi du cérémonial français,
et plus d'un marié s'était contenté de la redingote,
la partie masculine du cortège s'accordant naturellement pareille licence. Cependant, aux derniers
mariages princiers, tous les hommes ayant repris
l'habit, nos usages vont de nouveau prévaloir, espé-
rons-le.

Quand tout le monde est arrivé — et c'est le cas
d'être exact — on monte en voiture pour se rendre
à l'église.

La mariée occupe la première voiture et prend la
droite. Elle a son père et sa mère avec elle.

Dans la seconde voiture, le marié et ses parents.

Les témoins prennent place dans les troisième et quatrième voitures avec des parentes des mariés.

Les autres invités s'arrangent des autres voitures, de façon à ce que le cortège soit déjà formé, dans l'ordre où il entrera à l'église.

On doit, autant que possible, associer une personne de la famille ou des amis de la mariée à une personne de la famille ou des amis du marié. Tout cela se combine d'avance dans le salon de la mère de la mariée. Il y a une règle à observer : les jeunes filles ne montent pas — même à deux — dans une voiture où elles seraient seules avec des hommes qui n'appartiendraient pas à leur proche parenté.

Depuis quelque temps, en Angleterre, et parfois chez nous, on fait une charmante addition au cortège ; la mariée a des pages... comme un marquis de Molière. Ce sont des garçonnets, de l'une ou de l'autre famille, habillés avec une élégance fantaisiste. Ils sont chargés de porter le livre, le bouquet de l'épousée ; quelques-uns, bien avisés, vont jusqu'à écarter, dégager son voile, quand les circonstances l'exigent ; ils se tiennent, en conséquence, au plus près de leur *maîtresse*.

Le cortège se forme à l'entrée de l'église :

La mariée au bras de son père ou de celui qui en tient lieu ; le marié avec sa mère. S'il n'a plus de mère ou si elle n'assiste pas au mariage, s'il ne peut avoir auprès de lui une parente de son côté, une amie mariée ou au moins âgée qui puisse remplacer sa mère, il choisira une parente ou amie de sa fiancée, dans les conditions indiquées.

Si son père n'existait plus, ou ne pouvait, non plus que la mère, assister à son mariage et n'y était pas représenté, c'est la mère de la mariée qui prendrait son bras.

Mais, continuons comme dans les circonstances ordinaires : la mère de la mariée conduite par le père du marié ; les demoiselles et les garçons d'honneur ; les témoins et les dames auxquelles ils servent de cavaliers.

La mariée a pris le bras gauche de son père, toutes les dames doivent prendre le bras gauche de leur cavalier, alors même que celui-ci aurait l'épée au côté, en cette circonstance seulement, pour l'harmonie. Et *vice versa :* si son père est un militaire, l'épousée s'appuie sur son bras droit et toutes les autres femmes suivent son exemple, quand bien même les cavaliers seraient en habit.

A l'entrée de la mariée, tous les invités à la messe se lèvent. Ceux qui sont venus pour l'époux sont à droite de la nef, ceux qui sont venus pour la mariée se sont placés à gauche.

La mariée s'avance sans porter les yeux autour d'elle.

Bien peu d'épousées restent naturelles sous tous les regards fixés sur elles. Un peu de trouble ne leur messied pas. Mais il ne faut pas qu'une mariée prenne l'air de « la victime couronnée de fleurs qu'on conduit à l'autel ». Mieux vaudrait s'avancer délibérément, ce serait moins sot. Qu'elle soit émue, cela se conçoit, heureuse et un peu effrayée, on se la figure ainsi ; mais si elle est bien élevée, si elle possède une dose suffisante de tact, elle évitera aussi bien les airs penchés que les airs assurés, elle ne posera pas plus pour la pruderie outrée que pour l'aplomb excessif.

Certaines mariées ont le don d'agacer ou d'*amuser* les assistants.

Le père de la mariée la conduit à sa place, le prie-Dieu placé à gauche et auprès duquel brûle un cierge.

Le marié vient s'agenouiller auprès d'elle sur l'autre prie-Dieu.

Les pères et mères se tiennent aussi près que possible de leurs enfants.

Dans les grandes églises, les suisses et les bedeaux font office de maîtres des cérémonies et indiquent à chacun la place à prendre.

Parfois, les garçons d'honneur (les plus jeunes) tiennent le poêle au-dessus de la tête des mariés. Ces jeunes gens doivent prendre garde d'endommager la coiffure de la jeune femme et de déranger les cheveux du marié.

Quelles que soient les opinions religieuses du marié, il est tenu, de par le plus élémentaire savoir-vivre, de garder une attitude convenable pendant

toute la cérémonie. La jeune mariée ne doit pas
s'occuper de ce qui se passe autour d'elle parmi les
invités.

La mariée passe parfois à la sacristie au bras de
son beau-père, tandis que le marié offre le bras à sa
belle-mère. Les deux nouveaux époux, — après
avoir apposé leur nom sur le registre, — se rangent
à côté l'un de l'autre. Les parents de la mariée se
placent à sa gauche, ceux du marié à la droite de
leur fils. Les invités (ceux de la messe également)
félicitent là non seulement les mariés, mais encore
leurs parents, au moins les parents de celui des
époux pour lequel ils sont venus. Le marié nomme
à sa femme ceux de ses invités de la messe qui la
saluent et qu'elle ne connaît pas; la mère de la
mariée en fait autant pour les gens de son monde
que son gendre n'a pas encore rencontrés.

Il arrive qu'à ce moment on convie quelques-
uns des assistants au lunch qui est offert après la
cérémonie; c'est les distinguer ainsi de la foule des
connaissances banales, sans toutefois les assimiler
au cercle des intimes qui y ont été invités par carte
en même temps qu'à la bénédiction.

La mariée sort de l'église au bras de son mari.

Son père offre son bras à la mère du marié.

Les invités de la messe ont regagné leurs places
et sont debout sur le passage du cortège. Le marié
et la mariée saluent à droite et à gauche en souriant.

Les mariés remontent seuls en voiture; c'est le

plus souvent un coupé tout tapissé de fleurs blanches sur le devant.

Pendant que les voitures emportent la noce, glis-
sons vite un détail. Si les parents des mariés ont un
grand état de maison, les cochers et tous les domestiques, d'ailleurs, revêtent, pour la circonstance, la
livrée de gala et on se sert des équipages des grands
jours.

Un minuscule bouquet de fleurs d'oranger, de
roses blanches et de myrte noué de rubans blancs
orne la boutonnière de tous les serviteurs et pare la
tête des chevaux.

Noces et festins.

Il faut célébrer la fête des épousailles avec autant
de magnificence que le permet la position de fortune ;
et chaque invité est tenu d'y apporter un visage
heureux. On doit entourer de joie et d'éclat (relatif)
le bonheur de ce jeune couple, qui vient d'accomplir
l'acte le plus grave et le plus saint de la vie.

Nous voudrions des danses aux noces, ne fût-ce
qu'une sauterie. Mais nous ne donnerons que cette
indication générale, car la fête dépend absolument
de la situation qu'on occupe et des circonstances.
Ici simple déjeuner aux parents et aux proches ; là,
matinée ou lunch avec un tour de valse ; ailleurs,
dîner de gala, grand bal. Nous pouvons encore dire

nos préférences : nous aimons les mariages célébrés
à la campagne (lorsqu'on y a une maison d'été), au
temps des lilas et des roses, en la saison des chansons
et des couvées, où l'on dîne et où l'on danse sous
les arbres. Est-il cadre plus charmant pour la blanche
épousée ?

Mais l'habitude est prise, à Paris, d'offrir un lunch
superbe aux invités du cortège, à l'issue de la cérémonie. Et le plus souvent, il n'est accompagné ni de
la musique ni des danses, qui nous paraissent pourtant le complément obligé des noces.

Cette mode du lunch, après la cérémonie religieuse, a pris naissance dans les régions mondaines
où l'on pouvait le mieux offrir aux invités des réjouis-
sances plus pompeuses. Il est bien rare, même, qu'on
ajoute à ce repas sommaire un tour de valse au piano.
C'est très commode, moins dispendieux que les cé-
lébrations d'autrefois, mais mes préférences, je l'ai
dit, sont pour les anciens usages.

Le seul avantage du lunch, c'est qu'on peut y
inviter beaucoup de monde.

On retire tous les meubles de la salle à manger
pour y dresser seulement un buffet, où toutes sortes
de gâteaux et de sandwichs sont disposés avec
abondance et où l'on sert du thé, du chocolat,
des vins d'Espagne et de Champagne. Les fleurs
d'oranger tracent une guirlande sur la nappe enca-
drée de dentelle ; — c'est tout ce qui rappelle le
festin des épousailles.

Personne ne s'assied. On va prendre ce qu'on veut au buffet, où les garçons d'honneur et quelques parentes mariées des nouveaux époux font les honneurs, veillent à ce que tous les invités boivent et mangent quelque chose.

Quant aux mariés et à leurs parents, ils reçoivent les arrivants au salon et y saluent ceux qui partent.

Aucun divertissement, on va, on vient, on cause... cause-t-on ? On échange quelques mots d'une banalité désespérante, car cette réception n'a rien d'intime et la plupart des gens réunis sont inconnus les uns aux autres ou se connaissent si peu...

Voici encore de quelle manière j'ai vu organiser un lunch de noces, et c'est, à mon avis, ce qu'on a imaginé de mieux en ce genre :

Une grande table était dressée au milieu d'une galerie, elle était couverte de beau linge, sur lequel couraient des guirlandes de fleurs d'oranger, et paraissait crouler sous le poids des plats et compotiers qui la garnissaient : jambons, galantines, filet froid, salades de saumon et de homard, petits fours de toutes sortes, fruits en abondance, sandwichs, pains fourrés, etc., etc. Au centre, le gâteau de mariage, — que l'épousée doit découper, mais comme ce serait une rude corvée, elle y enfonce le couteau, le marié *tranche* la première part et les garçons d'honneur achèvent la besogne. En aucun cas, ce soin n'est laissé aux serviteurs.

Mais on ne mangeait pas autour de cette table

abondamment servie. Le long des murs, de petites tables, couvertes de nappes, parées de la fleur nuptiale, avaient été préparées, avec un couvert complet. Les dames s'y asseyaient par quatre ou six et chacune d'elles avait, derrière son siège, un des convives masculins qui s'était constitué son cavalier servant et allait lui chercher à la grande table les choses qu'elle désirait manger. Les verres se remplissaient à un autre bout de la galerie, où l'on avait installé le service des boissons : chocolatière flanquée de tasses, thé, café, vin de Champagne frappé et autre, etc. — Les hommes se réconfortaient debout en allant et venant.

A l'issue du lunch, la mariée émietta son bouquet entre les jeunes filles présentes. Cette cérémonie remplace partout, depuis une dizaine d'années, cette distribution de flots de rubans provenant soi-disant de la jarretière de la mariée, usage un peu choquant qui existait en beaucoup de lieux, par imitation probablement de ce qui arriva à un bal royal et donna naissance à un ordre aussi galant qu'illustre.

Les laboureurs, mieux que nous, sont restés fidèles aux traditions nuptiales. Ils invitent à la fête du mariage le ban et l'arrière-ban de leur parenté, beaucoup d'amis. Ils me paraissent comprendre mieux que nous la signification mystique de ces démonstrations de joie.

Ils trouvent qu'il n'y a jamais trop de chants, de

danses, de festins pour encadrer le doux, le grand
événement, l'union de deux êtres jeunes, épris l'un
de l'autre, qui vont continuer la longue chaîne des
ancêtres, qui vont parcourir, appuyés l'un sur l'autre,
les chemins souvent âpres de la vie. Ils aiment à
leur parer l'entrée de ces nouveaux sentiers, avec le
désir que les rayons de cette journée bénie s'y pro-
jettent et les éclairent longtemps.

Si l'on donne un grand dîner, la mariée prend
place à table, entre son père et son beau-père (elle
est à la droite de son père), le marié est en face d'elle,
entre sa mère et sa belle-mère. Quelquefois, et cela
devrait se généraliser, parce que c'est très joli et très
naturel, les jeunes époux sont assis l'un auprès de
l'autre, entourés des couples jeunes et gais des garçons et des demoiselles d'honneur; le père et la mère
de la mariée leur font face, le premier ayant à sa
droite la mère du marié; le père du marié prend
alors la gauche de la mère de la mariée.

Enfin, en d'autres lieux, le père de la mariée, conservant sa place ordinaire de maître de la maison,
fait asseoir sa fille à sa droite. Le gendre occupe
également la place d'honneur aux côtés de la mère
de la mariée.

La mariée est servie avant toutes les autres dames,
si âgées ou si qualifiées que celles-ci puissent être.
Mais si un personnage de marque assiste à la fête
du mariage, on considère sa présence comme un
acte de condescendance et, pour l'en remercier, le

beau-père de la mariée lui cède sa place auprès de l'héroïne du jour.

Malgré quelques tentatives pour faire renaître le vieil usage, on ne chante plus au dessert du dîner de noces.

Mais on porte un toast à la mariée (voir page 233).

Le bal, si bal il y a, est ouvert par la mariée avec son mari ou avec l'invité auquel on désire témoigner le plus de déférence. Le marié choisit sa danseuse parmi les dames avec le même sentiment, alors le second quadrille ou la seconde valse de la mariée appartient à son mari.

Après, elle envoie inviter de sa part les danseurs qu'elle veut pour partenaires, dans les *quadrilles* qui suivent. Pour les valses, elle se réserve pour son mari et les hommes de sa parenté.

Les mariés ne disparaissent pas toujours au milieu de la soirée, ils se retirent parfois les derniers. Mais les invités prennent congé de bonne heure... à deux heures du matin, au plus tard.

En quelques provinces et en plus d'un château, assez souvent la cérémonie du mariage est célébrée à minuit, en dépit de la superstition qui veut que le soleil brille sur la mariée, pour lui porter bonheur. Dans ce cas, un dîner et une soirée précèdent la messe nuptiale ; la mariée y assiste dans sa blanche toilette ; elle va faire attacher son voile quelques instants avant de passer à la chapelle. La cérémonie achevée, après les félicitations adressées aux mariés (compliments qui doivent être fort écourtés), les invités reprennent leur toilette de voyage et sont reconduits, en voiture, au train spécial frété par les amphytrions. Les parents les plus proches quittent également la maison ; le lendemain, les jeunes époux se retrouvent seuls.

Nous avouerons que nous aimons les noces de plein jour, au grand soleil, avec beaucoup de pompe, de solennité et de joie.

Mais, qu'elle soit très simple, — s'il le faut, — ou très luxueuse, la fête du mariage est aux frais des parents de la mariée, dans un certain monde, et cela devrait se généraliser dans toutes les classes de la société... à moins d'impossibilité réelle, bien entendu.

Les frais de la cérémonie religieuse et tous les autres retombent également sur la famille de la mariée.

N. B. — Nous avons écrit constamment le père et la mère de la fiancée ou du fiancé, de la mariée ou du marié. Dans le cas où l'un ou l'autre des deux jeunes gens ou les deux auraient perdu leurs parents, il va sans dire que le rôle des père et mère serait tenu par ceux qui les remplaceraient auprès de la jeune fille ou du jeune homme : tuteur, chef de maison, frère aîné, sœur aînée, tante, etc., et que ceux-ci auraient absolument droit aux mêmes égards que les parents disparus, dont ils tiendraient la place.

Fonctions des demoiselles et des garçons d'honneur.

Les demoiselles d'honneur sont choisies parmi les
sœurs et les cousines des fiancés ; à leur défaut, on
confie ces fonctions aux jeunes amies de la mariée.
Les garçons d'honneur se prennent dans la proche
parenté des deux fiancés ou parmi les amis intimes
du marié.

Si le marié ne pouvait procurer de garçons d'honneur, ils seraient tous pris du côté de la mariée.

Le frère et la sœur de la mariée, par exemple, ne
formeront pas un couple de garçon et de demoiselle
d'honneur, mais bien la sœur de la mariée avec le
frère, le cousin ou l'ami du marié, et *vice versa*.

On s'inquiète fort des préséances parmi les demoiselles d'honneur. La sœur, la parente ou l'amie de
la mariée vient en premier lieu avec le frère, le
parent ou l'ami du marié. Puis la sœur ou la parente du marié avec le frère ou le parent de la
mariée. Et ainsi de suite, selon les âges des frères
et sœurs des deux parts, les degrés de parenté,
d'amitié.

On demande toujours aux demoiselles d'honneur
par quel garçon d'honneur elles veulent être conduites, mais elles doivent se récuser et se laisser
appairer suivant les convenances des mariés.

Les demoiselles et les garçons d'honneur choisis et *appareillés* — s'ils sont inconnus l'un à l'autre — sont présentés l'un à l'autre à la soirée du contrat.

Le matin du mariage (si les circonstances s'y prêtent, bien entendu, si la jeune fille n'a pas fait savoir qu'elle viendra dans la voiture de son père) le garçon d'honneur vient prendre en voiture (la sienne ou une voiture de noce) ou à pied, sa demoiselle d'honneur, à laquelle il a envoyé, le matin, ou à laquelle il apporte un bouquet un peu rosé, afin qu'il ne ressemble pas trop à celui de l'épousée, mais noué de rubans blancs et entouré d'une collerette de dentelle. *Il ne fait jamais d'autre présent.*

Naturellement, la demoiselle d'honneur ne s'en va pas (à pied ou en voiture) en tête à tête avec le garçon d'honneur, elle est toujours accompagnée d'un chaperon.

Au moment de partir pour l'église, le garçon d'honneur met sa demoiselle d'honneur en voiture, puis il veille à l'installation des autres dames, surtout de celles qui n'auraient pas de partenaire, ensuite il revient auprès de celle à qui il sert de cavalier, au moment où les équipages s'ébranlent. Il y a toujours une dame et un homme d'un certain âge dans la voiture où montent une jeune fille et un jeune homme.

A l'église, les garçons d'honneur s'inquiètent encore de placer convenablement tous les invités

du cortège. Ce sont les deux couples, quatre si
l'église est grande, les plus apparentés aux mariés
ou, à défaut de ceux-ci, les plus avancés dans leur
intimité, qui font la quête, se partageant l'église.
Le jeune homme offre sa main *droite* (c'est forcé)
fermée à la jeune fille, qui y appuie légèrement sa
main gauche. Cette main est soutenue à une certaine
hauteur, sans pourtant être soulevée de façon à fatiguer la jeune personne. Le garçon d'honneur porte
son chapeau-claque sous le bras gauche et de la
main gauche tient le bouquet de la demoiselle d'honneur.

Celle-ci tend la bourse (où elle et le garçon d'honneur ont jeté les premiers leur offrande) avec une
extrême discrétion, elle s'incline devant la personne
qui y dépose une pièce d'or ou d'argent ou un simple
sou.

Au sortir de l'église, le garçon d'honneur prend
les mêmes soins des invitées, pour la montée en
voiture et lorsqu'elles descendent.

Le reste de la journée, si besoin est, le garçon
d'honneur se multiplie, sous la direction des parents
de la mariée, à la disposition desquels il s'est mis,
pour veiller aux désirs des invités, pour donner ses
soins et sa surveillance à toutes les parties de la
fête. Au bal, si bal il y a, il fait danser toutes les
invitées... qui dansent. Chez nos voisins britanniques, on l'appelle « le meilleur homme » (*best man*),
sans doute parce qu'il s'oublie et se prodigue pour

le plaisir de tous. En réalité, tel est son rôle : se
rendre utile.

Il doit quelques égards de plus à sa demoiselle
d'honneur qu'aux autres femmes : il la conduit à
table, où sa place est près d'elle. Il la fait danser
un peu plus souvent que les autres invitées. S'il est
allé la chercher, il la reconduit de la même façon.

Ajoutons qu'une demoiselle un peu âgée doit refuser de servir de demoiselle d'honneur. — Depuis
quelques années, selon la très jolie mode anglaise
(pour une fois !), les demoiselles d'honneur deviennent de plus en plus nombreuses. Elles sont souvent
habillées de la même façon, avec des formes appropriées à l'âge, depuis Mlle Bébé jusqu'à la jeune fille
de vingt-cinq ans. Rien de charmant comme ce
frais bataillon vêtu de nuances tendres, voletant
tout le jour autour de l'épousée.

La toilette masculine à un mariage.

Les hommes qui font partie du cortège de la
mariée portent l'habit, le pantalon et le gilet noirs,
(pour la soirée, le marié et les garçons d'honneur,
les autres hommes aussi, s'ils le veulent, portent le
gilet blanc, forme croisée, soie ou piqué anglais),
la cravate blanche, le chapeau claque, des chaussures fines, en chevreau ou en chevreau et vernis.

Les gants blancs sont obligatoires pour le marié,

les garçons d'honneur, les pères, les témoins, en un mot, ceux qui remplissent des fonctions.

Les autres invités du cortège peuvent choisir des gants perle, mastic, blé.

Les militaires et ceux qui portent habituellement un uniforme revêtent leur grande tenue, gants blancs.

Un garçon d'honneur ou un invité qui serait encore un écolier, porterait l'uniforme de son lycée ou de son collège.

Les hommes simplement invités à la messe de mariage, alors même qu'ils assisteraient au lunch, doivent se contenter d'une élégante toilette de ville, toilette des visites cérémonieuses : redingote noire, chapeau haute forme, gants clairs.

Le mariage civil, étant un grand acte de la vie, réquiert également l'habit pour le marié, les deux pères et les témoins.

Il est bien entendu que tout cela est relatif. Si le marié et les hommes qui figurent à un mariage ne peuvent faire la dépense d'un habit, ils passent outre à ces prescriptions. On est correct et convenable, toutes les fois qu'on se présente à une cérémonie quelconque en tenue basée sur les moyens dont on dispose, mais très propre et très soignée.

Un homme âgé qui craindrait que l'habit ne fût pas pour lui un vêtement assez chaud, ou même assez commode, pourrait fort bien le remplacer par la redingote.

La toilette féminine au mariage.

Une épousée qui ne pourrait faire les frais de la
blanche toilette nuptiale porterait au moins au
corsage et au chapeau quelques brins de fleurs
d'oranger.

Mais celle qui dispose de ressources suffisantes
n'est nullement dispensée de la toilette virginale,
alors même que le mariage est purement civil (au
contraire de ce qui se fait quand le mariage légal
précède d'un jour ou deux le mariage religieux).

La petite-fille de Victor Hugo, qui n'a pas été
mariée à l'église, quand elle a épousé Léon Daudet,
une des filles d'Alexandre Dumas fils, qui a dû se
borner au mariage civil, à cause de la différence de
religion existant entre elle et son fiancé, se sont
présentées à la mairie enveloppées du voile nuptial
et tout de blanc vêtues.

Les femmes qui forment cortège à la mariée sont
en corsage, jupe à traîne plus ou moins longue,
selon la mode, gants blancs ou très clairs, et chapeau élégant. Une femme âgée ou de complexion
délicate, fût-elle jeune, ne se croira pas obligée de
paraître à corsage découvert, si elle redoute de
prendre froid. Le protocole ne va pas jusqu'à exiger
qu'elle s'inflige une fluxion de poitrine, sous prétexte de respect exagéré du cérémonial.

Il faut bien se dire que l'étiquette et le savoir-vivre
sont deux choses. Pour contrevenir légèrement à
l'une comme nous venons de l'indiquer, on ne viole
pas l'autre ; on n'incommode, on ne blesse personne pour se couvrir d'un manteau. Mais l'élégance, mais l'esthétique? Je dirai qu'une vieille
dame dont le corsage est toujours plus ou moins
déformé, enfreint beaucoup moins les règles du beau
en couvrant ce corsage qu'en l'exhibant.

Faire-part.

C'est huit jours après la célébration du mariage
religieux, que les lettres de faire part sont envoyées
à ceux qui n'ont pas été invités à cette cérémonie
pour cause d'éloignement.

On doit faire part du mariage de sa fille ou de son
fils aux fournisseurs, aux serviteurs qui ont pris
leur retraite, etc., etc,, aussi bien qu'aux gens de
son monde.

(Pour la rédaction du faire-part et la réponse
qu'il faut y faire, voir page 352).

On n'envoie pas de lettre de faire-part, aux personnes qui ont été invitées aux noces, ou même seulement à la messe de mariage.

Après le mariage.

On ne se met pas toujours immédiatement en route pour le voyage de noces, comme on faisait jadis. On laisse cela aux Anglais, qui sortent de la maison paternelle de la jeune femme sous une grêle de riz et de pantoufles de satin blanc. Le marié français emmène sa femme dans le nid qu'il lui a préparé, en étudiant ses goûts ; ou bien, ce sont les parents qui abandonnent, pendant quelques jours, leur propre maison, pour laisser les jeunes époux à eux-mêmes. On ne veut plus gaspiller ces premières heures de la vie à deux, sur les voies ferrées, dans l'hôtellerie banale et encombrée, où l'on a mille petits ennuis à subir, et où les caractères se heurtent parfois dès le premier instant, par suite de l'un de ces contretemps, de l'une de ces contrariétés, qui sont inévitables en voyage. Plus tard, les dissonances se fondent dans un accord plus parfait ; c'est le bon sens, — compagnon inséparable du bon goût, — qui fixe à six semaines après le mariage le moment du voyage de noces ; c'est un sentiment délicat qui nous empêche, aujourd'hui, d'éparpiller sur les grandes routes les souvenirs de la lune de miel.

Jusqu'à leur retour, après lequel ils font leurs visites de noces, — annonçant ainsi qu'ils rentrent

dans le train de la vie ordinaire, — les jeunes
époux sont affranchis de tout devoir mondain.
Lorsqu'on vient à les rencontrer, on ne doit pas
faire mine de les reconnaître... à moins qu'il ne
leur convienne de s'approcher les premiers. Mais,
alors même, on ne les retient pas longtemps ; on
ne leur parle jamais d'événements douloureux, né-
fastes ou tristes : il ne faut pas troubler leur bonheur, ennuager leur ciel ; on les traite comme des
dieux dont la sérénité heureuse ignore la souffrance... jusqu'au jour où il leur plaît de redes-
cendre sur la terre, de redevenir simples mortels.

Visites de noces.

Les jeunes mariés ne peuvent guère faire leurs
visites de noces qu'après s'être installés dans leur
nid.

Pour ces visites, ils revêtent, l'un et l'autre, leur
plus élégante toilette de ville.

Ils se présentent ensemble chez toutes leurs
connaissances, chez tous leurs amis respectifs,
témoignant ainsi du désir qu'ils ont de se créer des
relations particulières en dehors des salons de leurs
parents.

Ils doivent cette visite, avant tous autres, à
ceux qui leur ont envoyé un cadeau de noces,
bien qu'ils aient remercié par lettre ou de vive voix.

Quant aux amis célibataires du marié (et même de la mariée), ils savent que le nouveau marié seul leur doit une visite, ce qui ne les empêche pas de la rendre à la jeune femme comme à son mari.

Toutes les personnes qui ont reçu la visite du jeune couple la leur rendent quinze jours ou trois semaines après.

Les invités à la fête du mariage, qu'ils aient ou non profité de l'invitation qui leur a été adressée, doivent une visite aux parents de la mariée et aux parents du marié, — si l'invitation leur a été remise de la part de ceux-ci.

Le plus souvent, les invités aux noces rendent un dîner aux jeunes époux et à leurs familles ou à l'une ou l'autre de ces familles, selon les relations existantes.

Façons d'être des jeunes mariés.

Avant de quitter le jeune couple, venons au secours des jeunes mariées d'hier qui sont bien souvent embarrassées quant à l'appellation à donner aux parents de leur mari. Doivent-elles dire, « parlant à leur personne », *Monsieur* et *Madame* ou *Père*, *Mère?* — Voilà de ces choses qui ne peuvent être décidées que par les intéressées. Elles dépendent de circonstances qu'elles seules peuvent apprécier.

Si le beau-père et la belle-mère sont des gens aimables, affectueux, leur bru aurait bien mauvaise
grâce à leur donner cérémonieusement le titre *Monsieur*, *Madame*. L'appellation filiale *Père*, *Mère*, —
voire *Papa*, *Maman*, si elle est très jeune, — ne
peut lui écorcher les lèvres. Il est bien certain, en
outre, qu'elle fera grand plaisir à son mari en trai-
tant ses parents à lui comme elle traite son propre
père et sa propre mère.

Cette raison devrait la décider, fût-elle peu dé-
monstrative, peu expansive, eût-elle peine à donner
à d'autres qu'à ses parents ces noms tendres dont
usent les enfants. Elle trouvera, en outre, des sentiments beaucoup plus paternels chez ceux à qui
elle témoignera une affection de fille : ils comprend-
dront que c'est à sa parfaite union de cœur avec
leur fils qu'ils doivent d'être traités par elle avec
cette douceur câline, et ils seront reconnaissants à
la jeune femme de ses façons d'être, non seulement
pour leur propre compte, mais encore pour celui de
leur fils.

Il faudrait avoir affaire à des gens bien durs et
bien froids, ou se croire obligée de se conformer à
un cérémonial qui existe encore, il est vrai, dans
certaines familles, pour appeler *Monsieur* et *Madame*
le père et la mère de son mari.

Pour le jeune marié, c'est un peu différent. On
ne pourrait guère s'étonner, s'il lui était difficile
de se servir, à l'égard de ses beaux-parents, de ces

appellations qu'il peut juger trop mignardes pour
son âge et son sexe.

Encore un mot avant de terminer. Dans les premières années de son mariage, une jeune femme
sort seule le moins possible, pour ne pas prêter à
des suppositions fâcheuses. Dans ses courses, dans
ses visites, lorsqu'elle n'a ni mère ni sœur aînée,
elle se fait accompagner d'une amie plus âgée qu'elle
et d'un caractère sérieux. Encore moins peut-elle
aller seule à la promenade. A cheval, au bal, il lui
faut l'escorte de son mari.

A l'église même, elle doit rechercher le voisinage
des femmes justement considérées. Quant au théâtre,
il est presque inutile de dire qu'elle y serait souve-
rainement déplacée en l'absence de l'un de ses protecteurs naturels : mari, père, frère.

L'ancienne noblesse poussait si loin le scrupule
sur ce point, qu'une jeune femme devait avoir
atteint trente ans au moins pour s'affranchir de
cette sorte de tutelle et qu'un jeune couple, uni par
des liens légitimes, n'aurait pu paraître en public —
au spectacle, dans les rues — sans s'adjoindre un
tiers.

On dit que les familles nobles en agissaient ainsi
pour donner le bon exemple. Il est plutôt probable
que les gentilshommes craignaient que leur femme
ne fût prise pour une fille et que, de cette erreur,
ne résultât pour eux des choses désagréables.

Secondes noces

Une jeune veuve qui vit avec ses parents doit être demandée en mariage à ceux-ci, comme il a été fait lors du premier mariage. Mais naturellement on lui a, au préalable, demandé son assentiment. On ne peut la traiter comme elle l'a été lorsqu'elle était jeune fille.

Toutefois, la veuve qui se remarie doit observer, pendant ses secondes fiançailles, une réserve aussi grande que la première fois.

Celui qui épouse une veuve ou celle qui épouse un veuf ne peut pas exiger que tout signe indiquant le premier mariage disparaisse.

La veuve garde la première bague d'alliance. Son premier mariage est un fait que rien ne peut effacer, son second mari ne saurait trouver mauvais qu'elle conserve le signe de ses premiers liens et, si elle a des enfants, elle leur doit cette marque de respect à la mémoire de leur père. Elle porte donc deux anneaux. — Il en serait de même pour le veuf, également.

Le portrait qui peut exister du premier mari ou de la première femme ne peut non plus être exilé. Ce serait odieux. Mais on lui fait occuper une autre place, si on l'avait suspendu dans la chambre conjugale ; ou on le rend à la famille. Le mort a-t-il laissé des enfants, c'est dans leur chambre qu'on transporte l'image de l'époux disparu.

Un veuf ne doit pas disposer des bijoux de sa première femme en faveur de la seconde, s'il existe des enfants du premier lit. Et même, dans le cas contraire, il agirait plus délicatement en donnant aux femmes de la famille de la morte des objets si personnels.

Le veuf offre une corbeille à sa seconde femme comme à la première, et le fiancé d'une veuve n'est pas du tout dispensé des cadeaux d'usage qu'on fait à la femme qu'on épouse.

Il est de bon goût de se remarier sans éclat et sans bruit. La cérémonie civile ne réunira que les mariés, leurs père et mère respectifs, leurs témoins. Pour le mariage à l'église, on s'entoure, comme aux premières noces, de ses proches et de ses amis intimes ; on envoie, également, des invitations à la messe ; mais la cérémonie est plus simple, il n'y a pas de décoration florale, pas de chants, pas de faste.

La veuve qui se remarie ne s'habillera ni de gris, ni de mauve, ce qui aurait l'air demi-deuil et serait peu aimable pour son second mari ; elle évitera le rose, couleur trop gaie, qui serait déplacée. Elle se coiffera d'un joli chapeau, ou, ce qui serait mieux, d'une mantille noire ou blanche, dans laquelle elle piquerait quelques fleurs (les chrysanthèmes et les

scabieuses, qui sont dénommées fleurs de veuve,
doivent être éliminées de sa parure).

Un déjeuner ou un dîner suit la cérémonie religieuse, mais il n'y a jamais de bal pour les secondes noces.

Les enfants du premier lit assistent au second
mariage de leur père ou de leur mère. Si vous les
avez bien élevés, ils doivent désirer de vous voir
heureux, ils ne peuvent pas supposer que vous
commettiez un acte répréhensible; si vous avez
porté convenablement votre veuvage, si vous avez
fait choix d'un mari ou d'une femme honorable, ils
acceptent l'événement sans joie peut-être, mais du
moins sans douleur. Leur place est donc dans le
cortège, à la cérémonie religieuse.

Toutefois, on ne peut exiger qu'ils se montrent heureux de la situation nouvelle, ni qu'ils adressent
des félicitations. S'ils étaient de caractère ombra-
geux ou encore très affligés, il conviendrait peut-être
mieux de leur faire faire un joli voyage pendant le
mariage et ses préliminaires. Mais il devrait leur
être annoncé et on les présenterait, avant leur
départ, à la nouvelle femme ou au nouveau
mari.

Les grands enfants d'un veuf qui se remarie sont
souvent bien embarrassés pour trouver une appellation, à leur usage, qui convienne à la seconde
femme de leur père, à l'exclusion du titre *mère*, ou
du mot *maman*. Il serait joli, suffisamment fami-

lier, d'excellent ton, de lui donner son prénom, précédé du mot *dame* : « Dame Marie, dame Louise, dame Marguerite. » J'ai quelquefois entendu dire : « Notre dame » ; c'était charmant aussi.

Les grands enfants d'une veuve trouvent encore plus difficilement la désignation convenable à employer à l'égard du mari de leur mère. « Père » leur écorcherait les lèvres. « Monsieur » ne leur semble pas en situation. Donner le prénom serait inconvenant... à cause de la mère. « Mon ami » aurait, à notre humble avis, quelque chose de choquant. Mieux vaudrait forger un titre de parenté : « Oncle, cousin. » Si le beau-père était médecin, s'il avait un grade dans l'armée, on l'interpellerait d'un ton gracieux, enjoué : « Docteur, colonel », ce serait tout à fait poli et de bon goût. Une jeune fille, qui avait habité l'Angleterre, appelait son beau-père : « Gouverneur », à la mode des Îles-Britanniques, où l'on désigne souvent ainsi le chef de la maison. — En parlant à sa mère de son second mari, le fils ou la fille dirait également : « Mon oncle, mon cousin, le colonel, le docteur, le gouverneur. »

On ne saurait exiger d'un fils ni d'une fille des sentiments affectueux pour la seconde épouse de leur père ou pour le second mari de leur mère. Mais si ce fils et cette fille ont quelque souci de la paix du foyer, s'ils redoutent d'affliger leur père ou leur mère, si coupable d'oubli que l'un ou l'autre leur paraisse, ils ne déclarent au nouveau venu

ni guerre sourde, ni guerre déclarée, et ils apportent
dans les rapports inévitables la politesse la plus
irréprochable, la politesse qui, à défaut d'affection,
rend toujours la vie en commun supportable.

Si la seconde femme était jeune, les grands fils
d'un premier lit nuanceraient d'une certaine réserve
leur manière d'être à son égard.

Un homme qui a gardé de bonnes relations avec
les parents de la première femme et même quand il
n'existe plus de rapports entre eux et lui, leur fait
part de son second mariage. Cette recommandation
s'applique naturellement aussi aux veuves qui se
remarient.

Ce sont les père et mère des veufs qui se remarient
qui font part du mariage, comme la première fois.

Noces d'une demoiselle d'un certain âge.

La cérémonie est la même que pour le mariage
d'une jeune fille. Le bon goût peut la diminuer de
quelques détails, mais c'est tout.

Ainsi les garçons, les demoiselles d'honneur seront en nombre restreint ou même, si la mariée est
très âgée, il n'y en aura pas du tout.

Une demoiselle de quarante ans ne s'enveloppe
pas d'un long voile. Elle couvrira ses cheveux d'une
mantille de dentelle blanche qui lui garnira aussi

les épaules. Cette mantille sera attachée par *quelques* boutons de fleurs d'oranger et des roses blanches. Robe blanche.

A quarante-cinq ans, elle choisira une robe gris argent, et elle portera un chapeau de dentelle blanche ou la mantille avec un brin de fleur d'oranger, mêlé à des marguerites-reines.

Une soirée dansante convient mieux qu'un bal en ces circonstances.

Noces d'argent.

On célèbre les noces d'argent après vingt-cinq années d'heureuse union.

C'est une belle, une grande fête de famille, à laquelle on convie aussi ses amis, mais dont on élimine les simples connaissances, car il faut lui conserver un caractère d'intimité.

C'est aussi une fête joyeuse et qui réclame tout l'éclat possible, car elle renferme une haute, une touchante leçon d'amour conjugal pour les enfants, qui voient leur père et leur mère si tendrement, si sérieusement, si profondément attachés l'un à l'autre, après vingt-cinq ans de vie commune, où ils ont partagé les mêmes joies, mais aussi les mêmes douleurs, où ils se sont fait de mutuelles concessions et des sacrifices réciproques.

Est-il rien de plus beau, de plus pur que cette
affection qui a résisté au temps, au malheur parfois;
est-il rien qui témoigne mieux de la noblesse d'âme
du père, de la tendresse de cœur de la mère ?

Célébrons donc les noces d'argent, c'est un spectacle réconfortant ; bénissons une seconde fois l'union
de cet homme et de cette femme, qui ont rempli
entièrement leurs devoirs envers Dieu, la nature et
la société. Leur front a un reflet auguste, en cette
journée, et leurs enfants les entourent avec un respect attendri.

La « mariée » est encore belle, souvent elle paraît
être la sœur aînée de ses filles. Qu'elle se pare donc,
avec le légitime désir de paraître charmante aux yeux
de celui dont le bonheur lui a été cher et l'honneur
sacré ; pour être admirée par ses fils, justement fiers
d'une telle mère. Elle porte une élégante toilette
de ville claire et gaie. Mais elle devrait orner ses
cheveux de marguerites-reines toutes blanches et
jeter par-dessus, une mantille de dentelle, blanche
aussi, pour assister à la messe de bénédiction. Sa
robe serait également blanc-argent. (Nous insistons,
à dessein, sur la couleur blanche de cette parure,
parce que c'est la couleur de la foi, de la pureté, de
la fidélité, de la vie, de la joie.) Elle porterait tous
ses diamants et ses perles, qui ont des significa-
tions appropriées à l'événement que l'on célèbre.

Le « marié » est en habit — et, aussi, tous les
hommes de l'assistance.

Toutes les femmes sont en brillante toilette, de nuances tendres sinon vives.

Les « mariés », graves, émus (plus que la première fois, peut-être), entrent à l'église au bras l'un de l'autre, ou bien la mariée est au bras de son fils aîné, et le marié offre son bras à sa fille aînée.

S'ils ont des petits-enfants, ceux-ci viennent immédiatement après eux, portant de gros bouquets de roses.

Puis les fils et les filles avec les brus et les gendres. Ensuite les parents les plus proches, par rang d'ascendance, d'âge, de consanguinité. Après, les amis. A la fin, les serviteurs.

Le prêtre dit la messe, avec accompagnement des orgues, puis quand l'office est terminé, il bénit les époux et leur adresse quelques mots.

Le cortège sort de l'église dans le même ordre.

C'est à la maison que les enfants, toute la parenté, tous les amis, félicitent, embrassent les « mariés ».

Cette fois, il y a exhibition des présents reçus. Et il faut approuver, car cette exposition n'est pas inspirée par un sentiment orgueilleux, puisqu'on y fait figurer en bonne place, les petits, les humbles présents des jeunes enfants et des serviteurs.

D'autre part encore, la mariée n'est en aucune circonstance plus autorisée à faire étalage de toute l'élégance et de tout le confort acquis par le travail, l'économie ou la sage administration de la fortune : beau linge, argenterie, tout peut être sorti des armoires. N'est-ce pas une grande fête, une douce fête, dont on doit tenir à graver le souvenir dans la mémoire des enfants les plus jeunes : cet apparat, ce cérémonial les empêcheront d'oublier. Un lunch est servi en attendant le dîner, qui est un véritable festin et où les fils et les filles portent la santé de leur père et de leur mère.

Un bal termine cette fête délicieuse. Le père l'ouvre avec sa fille aînée ou la femme de son fils, la mère avec son fils aîné ou le mari de sa fille.

Et restés seuls, les époux savourent les joies de cette journée, les souvenirs de leurs jeunes années et la satisfaction du devoir accompli.

> « Sur la route poudreuse, ils ont marché sans trêve,
> « Et franchi les ravins et gravi les hauteurs.
> « . . . .
> « Ils fournissaient la tâche, ils traversaient l'orage.
>   « O les fortes amours! (1) »

Noces d'or.

Le temps a couronné de cheveux blancs les époux que nous avons vus, une première fois, rayonnants de jeunesse et de bonheur ; puis, une autre fois, pleins de maturité et de force, entourés d'amour, de

---

(1) Pasteur, Th. Monod.

respect, d'estime, ayant lutté, ayant souffert, mais heureux, car ils s'aimaient comme au premier jour, mieux peut-être.

Pour la troisième fois, leur longue union fortunée sera célébrée, on va faire leurs noces d'or. Il y a cinquante ans qu'ils marchent côte à côte; bien des douleurs les ont visités, leurs enfants sont partis loin du nid, pour fonder, à leur tour, d'heureuses familles, des familles bénies; ils sont seuls, comme au commencement de leur vie à deux et ils se serrent l'un contre l'autre, pour se tenir lieu de tout.

Leurs fils et leurs filles — ceux qui ne les ont pas devancés là-haut — accourent autour d'eux, avec les enfants de leurs enfants; trois générations entourent le couple vénéré et adoré. L'aïeul retrouve la grâce de sa femme dans le sourire de ses petites-filles; la grand'mère lui dit tout bas : « Tes petits-fils sont beaux comme toi. »

La fête est la même que celle des noces d'argent. Mais avec une intimité plus grande, pour ménager les héros du jour, dont la vie est devenue fragile. Chacun leur a apporté son présent, jusqu'à l'arrière-petit-fils de deux mois, qui tient une fleur, pour eux, entre ses petits doigts inconscients.

Tous les enfants sont en grande parure. Le « marié » porte la redingote, s'il le veut, parce que ce vêtement plus aisé, plus ample, peut remplacer l'habit pour un vieillard. La « mariée » n'a pas perdu la coquetterie nécessaire à celle qui veut plaire

jusqu'à la fin à celui qu'elle aime. Elle est vêtue
d'une robe traînante de velours ou de satin, ou de
laine violet pâle, avec un mantelet de dentelle. Ses
boucles d'argent sont voilées d'une épaisse mantille
de dentelle piquée de pensées. La pensée est la
fleur de ces noces, elle compose avec des roses le
bouquet de la mariée.

Le marié la porte à sa boutonnière et tous les
assistants dans leur toilette.

Le grand repas est suivi d'un bal ou d'une sauterie. Les deux aïeuls l'ouvrent avec deux de leurs
petits-enfants.

La fête ne se prolonge jamais au delà de minuit.
Alors, laissés à eux-mêmes, les vieux époux tom-
bent dans les bras l'un de l'autre, en se rendant ce
témoignage que, s'ils recommençaient la vie, ils se
choisiraient encore.

Ils ont donné, de nouveau, à leurs enfants, la
grande leçon d'amour et d'abnégation, de devoir
saintement compris.

Les cas exceptionnels.

Les choses ne se passent pas toujours tout uniment ou facilement dans les préliminaires et les
arrangements d'un mariage.

Il faut prévoir au moins quelques circonstances

exceptionnelles, qui peuvent embarrasser grandement les gens désireux de concilier les convenances avec les difficultés qui se présentent assez souvent dans la vie.

Disons tout de suite qu'avec l'étiquette existent des accommodements honnêtes. Du moment que l'on garde cette correction morale, contre laquelle rien ne doit prévaloir, on ne viole pas les règles du savoir-vivre, le cérémonial seul est atteint dans ses lois parfois trop strictes.

Ainsi, il est bien entendu que, dans les cas ordinaires, un jeune homme n'est pas autorisé à faire connaître directement ses sentiments à la jeune fille qu'il désire obtenir en mariage. Il ne peut même lui demander directement si elle consentirait à devenir sa femme.

Parfois, cependant, il lui faut bien prendre le parti de s'adresser à elle d'abord ; et les circonstances sont telles assez souvent, que sa démarche est excusable.

Par exemple, il se voit sans bonnes raisons repoussé, systématiquement écarté par les parents de la jeune fille, lesquels parents ont laissé celle-ci dans l'ignorance des sentiments qu'elle a inspirés. Le prétendant peut se dire que, si elle les connaissait, elle les agréerait peut-être et essaierait alors d'amener ceux de qui elle dépend à penser comme elle.

Cela arrive encore, quand le prétendant et la jeune fille qu'il recherche, ou elle seulement, appartient à une catégorie du monde où l'on n'a pas encore fait entrer, dans les habitudes de vie, le cérémonial usité dans la bourgeoisie et les aristocraties.

Enfin, il veut parfois ne tenir son consentement que d'elle-même, dans la crainte qu'elle ne se soumette à une influence, au lieu d'obéir à un élan ; il veut juger par lui-même du plus ou moins de sympathie qu'elle éprouve pour lui et que, pour un motif ou pour un autre, ceux à qui il la demanderait en mariage pourraient faussement représenter plus vive qu'elle n'est en réalité.

Si sa façon d'agir est inspirée par une de ces raisons respectables en soi, il ne sera pas blâmable, à condition qu'il fasse, avec toute la retenue désirée, l'aveu de sa sérieuse affection et qu'il ajoute, immédiatement, si bon accueil lui est fait : « M'autorisez vous à vous demander en mariage à vos parents ? »

D'autre part, les jeunes filles doivent savoir qu'il leur faut porter tout de suite à la connaissance de leur mère toute demande en mariage qui leur est faite directement. Celle-ci leur dira que cette demande n'a de valeur, n'est sanctionnée que le jour où le prétendant, selon sa promesse, s'adresse au père de celle dont il a dit vouloir faire sa femme.

Il peut arriver que la recherche dont elles sont l'objet soit désagréable aux jeunes filles. En prévenant leur mère, elles se procureront toute tranquillité. Une mère saura empêcher toute rencontre nouvelle entre sa fille et le jeune homme non accueilli par celle-ci ; et si cette recherche est agréable à sa fille, jusqu'à ce que la demande en mariage ait été faite dans les formes, elle la préservera sagement de ces tête-à-tête qu'on se procure si facilement au bal, en dansant ensemble.

Prévoyons le cas où une jeune fille devrait agir par elle-même : elle mettra une grande franchise dans sa réponse, qu'elle accepte ou repousse l'affection offerte. Dans le premier cas, elle ajoutera : « Je vais prévenir ma mère. » Dans le second, elle essaiera, bien entendu, d'atténuer, par sa façon de dire, la cruauté d'un refus.

— Il peut se trouver encore qu'on n'ait aucun parent, aucun ami, ni un supérieur qui puisse ou veuille présenter la demande en mariage. On doit alors agir par soi-même.

Dans ce cas, on écrit au père de la jeune fille qu'on désire épouser. Dès cette lettre, on expose claire-ment sa situation sociale et pécuniaire, on donne tous les détails possibles sur ses tenants et aboutis-sants, on prodigue les renseignements de toutes sortes et on indique ses références.

— On voit des parents autoriser le prétendant à interroger lui-même leur fille. Beaucoup d'amoureux sont alors très embarrassés. Ils s'imaginent devoir employer des phrases de roman, très alambiquées et très passionnées. Le mieux est de s'exprimer avec simplicité, ce qui n'exclut pas une certaine chaleur

et ne défend pas de cacher son désir d'être accueilli,
sa crainte d'être repoussé.

— Sans rejeter absolument une demande en
mariage, un père peut remettre sa décision à une
époque ultérieure, en prenant l'engagement de la
porter à la connaissance de sa fille, si un autre prétendant se présente en même temps. Le prétendant
ainsi à demi accueilli ne fera pas repentir ce père de
l'espoir qu'il lui a laissé; il ne prendra pas, avec
la jeune fille des manières de fiancé, — fût-elle
même avertie, d'ailleurs, tant que les choses ne sont
pas décidées. Il peut, tout au plus, se permettre
quelques attentions et prévenances, tout en accen-
tuant encore le ton respectueux.

A l'égard du père, il lui est permis de colorer sa
déférence d'une nuance affectueuse... sans aller jusqu'aux démonstrations de mauvais goût.

— Malgré tous les obstacles qui peuvent présen-
tement s'opposer à son mariage avec la jeune fille
qu'il a distinguée, un prétendant fait bien de toujours
poser sa candidature auprès du père de cette jeune
fille, et, ce, à l'effet de ne pas être devancé par un
rival mieux avisé.

— Un père qui reçoit plusieurs demandes en
mariage à la fois ou à peu de distance les unes des
autres, a le devoir de les faire connaître toutes à sa
fille. Il se réserve, bien entendu, le droit de conseil,
le droit de lui indiquer le meilleur choix à faire.

— Une jeune fille loyale doit repousser net toute

proposition de mariage, lorsqu'elle s'est attachée, même secrètement, à tout autre homme qu'à celui qui se présente.

Rupture.

Il est arrivé que des jeunes filles aient souhaité rompre leurs fiançailles.

Lorsque ce cas se présente, les parents doivent, avec douceur, l'efforcer de la faire revenir sur cette décision, si rien ne la motive sérieusement. Ils exigent qu'elles réfléchisse pendant un certain temps, avant de porter ce changement de sentiments à la connaissance du fiancé.

Quand elle persiste, son père avertit le fiancé avec la plus grande courtoisie et tous les ménagements possibles. Il le prie de lui rendre sa parole.

Le fiancé doit se soumettre. D'ailleurs, quel enfer serait sa vie ultérieure avec une femme qui l'aurait épousé de force! Il tâche de ne pas montrer de colère, de se consoler, d'oublier. Plus tard, il s'estimera heureux de n'avoir pas été marié à une femme qui ne l'aimait pas.

Mais comme pareil fait enseigne aux parents à élever leurs filles d'une façon plus sensée! Comme ils devraient obliger ces jeunes têtes à peser le pour et le contre avant de s'engager! On fait trop peu comprendre aux femmes qu'elles doivent avoir, comme un honnête homme, le respect de la parole donnée. Si on leur inculquait ces idées saines, elles envisageraient moins légèrement les obligations qu'elles prennent.

Une rupture survenant — pour cette cause ou pour une autre, — après l'envoi de la corbeille, il faudrait retourner celle-ci dans son intégrité au fiancé, et l'accompagner de tout autre cadeau ayant une valeur intrinsèque, qu'on aurait commis la faute d'accepter avant le jour de la signature du contrat.

Les photographies, les lettres qui ont parfois été échangées, doivent être spontanément rendues, de part et d'autre.

Si c'est le fiancé qui redemande sa parole (il lui faut de bien graves motifs pour agir ainsi,) il offre, en même temps, de rendre tout ce qui peut servir de preuves des relations non continuées. Et, des deux côtés, on anéantit, lorsqu'ils reviennent à ceux qui les avaient donnés, ces témoignages d'une affection qui n'a pas duré.

— Un père qui aurait promis sa fille en mariage serait certainement autorisé à demander des explications au fiancé qui cesserait toutes relations sans motif connu. La jeune fille ne peut se considérer comme dégagée, avant de connaître la cause de l'éloignement de son fiancé.

Si celui-ci hésite en répondant aux questions qui lui sont posées nettement, si on s'aperçoit qu'il n'a d'autres bonnes raisons que le désir d'être libre, on lui facilite très dignement la retraite, on lui rend tout de suite sa parole, sans manifester de regret. Le père pourra dire qu'il est heureux de voir sa fille échapper à un mariage dont les suites auraient eu, sans doute, à le faire repentir du consentement qu'il avait accordé.

Le divorce.

Le divorce sépare beaucoup plus que la mort, c'est un plus grand malheur que la disparition de ce monde de l'un des deux époux.

Les divorcés peuvent faire glisser de leur doigt l'anneau qui était le symbole d'un engagement que leur volonté aidée par la loi a brisé.

La femme divorcée doit se réfugier auprès de ses parents, si elle les a encore; auprès d'un frère aîné et marié, si possible; auprès d'une tante âgée.

A défaut de parenté, elle fait bien de se retirer dans un couvent, j'entends dire dans une de ces maisons religieuses où l'on prend en pension les femmes isolées.

Il lui faut bien prendre garde aux jugements du monde, qui sera sévère pour elle, fût-elle la victime.

Rien n'est triste comme la séparation ou le divorce; cet homme et cette femme qui devaient parcourir les chemins de la vie l'un sur l'autre appuyés, et qui désunissent leurs mains pour s'en aller chacun de leur côté, seul, dans des sentiers âpres et différents, se font une situation navrante.

Si des enfants sont venus resserrer les liens qui attachaient cet homme et cette femme l'un à l'autre, alors la séparation est un déchirement véritable, contre nature. Ces époux, en s'éloignant l'un de l'autre, doivent verser des larmes de sang.

Et les beaux yeux candides des petits êtres auxquels on enlève un père ou une mère, plus tard aussi pleureront des larmes bien amères. Oh ! pour eux, pour ces innocents, le père et la mère doivent, avant de prendre la résolution de séparer leurs vies, user, l'un envers l'autre, de toute la patience, de toute la miséricorde que comporte la nature humaine.

LES VISITES

Les visites en général.

Il y a plus d'un genre de visites : visites officielles, visites de cérémonie, de convenances, de digestion, de condoléances, visites de congé et de retour, visites d'arrivée, visites du jour de l'an, visites
intimes, etc., etc.

Nous ne dirons rien des visites officielles pour
lesquelles chaque corps de l'État a son cérémonial
particulier.

Visites de cérémonie.

Les visites de cérémonie sont celles que se doivent
entre eux, — et leurs femmes entre elles, — les
officiers d'un même régiment, les magistrats d'un
même tribunal, les fonctionnaires d'un même ministère, etc. Elles sont obligatoires au nouvel an, à
l'arrivée, au départ. Les autorités civiles d'une loca-

iité, si petite qu'elle soit, ont droit aussi à ce genre de visites dans les mêmes circonstances.

Rien n'empêche que les visites de cérémonie ne se transforment en visites de convenances, puis en visites intimes ; mais tout le temps qu'elles ne sont que cérémonieuses, elles doivent être fort courtes. Toutefois, ne leur donner qu'une durée de cinq minutes serait une autre erreur. Il serait plus absurde de se relever aussitôt après s'être assis que de « s'éterniser » pendant une heure, mais il faut penser que les maîtres de la maison ne peuvent trouver des sujets de conversation bien variés ni bien abondants, lorsqu'ils reçoivent les gens pour la première fois, ou qu'ils ne les aperçoivent qu'une fois l'an. Si on n'éprouve pas pour son compte le même embarras, il reste à se persuader qu'on leur parle peut-être (sans doute), trop longtemps de choses qui ne les intéressent pas ou guère. En restant un quart d'heure, on fera preuve d'un parfait savoir-vivre. En effet, il est aisé de trouver, de part et d'autre, quelques phrases suffisantes pendant cet espace de temps.

Les visites de cérémonie sont rigoureusement rendues dans les huit jours. Si le supérieur (ou sa femme) — colonel, président de cour, préfet, etc. — dépassait ce délai, l'inférieur (ou sa femme) — juge d'instruction, capitaine, maire, etc. — aurait le droit de penser que ce supérieur (ou sa femme) est absolument dénué de politesse.

Il va sans dire qu'une maladie, un événement imprévu, un malheur, exempte de cette étiquette, mais quand la vie a repris son cours, on explique à qui de droit le retard involontaire qu'on a apporté à remplir le devoir mondain, ou plutôt social.

Visites du Jour de l'An.

Au sujet des visites cérémonieuses et obligatoires du jour de l'An, quelques personnes s'imaginent qu'elles doivent employer des formules spéciales au début de la visite faite, à cette occasion, à un supérieur ou à une autorité locale. Tout cela dépend des circonstances. En ce qui concerne « la visite de corps », il y a tel protocole affecté à l'armée, à la magistrature, à l'administration, etc., dont nous n'avons pas à nous inquiéter ici, certaines prescriptions de civilité hiérarchique ressortissant du cérémonial adopté par chacun des grands corps de l'État.

Mais nous supposons qu'un instituteur, par exemple, aille faire une visite à son inspecteur, au maire, à l'adjoint de sa commune, le 1ᵉʳ janvier ou dans le courant de ce mois, il n'y aura aucune différence entre sa manière de faire ce jour-là et celle des jours ordinaires. On n'offre ses vœux qu'à ses parents, ses amis intimes, ses bienfaiteurs. Pour les autres personnes, la visite ou la carte dans les délais voulus suffit amplement. Il va sans dire qu'il y a des cas d'exception.

C'est au bon sens, à l'expérience de déterminer les circonstances où l'on peut, où l'on doit enfreindre les règles générales. Ainsi un jeune instituteur, reçu avec affabilité dans la maison d'un maire aimable et bienveillant, ne manquera nullement à la correction ni à l'élégance en lui faisant gentiment ses souhaits pour l'année nouvelle. Si les relations sont froides ou banales, il est clair qu'on n'a à s'acquitter que du devoir officiel... tout sec.

Un fonctionnaire qui habite la même localité que son supérieur fait bien de lui rendre ses devoirs de bonne heure, en cette journée, où il est tenu à un témoignage de déférence.

En général, tout le monde aime à passer le 1ᵉʳ janvier en famille, dans l'intimité. Les visites de simple politesse sont, en conséquence, retardées. Ce n'est pas mon avis qu'on doive attendre pour les faire la fin du mois, mais il ne faudrait pas non plus choisir le commencement pour s'en acquitter.

Pour nous résumer, nous ajouterons qu'à part les visites officielles ou respectueuses, il n'en est d'admissibles, le jour de l'An, qu'entre personnes liées par la parenté ou une vive affection, entre personnes qui peuvent échanger de véritables effusions — et non pas des phrases de convenance.

Les anciens serviteurs, qui ont conservé des relations avec leurs maîtres d'autrefois, viennent leur présenter leurs hommages dans la matinée. Les protégés choisiront aussi ce moment pour aller saluer leurs bienfaiteurs ; les employés et les ouvriers leur patron, etc., etc.

Visites de convenances.

Les visites de convenances sont celles que l'on fait à intervalles trop éloignés pour qu'elles aient couleur d'intimité, et pourtant, à distances assez rapprochées pour établir ce qu'on appelle des relations et se traiter de connaissances. Pour préciser, c'est aller voir les gens tous les deux ou trois mois, à leur jour. Ces visites doivent être rendues avec exactitude.

Visites de digestion.

Les visites de digestion ont lieu dans les huit jours qui suivent un dîner ou un bal auquel on a été invité, et alors même qu'on n'y a pas assisté. Cette visite n'est pas rendue par les amphitryons auxquels on la devait.

Visites de condoléances.

Le laps de temps qui s'écoule entre un événement douloureux, survenu à une personne de connaissance, et la visite de condoléances qui en résulte, varie selon le degré des relations. *Ordinairement*, c'est six semaines. Le visiteur est tenu à une certaine gravité, à une grande simplicité de couleurs et d'ajustements. Il ne parle pas du mort le premier, mais il écoute avec complaisance tout ce qu'on se plaît à lui en dire. Par contre, la personne qui reçoit contient son chagrin et sa tristesse.

Visites intimes.

Les visites intimes se mesurent sur le plus ou moins de sympathie, d'amitié ; elles échappent aux règles.

Visites de congé et de retour.

Lorsqu'on part en voyage, on fait une *tournée* de visites chez toutes ses connaissances, pour leur apprendre qu'on quitte la ville et leur épargner le dérangement inutile de venir frapper à une porte fermée. Si on ne les trouve pas, on dépose une carte cornée, sur laquelle on a tracé au crayon, les trois lettres consacrées P. P. C. (pour prendre congé). Il est entendu qu'on peut faire plus de frais littéraires pour instruire les gens de son absence. Mais ces très sommaires adieux peuvent suffire dans les cas ordinaires.

A son retour, on recommence cette tournée de visites, pour apprendre aux mêmes personnes qu'on
vient de rentrer, et l'on a soin de dire gracieusement :

— Vous savez, je reprends mes lundis ou mes
mardis, à compter de la semaine prochaine.

On ajoute à cette phrase un mot aimable : « Je
me plais à vous compter parmi mes fidèles, « J'es-
père que vous n'aurez pas désappris le chemin de
ma maison, » etc., etc.

Dans les très grandes villes, on se borne souvent
à déposer sa carte cornée chez le concierge, au départ et au retour.

Visites d'arrivée.

Lorsqu'on arrive dans un pays, on fait des visites
aux gens avec lesquels on désire entrer en relations.
Si on ne les trouve pas, on laisse sa carte cornée
avec ces trois lettres : P. F. C. ce qui signifie : *pour
faire connaissance.*

Pour retourner dans les maisons où l'on aurait
été gracieusement accueilli, aussi bien que chez les
personnes qui se seraient montrées simplement polies, on attendrait que cette visite vous eût été
rendue. Il arrive pourtant qu'un malheur frappe la
maison où vous vous êtes présenté, ou que vous ayez

à savoir gré d'un bon procédé (amabilité, service), avant qu'on vous ait rendu votre visite, dans le premier cas, vous devez aller porter votre carte cornée; dans le second, vous faites une nouvelle visite de remerciement... puis vous voyez venir.

Cependant les personnes que vous êtes allées voir ne sont pas forcées de vouloir se lier avec vous. Elles peuvent vous adresser une simple carte, en retour de votre visite. Vous ne manifesterez aucun ressentiment, car « la sympathie ne se commande pas », mais vous ne retournerez pas dans ces maisons.

Il se peut aussi qu'on vous rende une première visite et non une seconde. Ce serait à peu près le même procédé que l'envoi de la carte, et vous ne devriez plus vous présenter une troisième fois.

Dans ces visites, le nouvel arrivant explique pour ainsi dire, l'espèce de démarche qu'il fait pour établir des relations avec les gens qui l'ont précédé dans le pays.

« Je viens de m'installer en votre ville — ou votre village — (on désigne la maison que l'on habite) et j'ai pris la liberté de frapper à votre porte, ayant un grand désir de vous connaître, d'après tout le bien que l'on m'a dit de vous — ou puisque nous sommes si proches voisins, — ou parce que ce serait fort honorable pour moi, etc., etc. »

Au cours de la conversation, on tâche de donner sur soi des renseignements qui peuvent inspirer confiance, on s'arrange pour offrir des *références*.

À moins que l'on ne porte un nom connu, que l'on ne soit un personnage de marque, il vaudrait mieux attendre un peu avant de faire ces sortes de visites ; se fier aux circonstances et aux événements pour former des relations.

Mais, quelle que soit la position sociale qu'on occupe, en province, il est presque nécessaire de faire une visite au maire de la commune qu'on habite, au curé de la paroisse, aux fonctionnaires, au notaire, dont on peut avoir besoin. Si l'on n'a soi-même un titre *officiel*, le maire, le curé, les fonctionnaires ne sont pas tenus de rendre cette visite... intéressée.

Le rôle de la maîtresse de la maison.

En général, toute maîtresse de maison prend un jour de la semaine pour « recevoir ». C'est une excellente habitude pour elle, aussi bien que pour les visiteurs. Ces derniers sont certains de ne pas frapper inutilement à sa porte, la maîtresse de maison garantit sa liberté pour le reste de la semaine. Il y a même des femmes qui ne *restent chez elles* que tous les quinze jours. Par contre, il en est d'autres qui reçoivent, non seulement de trois heures à six comme partout, mais dont la porte se rouvre, le même jour, ou le lendemain de neuf heures à minuit.

Ces visites ont un caractère un peu différent de celles de la réception diurne. Nous y reviendrons. On fait, du reste, savoir qu'*on est chez soi*, le soir aussi, aux seules personnes avec lesquelles on est bien aise d'établir des relations intimes.

Un cas assez grave seul peut empêcher de recevoir, quand on a fait choix d'un jour et qu'on l'a indiqué à ses amis et à ses connaissances.

La maîtresse de la maison porte une jolie toilette d'intérieur, — dite robe de réception, — pour montrer à ses visiteurs qu'elle tient à leur plaire. Mais cette toilette, d'une extrême fraîcheur, doit être combinée de façon à ne pouvoir écraser celle des femmes qui se présentent.

La dame du logis s'assied à un coin de la cheminée. Elle tourne le dos aux fenêtres. Cette place, — qui n'est pas très avantageuse pour la beauté, — est justement la sienne, par cette raison que, chez elle, il lui faut mettre en lumière tous les dons et qualités des autres, et s'effacer entièrement.

On forme un grand demi-cercle. Les vieilles dames sont assises au plus près du feu. Si une jeune femme se trouve placée là, à l'arrivée d'une dame âgée, elle se glisse discrètement sur un autre siège. Les personnes jeunes doivent s'arranger pour ne jamais rester assises *au-dessus* des vieillards. Par *au-dessus*, nous voulons dire plus près de la cheminée.

Autrefois — il y a déjà longtemps — une jeune fille ne se serait jamais installée sur une chaise à dossier, encore moins sur un fauteuil. Elle s'asseyait modestement sur un tabouret, sur un pliant. Maintenant, elle prend trop souvent la meilleure place, du côté de la cheminée, sur un canapé, sur un fauteuil. Cependant, si elle a été bien élevée, elle doit savoir qu'une jeune personne n'emploie jamais ces sièges, à son usage personnel, ni chez elle, ni dans le monde.

On annonce dans certaines maisons. Dans d'autres, un domestique (valet de pied ou simple bonne) ouvre la porte au visiteur sans rien dire. Celui-ci s'avance vers la maîtresse de la maison, qui reste assise, si c'est un homme qui se présente, ou se lève et fait deux pas au-devant, si c'est une femme.

Nous avons dit que la maîtresse de la maison ne se lève que pour une femme. Cette règle n'est pas absolue. Une jeune femme doit faire à un vieillard très âgé un accueil presque filial; en conséquence, elle ne l'attendra pas de pied ferme assise, ni même debout devant son fauteuil. Elle fera mine d'aller à sa rencontre. On use, en général, du même procédé pour un homme illustre par le caractère ou le génie. On doit des égards à l'âge, à la vertu, à une haute intelligence, même quand on les rencontre chez le sexe fort.

Il y a encore d'autres cas où l'on déroge à cette étiquette féminine. La maréchale Davout, princesse d'Eckmülh, se levait toujours à l'entrée du maire de Savigny dans son salon; elle prenait aussi la peine

de le reconduire *au delà* de deux portes. Ce magistrat
était assez souvent, en ce temps-là, un cultivateur
peu façonné aux belles manières ; et il aurait trouvé
cette grande dame du premier Empire bien mal
élevée, si elle l'avait reçu assise et l'avait ensuite
laissé aller seul. La maréchale pensait, justement,
qu'il est avec le cérémonial des accommodements.

Quand lord Wolseley se présenta devant la reine
Victoria, après sa campagne d'Égypte, la souveraine,
sa fille, la princesse Béatrice, et sa bru, la duchesse
de Connaught, se levèrent pour recevoir le général
en chef, dont les succès faisaient la joie de l'Angleterre. — Chez nous, quelle maîtresse de maison fût
restée assise à l'entrée de Victor Hugo, de Pasteur?
On peut s'inspirer de ces *exemples*.

Heureuse la maîtresse de maison qui possède une
fille déjà grande, une sœur cadette, une jeune parente, sur laquelle elle peut se décharger de certains
soins au salon. Le gracieux aide de camp est tout à
fait précieux, au moment du départ d'une visiteuse,
par exemple, quand il reste d'autres personnes autour
de la dame du logis. Celle-ci ne peut, dans ce cas,
se détacher du cercle pour reconduire chaque femme
l'une après l'autre ; elle doit se borner à se lever et
à rester debout, jusqu'à ce que la visiteuse qui part
ait atteint la porte, et il lui est pénible de ne pas
l'accompagner, par la raison qu'il faut à un visiteur
une extrême aisance, un grand usage du monde pour
ne pas éprouver au moins un léger sentiment de

gêne, pendant le temps qu'il met à traverser seul le salon et à en ouvrir la porte... Car toutes les maisons ne sont pas pourvues de laquais, qui écartent les portes devant celui qui sort, avertis qu'ils sont par la sonnette électrique sur laquelle le pied de leur maîtresse a pesé.

Dans quelques maisons exquises, le mari ou le fils est toujours là, au jour de réception, pour reconduire les dames et les mettre en voiture ; pour accompagner les visiteurs masculins, devant lesquels, comme pour les femmes, ils ouvrent toutes les portes du logis.

Lorsqu'elle n'a pas d'autres visiteurs, la maîtresse de maison et tous les membres de la famille qui l'entourent, reconduisent les femmes qui sont venues la voir jusqu'à l'escalier (si on habite un appartement) ou jusqu'à la porte d'entrée (si l'on occupe une maison).

Les petits cas qui embarrassent

Nous n'écrivons pas seulement pour des gens favorisés par la fortune et il faut prévoir certains cas, qui peuvent embarrasser les ménages modestes. Ainsi on n'a pas toujours un salon, ou bien le salon n'est en état, c'est-à-dire ouvert ou chauffé, que les jours de réception. Dans le premier cas, si un visiteur se présente en dehors du jour de

ception, on reçoit dans la pièce où l'on se tient, salle
à manger, chambre à coucher — où seront main-
tenus un grand ordre et une rigoureuse propreté.

Dans les mêmes conditions d'installation, on a
parfois certaines hésitations :

Quelques maîtresses de maison ne possèdent pas
plus de deux fauteuils. Si elles viennent à recevoir
deux dames à la fois, elles feront mine d'offrir les
seuls fauteuils existants et de prendre une chaise.
Mais la plus jeune (ou, si elles sont du même âge, la
plus modeste) des deux visiteuses insistera pour que
la maîtresse de la maison garde l'un des deux fauteuils, et celle-ci ne portera pas plus loin le débat.
Au cas où ce serait une mère et sa fille (une jeune
personne) qui se présenteraient ensemble, on dési-
gnerait une chaise à cette dernière. Si l'un des deux
fauteuils est occupé, la maîtresse de la maison ne
cédera pas le sien à un homme, à moins qu'il ne
s'agisse d'un vieillard très âgé. Encore celui-ci fera-t-
il quelques cérémonies avant de l'accepter. On fait
d'abord asseoir les dames commodément; s'il reste
des sièges confortables, ils peuvent être mis à la disposition des hommes. Néanmoins une visiteuse, à
l'exemple de la maîtresse de la maison, pourra témoigner quelque déférence, avoir certaines prévenances
pour un vieillard ; ainsi une femme encore jeune se
conformera aux bienséances en se levant à l'entrée
d'un homme ayant dépassé soixante-dix ans, et en
lui cédant un fauteuil, une meilleure place.

Je veux ajouter une recommandation importante. Ayez souci du bien-être et du confort d'autrui, et n'encombrez pas vos salons de fleurs odorantes qui peuvent faire mal.

Les fleurs sont le plus charmant des luxes, mais pour l'appartement, il faut choisir celles qui n'ont pas de parfum ou dont la senteur est faible ou délicate.

Plus d'une femme se demandent aussi, avec inquiétude, si elles sont tenues d'offrir des rafraîchissements à celles et à ceux qui les viennent voir.

On fait quelquefois luncher ses visiteurs, mais l'usage n'est pas général, encore moins obligatoire, et nous parlerons ailleurs du *five o' clock tea* ou thé de cinq heures. (Ainsi se nomme le goûter, chez les gens qui sont dans l'habitude de l'offrir aux personnes qui viennent à leur jour.)

Mais il est établi que des visiteurs survenant inopinément à la campagne, on peut leur offrir soit un goûter composé de toutes les délicatesses ou de quelques-unes des délicatesses du dessert français, — avec du thé, ou du chocolat, ou du lait, ou de la bière, des vins, etc., — ou un lunch à l'anglaise avec quelques plats solides (jambon, langue fumée) et des gâteaux *nutritifs*, mêmes boissons que pour le précédent et le thé de fondation. On couvre la table d'une nappe de fantaisie (joli linge de couleur), petites serviettes assorties ; service du dessert. Fleurs et fruits. Si la tablée n'est pas trop nombreuse, tous les plats se trouvant réunis, il est plus gracieux de

servir soi-même ses invités. La maîtresse de maison
se fait aider par les personnes jeunes de sa famille,
et à leur défaut, par celles qui se trouvent parmi les
invités : jeunes filles et bachelors, qui ont dû lui
offrir spontanément leurs services. Ou bien on peut
se borner à offrir des rafraîchissements au salon et,
dans ce cas, le domestique apporte les verres sur un
plateau, — s'il s'agit de vin, par exemple (vin d'Espagne, de Chypre, etc.), il y débouche la bouteille et
les maîtres de la maison versent eux-mêmes et
offrent (tendent) le verre, si les visiteurs sont peu
nombreux. S'il y avait beaucoup de monde, le domestique ferait circuler le plateau.

La maîtresse de maison peut aussi préparer les
verres de sirop. On lui apporte la verrerie, le sirop,
les cuillers, les carafes pleines d'eau. — Pour la bière,
le domestique apportera les verres sur un plateau,
les bouteilles ou cruchons qu'il débouchera au salon,
il versera la boisson et fera circuler le plateau. Si
une maîtresse de maison était obligée de servir elle-
même, les hommes présents l'aideraient en décoif-
fant les bouteilles et en offrant les verres — qu'ils
tendraient un à un.

Au moment du jour de l'an, les maîtresses de
maison ont presque toujours des sacs de bonbons
qu'elles ont reçus en présent. Elles sont bien aises
de disposer ces friandises sur une jolie assiette, ou
dans une belle coupe qu'elles font circuler parmi les
visiteurs.

Lorsqu'une boîte de baptême leur a été envoyée, elles peuvent aussi réserver ces dragées pour les offrir à leurs visiteurs. C'est la boîte qui est tendue. La dame du logis la présente toujours une seconde fois. On suit la même règle en ce qui concerne l'assiettée de bonbons.

Il est encore certaines circonstances où une femme inexpérimentée a peine à se tirer d'affaire. Par exemple, nous dirons qu'une *jeune* femme fait aussi bien de ne pas recevoir les amis masculins de son mari, en dehors du jour de réception, lorsque celui-ci est absent. Cependant il arrive, quand on est sans bonne, qu'on aille ouvrir soi-même la porte aux visiteurs. Dans ce cas, on se gardera d'une pruderie farouche. On fera entrer l'ami, mais on laissera grande ouverte la porte de la chambre où on le recevra; on sera très réservée dans la conversation, on ne l'alimentera pas autant que de coutume, afin que l'ami comprenne qu'il ne doit pas prolonger sa visite. S'il restait au delà d'un quart d'heure, on lui dirait gracieusement :

« Je vous demande pardon de vous chasser, mais je dois sortir. Je suis attendue, ou j'ai telle course à faire, etc. » — Un homme, en l'absence de sa femme, fera entrer les visiteuses qui se présenteront, mais celles-ci ne resteront que quelques instants. Elles diront : « Je ne voulais que serrer la main à Madame X..., venant si près d'elle, mais j'ai affaire à telle heure. »

Enfin et surtout, il est obligatoire de maintenir, entre les visiteurs, la plus grande égalité d'accueil, quels que soient les préférences et... *les intérêts*.

Par égalité, j'entends parler de bienveillance, d'amabilité. Car l'accueil peut se nuancer de plus de respect et de plus d'affection.

Devoirs des visiteurs.

Les visiteurs laissent dans l'antichambre ou le vestibule les parapluies, les cache-poussière, les doubles chaussures, etc., etc., dont ils peuvent s'être munis contre les intempéries.

Les femmes entrent avec leur ombrelle ou leur en-cas, leur boa, leur manchon.

Les hommes déposent leur pardessus, mais gardent leur chapeau à la main et conservent aussi leur canne.

Mais ils doivent prendre garde de ne pas endommager, du bout de cette canne et les femmes de celui de leur ombrelle, les tapis du salon où ils sont reçus, comme on voit faire à certaines personnes qui semblent vouloir trouer absolument ces infortunés tapis.

Les personnes qui font des visites sont tenues de se présenter dans leur plus élégante toilette de ville. Quand on va en voiture, le costume peut déployer (côté féminin) un luxe, une originalité que doivent s'interdire les femmes qui vont à pied. Mais ces dernières, dans leur toilette plus discrète et moins élégante, feront l'honneur de leurs plus beaux atours à la personne qui les reçoit. Nous n'entendons pas interdire l'accès des salons aux femmes simplement vêtues, mais toute simplicité est relative. Si l'on n'a que des robes modestes, on choisit, parmi ces robes, la plus fraîche, la plus jolie. Une tenue extrêmement soignée est d'obligation absolue pour tout le monde.

Les hommes portent la redingote jusqu'à sept heures du soir. S'ils font des visites entre neuf heures et dix heures, ils sont en toilette du soir, c'est-à-dire qu'ils ont revêtu l'habit (mais, bien entendu, tout cela dépend des habitudes de vie, des siennes propres et de celles des gens qu'on va voir, etc.).

A la campagne, ils peuvent se permettre la jaquette au lieu de la redingote.

En entrant dans un salon, la visiteuse ou le visiteur salue la dame du logis, en s'informant de sa santé, puis il se borne à une inclination collective pour les autres visiteurs. Si, parmi ces derniers, il se trouve un de ses amis, rien n'empêche qu'il ne lui serre la main.

La maîtresse de maison seule se lève à l'entrée d'une nouvelle visiteuse, et les hommes présents, mais non les visiteuses installées précédemment. Mais celles-ci se soulèvent un peu pour répondre à l'inclination de la nouvelle venue, si elle est âgée surtout. Même jeu au départ d'une femme.

Les femmes ne se lèvent pas, lorsqu'un homme vient les saluer.

Pendant toute la durée de la visite qu'il fait dans un salon, un homme tient son chapeau à la main, sans l'abandonner une minute. Il ne le dépose jamais, pas plus que sa canne, sur une table, sur un meuble. Il s'arrange pour ne jamais présenter à la vue des autres, que l'extérieur de ce couvre-chef. En montrer la coiffe est ridicule. Il y a des hommes qui saluent en tenant leur chapeau à la main, de la même façon qu'un pauvre tendant sa coiffure pour recevoir l'aumône. Cela paraît, cela est effectivement grotesque et les personnes moqueuses raillent impitoyablement les maladroits. Je ne veux pas dire que ce soit généreux, mais il faut éviter de donner aucune prise contre soi aux esprits sarcastiques.

Si la maîtresse du logis est seule pour faire les honneurs de sa maison et qu'elle ait des hommes en visite chez elle, ceux-ci font bien d'ouvrir la porte à toutes les dames qui quittent le salon, alors même qu'ils ne les connaissent pas, Un homme n'a jamais trop de prévenances respectueuses pour une femme.

De même qu'on fait sa plus belle toilette pour aller en visite, de même on doit avoir sa meilleure figure, c'est-à-dire que, si l'on se sent en disposition grincheuse, triste ou querelleuse et qu'on n'ait pas assez de force pour se dominer, il faut rester chez soi. Rien ne peut dispenser des frais de gaieté, d'obligeance, d'amabilité... d'esprit, si l'on en possède. Le rôle de celui qui reçoit serait extrêmement pénible et fatigant en présence de gens maussades, froids, désagréables.

Il est très impoli d'affecter un air glacial à l'égard des autres visiteurs. Beaucoup de gens prétendent éviter ainsi des relations qu'ils ne souhaitent pas établir. Eh ! mon Dieu, on ne vous fera pas violence, on n'enfoncera pas votre porte. Armez-vous de réserve vis-à-vis des personnes indiscrètes, exubérantes, mais ne vous croyez pas obligés de « faire une tête de pôle Nord » ; vous pouvez sourire, croyez-moi. Si les gens paraissent vous prendre d'assaut, veulent forcer votre intimité, insinuent qu'ils désireraient être reçus chez vous et vous voir chez eux, invoquez des prétextes polis pour garder votre liberté d'action, ayez l'air de ne pas comprendre, de ne pas entendre, détournez tout doucement ce courant trop rapide de sympathie. Avec du tact et de la volonté, on maintient les importuns dans les bornes où ils doivent rester, et pas n'est besoin pour cela d'affecter un ton bourru ou impertinent.

Une manière de mettre au supplice les maîtres de la maison, c'est de prendre un ton hautain ou malveillant, — soi, visiteur, — à l'égard d'une autre

personne reçue en même temps. Les gens du logis
ne savent que faire pour couvrir l'impolitesse, la
grossièreté de l'offenseur, pour témoigner leur
sympathie à celui qu'on attaque, sans irriter, toutefois, le personnage qui se permet pareille incartade.
Quelquefois, le dédain, l'animadversion sont réciproques et je vous demande la figure que font les
maîtres de la maison, entre ces deux coqs montés
sur leurs ergots? On n'est pas parfait, mais si l'on
n'est pas assez rompu aux bienséances pour dominer sa
rancune ou son antipathie, le sens commun, à défaut
de savoir-vivre, indique la conduite à tenir en ces
rencontres. A l'arrivée de son ennemi dans un salon,
on se retire, au grand soulagement des maîtres du
logis et suivi de leur reconnaissance.

On n'a pas le droit de faire souffrir un tiers de
ses griefs ou de ses ressentiments. C'était pour épargner cette cruelle gène à ceux qui recevaient, qu'aux
siècles derniers, quand un homme avait encouru la
disgrâce d'un prince du sang ou d'un grand seigneur, le capitaine des gardes de ce haut personnage
allait s'incliner devant le gentilhomme qui avait
perdu les bonnes grâces de son maître et lui disait:
« J'ai l'honneur de vous prévenir que monseigneur
vient d'entrer dans ce salon » ou « se trouve dans
ce salon ». On s'éloignait incontinent, non pour soi,
mais pour ne pas mettre son hôte dans un mauvais
cas. Ce dernier ne pouvait, en ce temps-là, avoir
l'air de donner tort à une sommité sociale, en ac-

cueillant une personne à laquelle cette sommité semblait avoir retiré sa bienveillance. Et, autrefois, le
sort des gens dépendait souvent d'une interprétation
de conduite par une personne toute-puissante.

Il n'en est plus ainsi, Dieu merci! Cependant, s'ils
n'ont pas l'autorité nécessaire pour réconcilier deux
ennemis, les maîtres de maison éviteront, malgré
notre indépendance moderne, de s'entretenir de l'un
en présence de l'autre, lorsque tous les deux appartiendront à leur cercle. La plus élémentaire loyauté
leur défend de parler contre l'absent, et il est difficile de faire son éloge devant celui qui le hait, car,
dit Voltaire, « nous nous tenons pour offensés si
on loue notre ennemi devant nous ». Mais alors,
pour être tout à fait habile, équitable et bien élevé, il
faut observer la même réserve à l'égard de chacun
des adversaires.

Il y a encore d'autres ennuis à épargner aux
maîtres du logis.

Quelques jeunes mères commettent la maladresse
d'emmener leurs bébés avec elles en visite. Il n'est
pas de pire supplice à infliger à une maîtresse de
maison soigneuse de ses meubles et de ses bibelots.
Si sages, si bien élevés que soient les jeunes enfants,
après cinq minutes d'immobilité et de tranquillité,
les petites jambes se mettent en mouvement, envoient des coups de pieds dans les chaises, les doigts
mignons éraillent le satin des fauteuils, puis, peu
à peu, le bébé se glisse près des meubles couverts

de faïences artistiques, d'ivoires, etc., et... les met
en grand danger.

La dame du logis voit cela, n'ose rien dire, son
sang bout, elle voudrait enfouir l'enfant à cent pieds
sous terre... elle le croit du moins. La maman pérore
et ne s'aperçoit de rien, ou bien elle rappelle ses
babies, les gronde... et les laisse recommencer ; dans
l'un ou l'autre cas, quel agacement pour les gens de
la maison et même pour les autres visiteurs !

On voit même des mères permettre à leurs enfants,
amenés en visite, de saisir les albums, les beaux
livres « à images », lorsque les bébés, ennuyés du
silence auquel leur âge les condamne, donnent des
signes d'ennui et d'impatience. Il y en a qui vont
jusqu'à les engager à prendre cette distraction. Et
les albums et les livres de valeur se démolissent
entre ces petites mains inconscientes, qui ont encore
bien soin de laisser des traces sur les pages feuille-
tées. Des fillettes, de jeunes garçons même se rendent coupables de ces inconvenances, leur mère
ayant oublié de leur enseigner le respect de tout ce
qui appartient à autrui.

La pauvre maîtresse de maison qui s'aperçoit des
brutalités qu'on fait subir à ses bibelots, aux choses
de prix, aux souvenirs qui parent le logis, est mal à
l'aise, son esprit n'est plus à la conversation, comme
on dit ; elle cherche par quel moyen elle pourrait
bien détourner les gentils Vandales de leur œuvre
de destruction. Mais, distraits un instant de leur be

sogne, ils y retournent, comme poussés par un mauvais génie.

Il arrive aussi à celles qui tiennent à la fraîcheur, à la propreté de leurs meubles, de se désespérer à voir les gens passer et repasser leurs mains moites de sueur ou couvertes de gants qui déteignent — sur les bras des fauteuils — crapauds ou autres. Ce mouvement sans but, machinal, indique un esprit très distrait — et la distraction est un travers dont il faut se corriger — ou une ignorance profonde des règles du savoir-vivre, qui interdisent de toucher, de manier chez les autres les choses dont on est entouré. Toutes ces règles ont leur raison d'être : ici, il s'agit de ménager le bien de celui dont on reçoit l'hospitalité ; user prématurément l'étoffe de ses meubles, en compromettre l'apparence soignée, c'est lui causer un dommage et un déplaisir.

On peut cependant conduire ses enfants dans les familles où il y a d'autres bébés. Ils ne resteront pas au salon, ils joueront ensemble dans la *nursery* (chambre d'enfants) ou dans le jardin, sous la surveillance d'une bonne éprouvée. On emmène aussi ses enfants chez des parents, parce que ceux-ci sont autorisés à les réprimander, au besoin à leur faire des défenses, etc. Mais si les personnes de la famille sont âgées, on fait bien ne pas s'éterniser auprès d'elles, le bruit, le tapage des enfants fatiguant beaucoup les vieillards.

Il faut encore prendre garde d'encombrer le salon,

Si une mère, pourvue de nombreuses filles, fait des visites avec les jeunes personnes, elle ne reste pas très longtemps dans les salons où elle se rend, pour ne pas y accaparer trop de places, trop de sièges, au delà d'un quart d'heure, à une demi-heure.

La durée de sa visite se règle, d'ailleurs, sur le flot plus ou moins montant de nouveaux arrivants.

Qui ne sait aussi qu'à la campagne, on a parfois le déplaisir de voir arriver un visiteur en compagnie d'un ou plusieurs chiens. Ces « amis de l'homme » se mettent immédiatement en devoir de pourchasser la volaille, de courir sus aux chats, d'aboyer dans les vestibules, y laissant trace de leurs pattes crottées ou poussiéreuses, qu'ils n'ont pas pris soin d'essuyer sur le paillasson.

Parfois, ils entrent au salon, s'installent sur les fauteuils et les canapés, tout cela au grand désespoir de la maîtresse du logis, qui maudit le visiteur malappris et le souhaite à cent lieues avec ses malencontreux animaux. Conclusion : Quand on a des bêtes, on est tenu de pourvoir à leurs besoins et à leur bien-être. Promenez donc vos chiens, mais, si vous voulez passer pour un être bien élevé, ne les emmenez jamais en visite, prendriez-vous même garde de ne pas leur laisser dépasser la première enceinte. De là, on entendrait encore, dans la maison, leurs abois désespérés et ce serait déjà trop pour des nerfs délicats.

Et maintenant, parlons de la manière de prendre congé.

Il est absurde de disparaître immédiatement lorsqu'une autre personne est introduite dans le salon. On donne trop d'embarras à la maîtresse de maison qui, tout de suite après avoir accueilli le nouveau visiteur, doit formuler des adieux à celui qui l'avait précédé. Et puis, on a l'air de fuir la personne qui arrive sous l'impression d'une antipathie, spontanée si on ne la connaît pas. Il faut attendre quelques instants au moins.

Dès qu'une légère accalmie s'est produite dans la conversation, on en profite rapidement pour saluer la maîtresse de la maison, s'incliner circulairement et disparaître avec promptitude... qu'on soit reconduit ou non. Dans le premier cas, il ne faut pas accaparer celui qui nous accompagne et dont la présence est nécessaire au salon ; dans le second cas, on doit soustraire, au plus vite, la dame du logis à l'impression désagréable dont nous avons parlé.

Quelques cas à prévoir.

— Quand un mari et une femme font ensemble une visite dans une maison, c'est la femme qui donne le signal du départ en se levant la première pour prendre congé.

— Si on était obligé de rompre avec des personnes

qu'on aurait connues intimement ou non, on se garderait d'une rupture ouverte et blessante. Peu à peu, on espacerait les visites et les relations se dénoueraient ainsi tout doucement, insensiblement, sans violence de part ni d'autre.

— Quand on ne trouve pas les gens chez eux, à moins de cas extraordinaire et grave, il ne faut pas aller les relancer dans une maison où ils seraient en visite... si l'on n'est soi-même un familier de cet intérieur... et encore.

Un homme d'affaires vint un jour chercher un de ses clients jusque chez une dame à laquelle ce client était en train d'offrir son nom et son cœur.

La proposition de mariage interrompue ne fut pas agréée, peut-être parce qu'elle avait été coupée en deux. Vous sentez que l'homme d'affaires, survenu aussi brusquement et ridiculement, dans ce tendre tête-à-tête, perdit le client, auquel il avait fait perdre son bonheur... peut-être. Même en des circonstances moins importantes, ce serait encore manquer aux convenances ; faire appeler un convive au milieu d'un dîner, demander quelqu'un dans une fête, cela peut jeter un trouble ou un froid dans une réunion.

— En dehors du jour fixé ou si la maîtresse de la maison n'a pas de jour, des visiteurs peuvent survenir au moment où une jeune fille, avec qui elle fait de la musique, est au piano. Cette jeune fille

restera-t-elle assise sur son tabouret, se bornant à s'incliner à l'arrivée des visiteuses et à leur départ? Dans
les conditions d'intimité où la jeune fille se trouve
dans le salon de son amie, installée, coiffée en cheveux comme quelqu'un de la maison, elle doit se
lever comme la maîtresse du logis à l'entrée des
dames, s'asseoir dans le cercle, prendre part à la
conversation ; se lever encore pour saluer les visiteuses à leur départ.

Ou on est venue travailler à l'aiguille avec la maîtresse de la maison ; il faut également déposer son
aiguille, son crochet, et prendre part à la conversation. *Rester*, pour ainsi dire, *en dehors*, dans
cette circonstance, se poser en témoin muet, ce serait
imposer une gêne aux deux interlocuteurs. Celui qui
ne parle pas peut observer à son aise et de l'observation à la critique il y a si peu loin ! De là une
contrainte, un malaise pour ceux qui se sentent
écoutés si attentivement. Au lieu que, si tout le
monde se jette dans la mêlée, personne n'a le loisir,
dans l'action, de noter aussi soigneusement les fai-
blesses et les fautes du prochain.

Quant à la maîtresse de maison, qu'elle soit
duchesse, simple bourgeoise ou modeste ouvrière,
lorsqu'un visiteur lui arrive, — qu'elle soit seule ou
entourée de sa famille, — elle interrompt toute occupation pour le recevoir. (A moins que le visiteur ne
soit classé dans la catégorie des amis si intimes, que
toute cérémonie, — je ne dis pas politesse, — ne

soit bannie des relations.) Pour comprendre ceci, il n'y a qu'à réfléchir aux lois de l'hospitalité : l'homme qui vient sous notre toit, ne fût-ce que pour quelques instants, est notre hôte et, à ce titre, a droit à tous nos égards.

L'interruption d'un travail, d'une occupation, d'un jeu, à l'entrée d'un visiteur signifie : Je veux être tout entier au plaisir, à l'honneur que vous me faites en venant chez moi ; je quitte tout, parce que rien ne peut m'être plus agréable que de vous voir, de causer avec vous.

— Il ne faut jamais amener un inconnu dans une maison où l'on est reçu, même très intimement, sans en avoir demandé la permission aux maîtres du logis. Votre ami peut leur déplaire profondément; mais, parce que vous le leur avez présenté, parce que vous l'avez introduit sous leur toit, ils seront obligés de lui faire un bon accueil, et cet ami en prendra peut-être avantage pour revenir, à leur grand déplaisir.

Ne dites donc jamais à quelqu'un : Je vous conduirai chez M. un tel. Voyez M. un tel auparavant, demandez-lui s'il veut recevoir votre ami, en le conjurant de refuser franchement si la chose lui est désagréable. Ce n'est qu'après avoir ainsi préparé les voies que vous pouvez proposer à un ami de lui ouvrir la porte d'une maison étrangère.

— Quand un ménage a choisi un jour pour recevoir, ne vous présentez qu'à ce jour et à une heure raisonnable : deux heures de l'après-midi, au plus tôt. Lorsque la famille que vous désirez fréquenter *n'a pas de jour*, demandez si vous pouvez y faire des visites du dimanche au samedi indifféremment et à quelles heures vous seriez sûr de ne déranger personne et de voir tout le monde.

A moins que vous n'ayez un motif très sérieux pour excuser cette inconvenance, ne faites jamais de visites dans la matinée, même des visites d'affaires, dans les maisons peu aisées où le nombre des serviteurs est restreint et surtout dans celles où l'on ne trouve pas même une bonne.

Fût-ce entre intimes, ne vous visitez donc pas le matin, pour ne pas voler à autrui des heures précieuses et pour ne pas mettre vos amis mal à l'aise devant vous, lorsqu'ils sont dépouillés de certains agréments.

Si, par suite d'un retard de leur fait que vous n'avez pu prévoir, vous arriviez au moment où ils sont à table, et qu'ils vous forcent à vous asseoir auprès d'eux, il faut vous arranger de telle sorte que vous n'ayez pas l'air de remarquer ce qu'ils mangent ni comment ils mangent. Esquivez-vous aussi le plus vite possible, vous rappelant que rien n'est aussi gênant pour l'appétit qu'un témoin qui ne mange pas.

Profitez d'un entr'acte (entre deux plats) pour vous esquiver, et rapidement, afin de ne pas retenir celui qui vous reconduit et dont le dîner refroidirait.

La poignée de main.

Chez les Romains, une main était l'emblème de la fidélité, et l'enlacement des mains dans le mariage et autres cérémonies solennelles, en usage presque par tout l'univers ancien et moderne, est une preuve que le serrement de main a été considéré, pour ainsi dire instinctivement, comme le symbole de l'union des cœurs. Mais, comme tant d'autres choses, l'enlacement des mains est tombé de sa haute dignité, de sa pieuse signification. Ce n'est plus aujourd'hui qu'une action banale, si ce n'est même inconsciente ; c'est seulement la « poignée de main » prodiguée à tous inconsidérément, ou le brutal « shake-hands » anglais (littéralement : secouer la main).

Cependant, si l'enlacement des mains a perdu toute sa valeur, en notre monde trop vieux, comme témoignage d'affection ou signe de loyauté, il offre encore un point de vue intéressant à l'observateur, car bien souvent de notre manière d'offrir la main ou de presser celle qui nous est tendue, on peut déduire notre caractère. Mais, avant tout, nous devons nous occuper de la poignée de main sous le rapport du savoir-vivre.

On ne tend pas la main aux gens que l'on voit pour la première fois, dès le début de leur visite, à moins que ce ne soit par suite d'un mouvement bien-

veillant, charitable, pour les encourager, les mettre
à l'aise ou, encore, si ce sont des personnes adressées par un ami commun, et afin de ne pas faire
mentir le proverbe :

« Les amis de nos amis, »...

A la fin d'une première entrevue, on ne donne
pas non plus sa main, si des relations mondaines
ultérieures ne doivent pas s'établir entre les deux
interlocuteurs. Toutefois il arrive qu'à première vue
naisse une sympathie aussi vive que soudaine entre
deux personnes. Alors, si on a été subjugué et si on
s'aperçoit que, de son côté, on n'a pas été désagréable, on peut avancer sa main ; c'est la manifestation extérieure de ce sentiment presque irrésistible
qui vient d'éclore dans le cœur. Mais on mettra dans
ce geste spontané une nuance de réserve, de timidité,
comme si l'on disait : « Je risque de me faire trouver
bien familier. » Et en effet, cette manière rapide de
procéder pourrait fournir matière à critiques.

Jamais un homme ne présente le premier sa main
à une femme. C'est elle qui doit avoir l'initiative de
ce mouvement en vertu de l'axiome : « C'est la reine
qui parle la première » et, dans les rapports mondains, la femme est reine, elle a, du moins, la préémi-
nence sur l'homme. Ainsi le veut la généreuse courtoisie française... malgré la loi salique. La femme, en
tendant sa main à l'homme, semble lui dire : Vous
êtes assez connu, ou vous m'avez donné assez de
preuves de bonne éducation, de sûreté de caractère

pour que je vous *accorde* cette marque de confiance.

Il s'agit des jeunes filles aussi bien que des femmes mariées.

Les jeunes filles, à l'exemple de leur mère, peuvent fort bien tendre la main à un ami de la maison, à un homme dont le caractère inspire confiance à leur famille.

Aussi bien, leur mère leur indique ceux à qui elles peuvent donner ce témoignage d'estime. Un jeune homme, tout homme âgé de moins de soixante ans, ne tendra donc pas le premier la main à une femme jeune ou vieille, il n'appartient jamais à l'homme de se croire assez avancé dans l'intimité de cette femme pour se permettre d'aller au-devant d'une marque de sa bienveillance.

Pour les mêmes raisons, à peu près, un homme ne tend pas la main à son supérieur, il attend que celui-ci la lui offre, et celui-ci doit la lui offrir. Nous entendons parler aussi de la supériorité de l'âge. Les jeunes filles et les jeunes femmes se laisseront donc tendre la main par les dames plus âgées.

Lorsqu'un homme serre la main d'une femme, il ne doit pas la lui broyer comme à un camarade. Il lui fait seulement sentir l'étreinte de sa main et s'incline en signe de respect et de reconnaissance. Il agira de même à l'égard des hommes placés au-dessus de lui, par l'âge surtout; mais il peut cependant presser leur main un peu plus fort.

Il est des gens qui ne font que vous toucher la

main. Cela est impertinent. La poignée de main doit être franche. Arrangez-vous pour ne pas offrir la main ou ne pas vous la laisser offrir, si vous ne voulez pas serrer celle qui se tend vers vous. Un de mes amis assure que cette façon de donner la main indique un caractère faux ou très méfiant, moi je pense qu'elle implique aussi l'orgueil, le dédain.

Ceux qui ne vous tendent qu'un ou deux doigts ne sont pas plus polis ; en outre, ils dévoilent leur nature froide, indifférente ou trop égoïstement réservée. C'est également un manque d'éducation de retenir trop longtemps une main dans la sienne. On peut gêner ceux dont on emprisonne ainsi la main, et cela témoigne de trop d'aplomb, de suffisance. — Si la poignée de main était restée un signe d'amitié ou d'estime, elle serait toujours parfaite et, cela, sans qu'il fût besoin d'étude ou de réflexion. Le mouvement du cœur lui communiquerait la mesure exacte. — Dernier détail : c'est toujours la main droite qu'on offre.

— Mode américaine d'hier : La main tendue est serrée, puis après une minute de repos, secouée !!

Les différentes manières de saluer.

Il est clair que le temps est passé du « salut prosterné » (côté des hommes), et que les femmes, elles-mêmes, ne peuvent plus guère faire ces gracieuses

révérences « à la duchesse », qui étaient le complément obligé de la poudre et des paniers. Mais notre
époque affairée et sans-gêne arriverait à supprimer
la plus élémentaire salutation, si l'on n'y prenait
garde.

Le salut des hommes du monde nous paraît d'un
ridicule achevé : Ii y a quelques années, les bras au-
devant des genoux, ils pliaient le corps en deux,
d'un mouvement raide, automatique. Aujourd'hui
ils se bornent à ployer le col seulement... en casse-
cou ! C'est le salut de cérémonie, de présentation.
Après quelques jours de relations, ils se bornent à
saluer les femmes d'un sourire ou des yeux. Je
n'oserai pas dire que leur premier salut est bête,
mais je proteste contre l'impertinente familiarité des
saluts ultérieurs.

Encore une fois, je sais bien qu'on ne peut plus
aborder les femmes comme au temps des perruques
et des panaches. Les gentilshommes de cette époque
possédaient un don de grâce qui n'appartient pas au
clubman. Ce dernier ne pourrait, sans prêter à rire,
s'incliner jusqu'à terre, une main posée sur son
cœur, et il ne lui est plus donné, non plus, d'enlever
d'un mouvement plein de désinvolture un feutre
couvert de plumes pour en balayer le sol en signe de
respect. Il ne lui irait pas davantage de se redresser
fier et galant, prodiguant à la femme rencontrée les
compliments aimables et flatteurs, restant découvert, après avoir jeté son chapeau sous le bras, tout

le temps qu'elle voudrait bien le retenir auprès d'elle.

Ce n'est plus de notre époque, mais il suffirait de fléchir la tête et le buste, non pas automatiquement, mais avec toute l'élégance dont on est capable et, aussi, avec une nuance de respect véritable. Le jour où l'on saurait saluer une femme, on comprendrait comment on doit la traiter, et en même temps, on aurait appris comment on approche un homme âgé, un supérieur, un inconnu.

Il faut bien convenir que ce relâchement de l'étiquette, en ce qui concerne le salut masculin, est venu peu à peu par la faute des femmes. Elles ne daignent pas, la plupart du temps, répondre au salut courtois que beaucoup d'hommes leur adressent encore, en entrant dans le lieu public où elles se trouvent. Dans le monde, je ne vois pas non plus pourquoi la femme reste toute raide devant l'homme qui s'incline devant elle. Croyez-moi, mesdames, ployez gracieusement le cou, un peu aussi le buste, les manières des deux sexes y gagneront.

Du reste, même entre elles les femmes s'abordent d'une bien singulière façon. Elles s'adressent un sec petit coup de tête, importé des Iles Britanniques, qui est aussi peu aimable et aussi absurde que possible. Les *vraies* femmes, qui seront toujours les plus distinguées, s'inclinent instinctivement, avec les adorables ondulations des corps souples. Celles-là regrettent la révérence, qui leur siérait à ravir, qui revient du reste, malgré les sports violents, grâce à la renaissance des vieilles danses.

Une jeune femme qui salue une femme agée doit s'incliner assez profondément et nuancer son abord d'un air de déférence. — Dans ses rencontres avec un homme âgé, il lui faudrait s'arranger pour saluer *presque en même temps* que lui.

Un jeune homme, un homme encore jeune ne salueront pas un vieillard comme un camarade; on ne se découvre pas pour un supérieur de la même façon que pour un collègue : sans aucune servilité, on témoigne en toutes rencontres et par toutes ses manières, qu'on n'oublie pas la distance... hiérarchique existant entre ce supérieur et soi. Rester à sa place est la meilleure des dignités.

On ne salue pas davantage un inconnu comme un ami, on met dans son abord une certaine gravité.

Les nuances composent presque tout le savoir-vivre. Écoutez la fin de cette leçon du vieux Vestris (*lé diou dé la dansé*) au prince de Lamarck. Il venait de lui apprendre à saluer les impératrices, les landgraves, les dames d'honneur, la connétable de Rome, les jeunes gentilshommes, etc. :

— A présent, monsieur, descendez de quelques degrés, rendez le salut à un fameux virtuose, saluez *libéralement*.

« Prenez garde, ne vous pressez pas. Représentez-vous le vieux Vestris qu'on applaudissait hier, qui montait aux astres, voyez en lui un grand artiste!

Saluez, mon prince, saluez... un peu plus bas. »

— Je n'ai pas osé citer tout entière cette jolie leçon, qu'on pourrait intituler le « langage du salut ».

Mais je veux proposer un autre exemple, c'est aux jeunes femmes, cette fois, leur dire avec quelle grâce les Turques (et toutes les mahométanes, je crois) s'abordent entre elles. Elles portent la main au cœur, aux lèvres, au front, ce qui signifie : « Je vous suis dévouée de cœur, de bouche et de pensée. » Cette charmante salutation est à méditer, sinon à adopter.

Un homme ne risque jamais rien à soulever son chapeau, en entrant dans un lieu public, voiture, wagon, salle d'attente, etc. Cette marque de politesse est *due* lorsqu'il y trouve des femmes. Celles-ci répondent par une légère inclination de tête, les individus du sexe fort touchent au moins leur couvre-chef.

Un homme bien élevé, venant à rencontrer, dans un escalier, une femme, — connue ou inconnue, — s'efface le long de la muraille pour la laisser passer et se découvre en même temps. On en agit ainsi pour n'importe quelle *jupe*, c'est-à-dire que ce soit une ouvrière ou une marquise, une figure laide ou belle, une femme jeune ou vieille.

Un prince de Ligne, président du Sénat belge, découvrait sa tête blanche devant toutes les filles de basse-cour du château de Bel-Œil, et un marquis de Lévis, octogénaire et souffrant, ne manquait pas de s'appuyer contre les murs, incliné, quand il rencontrait, dans les corridors, la jeune demoiselle de compagnie de sa femme. L'orgueilleux Louis XIV enlevait son chapeau empanaché devant une blanchisseuse.

Ces personnages peuvent servir de modèle en fait de politesse; on ne s'étonnera donc pas qu'un homme âgé ou considérable salue le premier, venant à rencontrer un homme peu important ou dans une position sociale inférieure, si celui-ci a une femme à son bras, cette femme fût-elle jeune, pourvu qu'elle ait une tenue décente et un maintien convenable.

Lorsqu'un homme croise dans la campagne une ou plusieurs femmes inconnues *non accompagnées*, il doit les saluer, mais sans fixer les yeux sur elles. Ce salut signifie : « Dans cette solitude, ne craignez rien de moi, je vous protégerais, je vous défendrais, au contraire. »

Beaucoup d'hommes rencontrant, dans la rue, une femme ou un vieillard, se bornent à élever la main jusqu'au bord de leur chapeau, mais sans se découvrir la tête.

Ils craignent de s'enrhumer en hiver et de s'exposer à une insolation en été!

Ce salut manque absolument de grâce et de déférence.

Un homme qui tient à mettre dans son salut la nuance de respect exigée à l'égard d'une femme et d'un vieillard, soulève tout à fait son chapeau à la rencontre de l'un ou de l'autre, deux ou trois pas avant de le croiser, dans la rue ou sur le chemin. Si le vieillard ou la femme fait mine de s'arrêter, le gentleman incline légèrement le buste, tenant son chapeau à la hauteur de son front, un peu en avant et de côté, la tête entièrement nue, jusqu'à ce que la femme ou le vieillard lui dise : « Mais couvrez-vous donc, monsieur, je vous en prie. » Sommation qui doit, d'ailleurs, lui être faite immédiatement.

Après cela, il me semble presque superflu de dire qu'un homme ne salue jamais en gardant son cigare à la bouche. Il retire son cigare d'une main et salue de l'autre.

On se sert de la main droite pour saluer. Saluer de la main gauche serait presque impoli et sûrement disgracieux.

Quand un officier a son sabre à la main — dans le service — il salue de l'épée. Un soldat, dans le service, en corvée dans la rue, par exemple, fait le salut militaire, ce noble salut des anciens chevaliers.

Quelques hommes s'imaginent qu'on ne doit pas saluer une femme qu'on rencontre dans la rue le matin. Ils font mine de ne pas l'apercevoir.

Ils donnent pour raison que, la dame étant vêtue en *trottin* et se trouvant dehors « à une heure invraisemblable » (tandis qu'une fausse élégance la représente à peine éveillée, dans des flots de batiste, de rubans et de dentelle), elle serait fâchée d'être reconnue. Mon avis est que c'est là une *chinoiserie*

des snobs et qu'une femme habillée simplement, à
une heure matinale, étant absolument correcte, il ne
saurait pas lui être pénible d'être vue, même par le
roi de la fashion, fût-ce le successeur du « beau »
Brummel.

Les gestes.

L'idéal du maintien, pour certaines personnes,
c'est le corps droit, sans inflexion d'aucune sorte,
l'absence complète du geste, l'impassibilité olym-
pienne ou marmoréenne du visage.

Les gens véritablement bien élevés le comprennent autrement. Ils accordent que le corps puisse
avoir des moments d'abandon, et qu'il n'est nullement inélégant de se servir des articulations dont
nous avons été pourvus par la nature. Ils ne prescrivent qu'une seule chose : ne pas gesticuler à tout
propos et hors de propos.

Mais le mouvement de la main, du buste ou de la
tête accompagnera toujours, dans une proportion
juste, — à moins que l'on ne soit en bois, — une
conversation gaie, pathétique, animée. Seulement,
l'habitude que l'on aura contractée, dès l'enfance,
de régler son geste, c'est-à-dire de ne pas agiter les
bras, de ne pas remuer les jambes ni branler le
chef, comme un pantin, dont on tire les fils, cette
habitude nous donnera un geste sobre, en accord

avec le discours que nous tiendrons et sa mesure le
préservera de toute vulgarité ou exagération.

Quant au visage, aucune règle ne saurait empêcher qu'il ne reflétât toutes nos impressions. Nous
nous étudierons seulement, dans un but de bienveillance, à réprimer les expressions de colère,
d'humeur morose, de dédain, mais les pensées
généreuses, nous pouvons, sans inconvénient, les
laisser lire sur nos traits; elles réconforteront ceux
qui nous regardent, pour beaucoup elles formeront
souvent toute la beauté. A tous les points de vue
donc, pour soi-même et pour les autres, il ne faut
pas s'attacher à se composer un masque froid, im-
pénétrable, indifférent ou insignifiant.

Il est certain que lever les yeux au ciel, se pâmer,
rouler les prunelles, joindre les mains en levant les
bras en l'air, sont des gestes ridicules, à moins que
l'on ne se trouve dans un de ces moments extraordinaires de la vie où les passions de l'âme, excitées
au plus haut point, font perdre tout contrôle sur
soi-même, et encore une personne, habituée à se
gouverner, sait-elle *contenir* ses émotions. Mais la
flamme du regard, mais une larme noyant l'œil,
mais un mouvement *vrai* de la main, du buste, de
la tête, n'ont rien qui motive une interdiction, lorsqu'ils sont *naturels*, lorsqu'ils s'harmonisent au
discours, à l'incident, à l'événement.

Les mines penchées, les airs languissants sont
absolument détestables. On y sent une affectation

qui révolte comme un mensonge. Il est vrai que ces attitudes sont assez rares à notre époque où l'on se donne plutôt des airs cavaliers, dégagés, souvent fort déplaisants aussi.

La nervosité est la maladie de notre temps et il est difficile aux gens nerveux de se tenir raides, immobiles, ainsi que le voudrait une mode idiote (pardon, c'est le langage des clubmen). Un éventail est d'un grand secours à une femme, elle le déploie, elle le ferme, elle l'agite; ces mouvements occupent ses mains, l'empêchent de se répandre en gestes désordonnés. Les hommes ont moins de secours, ils ne peuvent tourmenter le chapeau qu'ils tiennent à la main sans provoquer de raillerie. Il leur faut se contraindre quelques instants chaque jour, afin de prendre l'habitude de rester calmes.

Les gens qui ne savent pas tenir en place, qui remuent sans cesse, se lèvent, marchent dans la pièce, sont insupportables, aussi ceux qui agitent un pied, qui balancent un objet, etc. Exigez des enfants qu'ils se tiennent tranquilles à certaines heures, à table, en étude, ils ne deviendront pas de ces gens ennuyeux que l'on fuit.

Un médecin illustre, un savant a écrit : « Il n'y a pas une seule pensée qui ne se traduise par un mouvement, par un geste, par une attitude involontaire. »

En conséquence, si nous voulons qu'on prenne de nous une opinion favorable, nous devons veiller sur nos sentiments et réprimer les mauvaises pensées qui peuvent assiéger notre esprit.

Les bonnes manières, si elles n'ont pas pour base solide la bonté et un véritable empire sur nos passions, nous abandonneront toujours dans les événements imprévus, dans les grands bouleversements de l'âme, voire dans une contrariété un peu vive, et un geste trahira notre pensée mauvaise, égoïste, jalouse.

Si l'on n'est réellement bienveillant, on ne le paraîtra pas longtemps. L'art de dissimuler n'y suffit pas ; un simple mouvement fait transparaître notre pensée aux yeux de l'observateur.

Gratiolet dit aussi : « Réciproquement, une attitude imitée, sans idée préconçue, comme le font souvent les petits enfants, un geste sans intention, éveillent dans l'esprit certaines tendances corrélatives. »

« On trouverait *la loi naturelle des bonnes manières*, en choisissant pour type les attitudes et les expressions naturelles qui rendent spontanément les belles pensées. Ce serait un moyen naturel de perfectionner le merveilleux automate institué pour servir l'esprit. Les vrais maîtres sont attentifs à ne jamais exercer leurs élèves sur des instruments mal accordés, de peur d'altérer chez eux la justesse de l'oreille. Nous proposons d'*accorder* le corps, pour que l'âme n'ait, dès le début de la vie, que des instincts harmonieux. »

Il faut ajouter maintenant et aussi justement, veillons sur nos gestes, et sur notre attitude, car « en raison de cette règle, on sent combien les habitudes extérieures du corps peuvent avoir d'influence sur les dispositions de l'âme ». Les codes de bienséance qui interdisent tel geste, tel mouvement, telle attitude, ne sont donc pas aussi puérils qu'un vain peuple pense.

Les mères ont raison de dire à leurs enfants : « Tenez-vous bien, tenez-vous droits. » L'attitude affaissée, indice de la nonchalance, du laisser-aller, finirait par les conduire à l'oubli de toute dignité et à la paresse. L'habitude de se redresser, lorsqu'on s'est laissé aller involontairement à une pose abandonnée, amène tout doucement à prendre un certain empire sur soi-même.

L'homme droit est plus agile, plus vif, plus disposé au travail, que l'homme qui s'est courbé peu à peu, parce qu'il trouvait plus commode de tenir son buste penché et qu'il ne voulait pas s'imposer l'effort de reprendre la noble attitude que la nature a donnée à l'homme, comme marque de sa supériorité sur les autres êtres. Il va sans dire que cette critique n'est pas dirigée contre ceux que la maladie, le travail — même le travail d'esprit qui penche sur les livres — ou le poids des ans, a fait un peu fléchir en avant.

Profitons de ce sujet pour dire aux mères que beaucoup d'enfants ne savent comment s'y prendre pour se tenir droit, « effacer les épaules », comme on leur dit. Il vaudrait mieux leur recommander de tenir les coudes au corps, quand ils marchent et qu'ils sont au repos. Ce mouvement redresse naturellement et exclut toute raideur, quand on en a fait une habitude d'enfance.

On peut marcher vite, mais posément et gracieusement toutefois. Une femme ne laisse pas pendre ses bras le long du corps. En hiver elle a le manchon, en été l'ombrelle ; voilà de quoi lui « donner une contenance. »

Il ne faut pas courir en marchant, à moins que les circonstances ne l'exigent, bien entendu, ni sautiller, ni piaffer, ni se traîner.

On va d'un pas égal, ni trop vif ni trop lent (le meilleur pour ne pas se fatiguer) ; on s'arrange de façon à ne pas faire sonner les talons. Pour une femme, les bras seront repliés à hauteur de la ceinture, mouvement voulu pour porter l'ombrelle, toutes les menues choses dont elle est toujours embarrassée. Je ne dis pas qu'en suivant ces règles on obtienne une tournure distinguée, une démarche gracieuse, un pas léger, tout cela dépend d'autres choses encore, mais au moins on marche convenablement, c'est beaucoup.

Les présentations.

Nous ne sommes pas aussi féroces que les Anglais, sur le chapitre des présentations, et nous causons

fort bien, dans un salon, avec les personnes dont
on ne nous a pas dit le nom et auxquelles on n'a
pas révélé le nôtre. Nous supposons que le maître
du logis, où nous sommes reçus, n'admet dans sa maison que des gens honorables, et que nous ne saurions
nous commettre en leur adressant la parole.

Toutefois, en certains cas les présentations sont
presque indispensables. Par exemple, le maître de
la maison doit faire en sorte de présenter à chaque
dame le cavalier qu'il lui a choisi pour la mener à
table.

Mais dans un bal ou une réunion nombreuse,
comment faire pour présenter tous les invités les
uns aux autres? Cependant quand on le peut, il est
bon de remplir cette formalité mondaine et cela, mû
par un esprit de charité et de concorde. Des hommes,
qui ignorent le nom l'un de l'autre, pourraient
s'exprimer sur le compte l'un de l'autre d'une façon
désobligeante, *parlant* respectivement à *leur personne*, ou attaquer quelqu'un qui appartiendrait à la
parenté de l'un ou de l'autre interlocuteur.

Au bal, un homme non connu de la femme qu'il
veut faire danser, se fait souvent présenter à elle. Il
requiert pour lui rendre ce service, à défaut du
maître de maison occupé ailleurs, une connaissance
commune à cette dame et à lui, s'il se peut.

La personne présentée est celle qui est nommée la
première.

Or, on ne présente pas un vieillard à un jeune homme, une femme à un homme, un personnage à un homme placé dans une situation ordinaire. C'est tout le contraire qui a lieu.

En général, la présentation est rapide et sans phrases. Supposons que M. X... ait à présenter M. Y... à Mme Z..., M. X... dira, parlant à Mme Z... et désignant M. Y... d'un mouvement de la main. « Je vous présente (ou j'ai l'honneur de vous présenter) M. Y..., Mme Z... s'inclinera gracieusement en regardant M. Y... M. X... reprendra aussitôt, s'adressant à M. Y... et désignant Mme Z... d'un même geste que tout à l'heure, mais plus respectueux : « Mme Z... » M. Y... s'inclinera profondément en regardant Mme Z...

Entre hommes, c'est encore plus simple. La formule « Je vous présente » est le plus souvent omise, ou il faut que la présentation soit très cérémonieuse et qu'il s'agisse de personnages. Donc, dans la généralité des cas, la présentation est banale et rapide, on se borne à nommer une personne à l'autre : « M. Y... » puis se retournant vers celui-ci : « M. Z... ».

Si on est présenté à une personne plus âgée que soi, ou à une femme, ou à un personnage, celui-ci prendra l'initiative pour entamer la conversation.

Entre gens de même position, du même âge, le plus aimable ou le plus avisé peut commencer les bons rapports par une phrase dans ce genre : « On m'avait beaucoup parlé de vous. Je suis heureux de faire connaissance avec vous. »

Une jeune fille, une femme jeune se bornent à s'incliner, il va sans dire qu'elles ne peuvent témoigner du plaisir qu'elles éprouvent s'il s'agit d'un homme, mais la jeune femme peut fort bien commencer la conversation.

Selon les cas, on dit fort bien, en présentant quelqu'un : « M. X..., ou mon frère, ou mon ami Z... sollicite l'honneur de vous être présenté. » A cette phrase on ne peut se dispenser de répondre : « Je suis bien aise de faire connaissance avec vous, monsieur... » à moins qu'on n'ait des raisons sérieuses pour ne pas répondre à cet empressement. Dans ce cas, on se borne à s'incliner.

Une femme mariée qui présenterait son frère, le nommerait, puisqu'elle ne porte plus le même nom que lui : « M. L..., mon frère, ou le docteur L... », par exemple, s'il y avait lieu, « mon frère ».

Une jeune fille à une amie, ou à toute autre personne : « Mon frère aîné » ou « mon frère René ».

Pour une sœur, tante, cousin, oncle, même manière de procéder.

Quand un jeune homme va dans le monde pour la première fois, il est bon que sa mère *l'introduise* comme disent les Anglais, auprès des autres mères de famille qu'elle connaît et qu'elle rencontre dans la fête. Mais cela se fait avec une grande simplicité, sans chercher, quand l'occasion se trouve. On dit tout bonnement : « Mon fils. » — Les pères en agissent de la même façon auprès de leurs amis.

Il arrive que des maîtres de maison, donnant un bal, y invitent toute une famille : indépendamment du père et de la mère qui sont de leurs relations, les enfants qu'ils ne connaissent pas encore. Dans ce cas, quelques jours avant la fête, les parents conduiront leurs fils et leurs filles en visite chez ces aimables amphytrions pour les leur présenter.

LA CONVERSATION

Direction de la conversation.

Une femme qui sait son métier de maîtresse de maison fait causer ceux qui sont chez elle et parle peu elle-même. Son rôle est de faire valoir la grâce de celle-ci, l'esprit, l'originalité de celui-là, la science du savant, le génie du poète, le talent de l'artiste, etc.

Habile en l'art de recevoir, elle sait mettre aux prises les gens qui se conviennent et, ainsi, elle arrive à rendre son salon agréable, tout en se dépensant beaucoup moins.

Toutefois, si elle reçoit des gens timides ou peu causeurs, elle donnera de sa personne, faisant tous les frais nécessaires et imaginables pour ne pas laisser languir la conversation. Un peu intelligente, elle parle à un médecin de son métier, à un officier de la garnison et du régiment, à un magistrat de procès, à un artiste de son art. Ces sujets, tout de personnalité, tout professionnels, ne s'abordent que pour éveiller l'esprit du visiteur taciturne ou si l'on a remarqué son goût exclusif pour l'occupation principale de sa vie. Beaucoup de personnes aiment, au contraire, à être distraites de leurs préoccupations habituelles ; dans ce cas, on évoque toute autre matière, celle qui paraît avoir le plus d'attrait pour l'interlocuteur, car il reste bien entendu qu'on doit avoir pour objet non pas son propre plaisir, mais celui de la personne qu'on reçoit.

Quand le salon est très fréquenté, très rempli, les gracieux aides de camp, dont nous parlions plus loin, deviennent presque indispensables. Si l'on n'a pas de jeunes parentes, il faut essayer de décider une aimable amie intime à tenir ce rôle, tout de bienveillance et de charité mondaine. L'aide de camp se glisse auprès d'une personne isolée dans la conversation générale, c'est-à-dire qui n'y peut prendre part, le sujet dépassant la portée de son esprit ou... tombant trop au-dessous d'une intelligence sérieuse. Le charmant auxiliaire essaye de faire parler avec lui cette personne séparée des autres, soit en l'amusant par une causerie toute simple, soit en écoutant religieusement le monologue transcendant de celui qu'il est chargé de distraire. — La maîtresse de la maison ne pourrait, elle, se permettre cet aparté avec un de ses visiteurs. Il lui faut suivre, *surveiller* la conversation générale. C'est la majorité qui doit l'emporter dans toutes les assemblées.

Son attention ne peut être détournée une minute; si elle voit poindre, entre deux interlocuteurs, qui se sont engagés, malgré ses efforts, dans une sorte de duo, si elle voit naître entre eux une discussion qui menace de tourner à l'aigre, de devenir vive et peu parlementaire, elle doit se jeter à travers... aussi adroitement que possible. A tout prix, elle détourne l'orage ; tant pis si elle s'y prend trop ingénûment ; si son manque de savoir-faire excite la critique ; tout vaut mieux que de laisser éclater une querelle chez soi.

On évite, en conséquence, les conversations à écueils, on veille à tenir tous les visiteurs loin des mers dangereuses et orageuses, qu'on appelle religion et politique. On ne peut jamais se reposer de ces soins de pilote habile que si, — après avoir jeté un coup d'œil circulaire autour de soi, — on n'aperçoit, dans le cercle, que des gens de la même opinion. Mais combien c'est rare ! — N'abandonnez donc pas le gouvernail. Avec ces précautions, vous forcez vos hôtes à conserver l'urbanité de langage et la grâce des manières qui ont fait la gloire de la société française. Dans la discussion, trop de personnes perdent toute mesure, ce qui est déplorable pour les rapports ultérieurs.

On mettra la conversation sur les événements

littéraires, scientifiques ou artistiques du jour... si l'on reçoit des gens intelligents, lettrés ou frottés d'art. On ne peut parler peinture aux gens qui n'y entendent rien, musique à ceux qui l'exècrent, science aux ignorants. On cherche à connaître les goûts, la tournure d'esprit de chacun, et à diriger la conversation, de façon que *tous* les visiteurs puissent y prendre intérêt ensemble ou tour à tour. Par exemple, que deviendra une femme frivole, qui n'aime que les chiffons, dans un cercle où l'on n'agite que les questions transcendantes? Il faut bien qu'elle puisse parler de robes et de chapeaux.

C'est à quoi servira le petit aide de camp, pendant que la dame du lieu écoutera les philosophes.

La charité dans la conversation.

Les femmes bien élevées ne médisent jamais d'aucune de leurs connaissances ; elles ne les ridiculisent pas, et si elles se permettent parfois une plaisanterie, elle est tout innocente et non piquante. On peut, au contraire, dire tout le bien possible de ses amis et les défendre, si on les attaque, — absents ou présents. On y met beaucoup de douceur, mais on ne cache pas la peine qu'on éprouve à entendre des choses désagréables sur le compte de ceux qu'on estime ou qu'on aime. Si les critiques

sont trop justes pour être réfutées, on répond :
« Que voulez-vous, je l'aime ainsi. » L'interlocuteur se taira alors immédiatement, si il « a du
monde », car il comprendra qu'il désobligerait en
continuant ses satires.

Du reste, une règle générale est à observer dans
les relations. Il ne faut jamais froisser autrui dans
ses affections. Il est facile de retenir une parole qui
peut affliger, blesser. En matière religieuse et politique, on fait bien également de ménager un peu
les adversaires honnêtes, dont les convictions sont
sincères, et toute espèce de discussion doit être
courtoise de part et d'autre. Laissons-nous aller à
l'impulsion de notre généreuse nature française et
n'imitons pas, dans leurs querelles, les lourds et
entêtés Germains, non plus que les orgueilleux
Anglais.

Gardons-nous bien des personnalités dans toute
conversation.

On trouve des gens assez sots pour détailler
votre personne physique, comme ils feraient d'un
absent.

« Vos yeux sont beaux, mais vos sourcils sont
trop épais. Vous avez de jolies dents, ce qui fait
passer sur la grandeur de votre bouche. Vous pa-
raissez plus grande que moi, mais c'est que vous
avez les épaules hautes », et ce disant, l'*amie*
haussera les épaules, pour donner l'idée d'un
magot.

Rien d'aussi désobligeant, d'aussi bête, d'aussi méchant que ces compliments tout de suite suivis d'une critique.

Ou bien, ce sont des comparaisons tout aussi peu agréables : « Votre sœur est bien plus blanche que vous. Votre cousine a une taille très fine, elle. » Ce mot « elle », si vous êtes forte, contient : « Ce n'est pas comme vous qui êtes si épaisse. » Les mêmes êtres vous diront encore : « Vous êtes, comme moi, pas trop leste, pas trop légère, pas trop instruit », etc., etc.

Les gens bien élevés ne font jamais de compliments tout à fait directs, parce que ces compliments peuvent gêner les personnes modestes, timides, un peu sauvages, et parce qu'il est embarrassant de répondre à une louange décochée de tout près ; il faut se montrer reconnaissant d'un éloge qui vous laisse souvent parfaitement indifférent, c'est insupportable. Mais si le compliment sans précautions oratoires est proscrit par le véritable savoir-vivre, que dire de la critique et des comparaisons déplaisantes à brûle-pourpoint ? « Ne faites jamais de comparaisons entre les personnes, dit sainte Thérèse, elles sont odieuses ».

Que ce soit la méchanceté ou la franchise brutale qui les dicte, elles feront prendre en grippe celui qui se les permettra, et pourra-t-on prétendre que l'antipathie qu'il inspire soit imméritée ? Non, vraiment. Quand on a de ces façons de rustre, il faut vivre seul, en compagnie des hiboux, auxquels on peut dire qu'ils sont laids sans les blesser.

Il ne faut même pas commettre l'étourderie de parler d'un défaut physique avant de s'être assuré que personne de la compagnie n'est affligé de ce défaut.

On ne doit pas davantage mettre en ses propres imperfections. On les voit bien sans que vous les indiquiez ; si vous n'avez pas de prétention on ne vous accusera pas de les ignorer. C'est un sentiment de générosité qui fera éviter de parler de soi, même en mal. Si vous dites : « J'ai de tout petits yeux, ma main est horrible », il se trouvera des personnes extrêmement bienveillantes qui se croiront obligées de protester ou de trouver une atténuation et qui, au fond, seront fort ennuyées de parler contre leurs convictions. D'autres ne répondront pas, pour ne pas manquer à la vérité, et il leur sera désagréable de confirmer votre dire par leur silence.

Il faut faire intervenir son *moi* le moins possible, c'est presque toujours un sujet gênant ou ennuyeux pour autrui.

Une des grandes qualités des gens du monde, c'est de rester impassibles en entendant les plus fortes balourdises. L'éducation ou la bienveillance leur permet de rester calmes, eux, gens instruits, lorsqu'il arrive que des ignorants émettent, en leur présence, de véritables énormités historiques ou scien-

tifiques. Le mieux est de ne pas relever ces erreurs,
à plus forte raison ne doit-on pas railler, se moquer,
voire sourire. Si, pour une cause quelconque, il fallait redresser le jugement de celui qui parle sans
savoir, on prendrait toutes sortes de précautions
oratoires, afin de ne pas blesser son amour-propre
et de ne pas le déconcerter : « Permettez-moi de
vous demander si vous ne vous trompez pas. — Je
croyais que les choses s'étaient passées de cette façon.
— Il me semblait que cet événement avait eu lieu à
telle époque. »

Quatre-vingt-dix-neuf fois sur cent, votre interlocuteur vous répondra : « C'est bien possible. —
Vous devez avoir raison. — Vous le savez mieux
que moi. »

Si, au contraire, vous réfutez l'erreur d'un ton et
d'un air qui ne souffrent pas de réplique, si vous
dites crûment : « Du tout, vous êtes dans l'erreur,
vous commettez une grossière erreur », vous disposez l'ignorant à se gendarmer contre votre recti-
fication, s'il est entêté; s'il est un peu sensible, ce
que l'on traduit si souvent par susceptible, vous lui
faites de la peine, vous l'humiliez et, s'il était con-
fiant avec vous, vous avez, du coup, détruit le plus
grand charme des relations, l'abandon qui fait penser
tout haut.

Devant la pitié méprisante du savant l'humble
d'esprit se replie sur lui-même; vous auriez pu
éclairer doucement son intelligence; désormais, elle

est fermée pour vous, elle refuse des lumières offertes
avec cette brusquerie, cette impolitesse, ce manque
de charité.

Par contre, les savants eux-mêmes se trompent
quelquefois. Si ceux qu'ils considèrent comme inférieurs à eux sous le rapport de la science risquent
une contradiction, une observation timide, vous
voyez ces hommes sûrs d'eux-mêmes s'indigner, ne
rien vouloir entendre, empêcher leur interlocuteur
de s'expliquer. Ils n'ont pas d'expressions assez dé-
daigneuses pour repousser la réfutation de celui qui
se permet de douter de leur savoir, de leur génie.

Les règles de la conversation.

On ne peut, ainsi que quelques personnes le sou-
haiteraient, composer ici des phrases à l'usage de
ceux qui font des visites, qu'ils apprendraient par
cœur et qu'ils débiteraient de salon en salon. Ce
serait la chose la plus sotte du monde et l'homme le
moins intelligent, la femme la plus nulle, seront
plus intéressants en parlant selon leurs petits moyens,
qu'en répétant, — à la façon des perruches, — des
phrases toujours les mêmes, alors qu'elles seraient
encore « tournées » par le plus spirituel des acadé-
miciens.

Mais on peut tracer de grandes lignes qui aide-
ront les gens à se diriger dans la conversation et,

pour ce faire, nous prendrons les avis de quelques personnages aussi compétents qu'illustres.

Écoutons d'abord Schakspeare : « La conversation doit être amusante et gaie sans grossièreté, spirituelle sans recherche ni affectation, libre sans indécence, savante sans pédanterie ni suffisance ; si on parle de choses récentes, actuelles, il n'y faut ajouter aucune invention. Telle conversation est trop rare », ajoute le grand écrivain anglais.

Souvent il arrive que de grands bavards, des gens trop loquaces, s'emparent d'une personne de l'assemblée et lui tiennent de longs discours, malgré tous les efforts de l'infortuné pour y mettre fin. A ceux-là nous demanderons de méditer un peu ce conseil de lord Chesterfield à son fils : « Ne retenez jamais personne par le bouton de son habit ou par la main pour vous faire écouter. Car si les gens ne veulent pas vous entendre, vous faites mieux de retenir votre langue que de les retenir. »

Mais c'est une grande preuve de savoir-vivre de savoir écouter son interlocuteur, avec patience quand il cause d'une façon ennuyeuse, avec plaisir quand il cause avec esprit.

Ceux qui écoutent bien redoublent le talent de ceux qui causent bien et, en prêtant une oreille attentive à la conversation, ils répondent bien, justement, à propos. Quand on ne laisse pas errer son esprit pendant que les autres parlent, on leur fournit souvent l'expression, le mot propre, qui vient à

leur manquer, qu'ils cherchaient et qui ranime leur
éloquence quand on le leur a procuré. Aider les autres
à rendre leur pensée intelligible fait partie du talent
de la conversation. C'est la marque d'un esprit in-
tuitif et la preuve de l'intérêt que l'on prend à ce qui
est raconté, démontré, enseigné. Les personnes qui
écoutent de cette façon seront toujours classées parmi
les interlocuteurs agréables.

Si absurde, si prolixe, si ennuyeuse que soit la
conversation engagée, ne manifestez donc aucune
impatience pendant que les autres causent. N'inter-
rompez jamais, mais placez un mot à propos. Il est
malséant de garder un mutisme obstiné. Toutefois
on n'est pas obligé de parler beaucoup. Et surtout
il est très impoli de s'emparer de la conversation et
de condamner toutes les autres personnes au silence.
Tâchez de ne pas vous engager dans une discussion, si courtoise qu'elle soit. Cela ne veut pas dire
que vous deviez cacher vos opinions : Toute dissimu-
lation est lâcheté ; mais n'essayez pas d'imposer vos
idées, cela n'appartient qu'à des gens extrêmement
doués. Ne critiquez jamais, si doucement que vous
puissiez le faire.

N'ayez pas l'air de noter les inélégances de langage chez les autres ; restez impassible en entendant
commettre des fautes de grammaires et de français.
En narrant, ne prodiguez pas les mots inutiles :
« alors », « vous voyez », « vous savez ». N'ayez pas
l'esprit absent. Ne faites répéter que ce que vous

n'avez pu entendre ou comprendre, et encore dans le cas seulement où vous ayez à répondre. Il est commode de commencer la conversation en parlant du temps, mais cela indique peu de ressources dans l'esprit. Vous ennuierez les gens en entamant le chapitre de vos affaires personnelles ou de famille et tout autant en vous étendant sur des matières professionnelles ou autres, auxquelles les gens présents ne peuvent rien entendre ou qui n'ont pas le pouvoir d'intéresser. Mais si on vous demande des lumières sur ce point, répondez avec obligeance, sans prolonger indéfiniment le sujet.

Ne vous plongez pas avec un autre visiteur dans une conversation que les autres ne pourraient comprendre, à laquelle ils ne pourraient prendre part. Ce serait aussi impertinent que de chuchoter. Il faut encore se garder d'émailler ses discours d'expressions étrangères, cela sent l'affectation; d'employer de grands mots pour désigner de petites choses; de prodiguer les « parfaitement », les « évidemment », les « assurément », etc., etc.

Il faut être en garde, dans un grand nombre de cas, contre les airs étonnés. Les gens bien élevés conservent, autant que possible, un visage impassible lorsqu'on leur annonce un événement inespéré. Quand nous disons impassible, c'est trop; lorsqu'on nous fait part d'un grand bonheur, d'une joie inattendue, nous pouvons exprimer notre contentement de cet heureux coup du sort qui *frappe* un ami ou une personne appartenant à notre cercle de connaissances.

Nous allons nous expliquer un peu, du reste. Si quelqu'un nous révèle un talent qu'il possède et que nous ignorions, ne nous pâmons pas de surprise. Ce serait dire : « Est-il possible qu'un aussi chétif personnage soit ainsi doué? Je ne l'aurais jamais cru; cela renverse toutes les idées que je m'étais faites de votre pauvre vous. » Vous voyez que l'étonnement peut être fort désobligeant.

Un jeune homme ou une jeune fille fait un beau mariage; félicitez chaudement, affectueusement, mais simplement. Ne poussez pas des « Vraiment! » des « Oh! » des « Pas possible! » « Mon Dieu que vous devez être heureuse! et vos parents! » Vous sentez l'impertinence. Ne semble-t-il pas que nous ayons affaire à une bergère épousée par un roi? que son mérite soit au-dessous de son bonheur? etc.

Un avancement, un succès quelconque ne doit pas vous étonner davantage. Ceux qui l'ont obtenu en étaient dignes. Montrer de la surprise exprimerait sans paroles : « Est-ce bien loyalement, bien légitimement gagné? » Ces quelques exemples indiquent en quelles circonstances il faut réprimer les airs étonnés.

— Quand une femme raconte certaines choses, elle doit laisser sous-entendre bien des faits, sans les dire. Et même, il vaut mieux qu'elle ne fasse jamais le récit d'un acte scandaleux, surtout en pré-

sence d'un homme. Elle est comme souillée par la
connaissance d'un genre d'infamies. Et si, à la rigueur, entre femmes du même âge, on peut parler
d'événements de ce genre, il est encore bien préférable d'éviter de pareils sujets de conversation, qui
dénotent, tout au moins, une curiosité malsaine.

— Tâchez de supporter la contradiction dans le
monde (et en famille). Lorsqu'on n'est pas de votre
avis, ne vous laissez pas aller à une bouderie ou à
un emportement *vindicatif*. On voit, dans la discussion, des personnes qui ripostent par un flot de
paroles vulgaires, accompagnées de gestes désordonnés (je ne parle pas des voies de fait, naturellement). Rien ne dénote davantage la mauvaise éducation qu'on a reçue et le peu d'empire qu'on a acquis
sur soi-même.

Sachez supporter que les autres pensent d'une
autre façon que vous, même lorsque vous êtes per-
suadé qu'ils ont tort... et peut-on jamais savoir?

Soutenez votre opinion doucement, ou du moins
avec calme, et à la fin dites en souriant : « Si vous
voulez, nous en resterons là, puisque nous ne pouvons nous entendre. »

Élégance du langage et de la conversation.

Les gens bien élevés, qui sont toujours simples
et naturels, évitent l'abus des liaisons en parlant.

Trop fréquentes, trop accusées, les liaisons blessent l'oreille et le goût.

Cette phrase : « Vous êtes allés à Fontainebleau? » prononcée : « Vous-z-êtes-z-allés-z-à Fontainebleau? » horripilerait les gens du monde, qui disent tout bonnement : « Vous-z-êtes allés à Fontainebleau? » ou peut-être : « Vous-z-êtes-z-allés à Fontainebleau? », se contentant de faire sonner une ou deux *s* finales, plus souvent une que deux. Vous entendez aussi prononcer : « Bon à entendre » : *Bon na* entendre. « J'irai demain à Paris » : *demain na* Paris. Cette façon de parler est prétentieuse et pédante, en ce qu'elle prouve qu'apportant une si profonde attention aux moindres choses que l'on dit, on s'écoute avec complaisance et on cherche à frapper l'esprit des autres.

Beaucoup de gens chics et très grammairiens ont la même répugnance pour l'emploi de l'imparfait du subjonctif, et font tout ce qu'ils peuvent pour ne pas le trouver sous leur plume, en écrivant; dans leur phrase, en parlant. A la troisième personne du singulier ce temps est encore possible, mais pour les autres personnes il vaut mieux s'arranger pour se servir de l'infinitif, beaucoup plus élégant, d'ailleurs. Je connais des personnes très instruites qui, ne pouvant tourner la difficulté, ou ne l'ayant pas prévue à temps, préfèrent pécher contre la grammaire et emploient le présent au lieu de ce maudit imparfait. Ils diront — voire écriront : — « Il faudrait que vous vous décidiez », reculant d'horreur devant « que vous vous décidassiez ». Le fait est que c'est bien laid et que « Il faudrait vous décider » est plus harmonieux dans sa concision et a un air bien moins pédagogique.

Nombreux sont ceux qui ne peuvent jamais trouver le nom des gens ou, plutôt, qui ne veulent pas prendre la peine de le chercher, de se le remémorer, qui n'essayent pas de le retenir et qui trouvent plus commode de vous désigner par les mots de *chose* et de *machin*. Il n'est pas d'habitude plus impolie ni plus vulgaire; on peut la juger sévèrement, car il ne faut qu'un peu de volonté et d'effort pour s'en défaire.

Montesquieu était affligé de ce travers. Pour se venger, ses connaissances l'appelaient « M. le président Chose ». Il le méritait assez bien; jugez plutôt.

— Oh! disait-il un jour, la chose est certaine. Je la tiens de la grande... *Chose*, qui la tenait apparemment du vieux... *Chose*... Allons donc... vous savez, le précepteur du... *Chose*.

Il s'agissait d'une nouvelle qui lui avait été apprise par la princesse de Vaudémont, laquelle la tenait du cardinal de Fleury, précepteur de Louis XV. Mais comme c'était intelligible, n'est-ce pas? Il y avait de quoi agacer l'interlocuteur, auquel on ne donnait pas un nom sur trois pour arriver à comprendre.

Encore peut-on passer ce défaut à un homme de

génie. Mais quand on fait partie du commun des mortels, il faut se corriger au plus vite de cette façon de dire. C'est très facile : on tâche d'abord d'appeler chaque chose par son nom.

On ne dit pas : « passe-moi *la machine*, » pour la bouteille ; on s'exerce à trouver le mot, s'il ne vient pas. Quand il s'agit du nom des gens, si on ne le retient pas aisément, on l'écrit plusieurs fois et l'on finit par s'en mettre la *physionomie* et l'assonnance dans l'esprit. Alors on ne l'oublie plus. On force ses enfants à la même attention, et on se corrige encore en les reprenant d'une négligence, d'une paresse de mémoire, aussi impertinente que déplaisante.

— Une femme *doit* s'occuper de son ménage, elle *doit* accorder sa surveillance aux moindres des détails de l'intérieur ; la vie heureuse, correcte, est à ce prix ; le bien-être de la famille exige que la maîtresse du logis se livre à ces soins, qui ne sont pas au-dessous d'elle, si intelligente qu'elle soit, et qui ne la dépoétisent nullement... quand elle sait accomplir ses devoirs de ménagère avec grâce et sans se départir d'une tenue soignée, mais, dans le monde, elle ne parlera ni de ses bonnes, ni de ses lessives, ni du prix des vivres, etc., etc.

Toutes ces choses sont très importantes pour elle sans doute, mais pas du tout amusantes pour les autres. Et puis il y a temps pour tout. Justement après ces occupations matérielles, il est bon de se délasser par une conversation attachante et d'un

tout autre ordre d'idées. Il est indispensable, après
avoir courageusement envisagé les nécessités et même
les vulgarités de la vie, d'élever un peu son esprit
vers les régions plus sereines et plus idéales de la
pensée. Je ne dis pas qu'il faille absolument se
mettre au piano, dessiner, broder, lire un roman,
mais on fait bien de *s'intéresser* à la science, aux
arts, voire à la philosophie, pour être à même
d'écouter avec fruit ceux qui parlent sur ces sujets
qui ont, qui doivent avoir aussi une place dans la
vie, à notre époque.

— Il y a des personnes qui, lorsqu'elles ne vous
ont pas compris du premier coup, vous lancent des
« comment ? » si durs, si secs, si terrifiants, qu'ils
glacent les gens nerveux, impressionnables. D'autres
ont des « heins ? » impérieux, impatients ou traînants
et ennuyés.

Par contre je connais quelques femmes qui pro-
noncent l'interjection « hein ? » de la plus jolie
façon du monde ; vivement, gentiment, comme ne
voulant rien perdre de ce que vous dites et de ce
qu'elles ont mal entendu. Ce « hein ? » gracieux
peut être employé dans l'intimité. Mais, quand on
ne sait pas le dire, fût-on en famille, il vaudrait
mieux employer le « plaît-il ? » toujours plus poli,
même quand on met à l'interrogation une certaine
raideur.

— Les gens chics ne s'occupent jamais, ostensiblement du moins, de la fortune des gens de leur

monde. Ils ne demandent pas : « Sont-ils riches ? A quel chiffre s'élève leur fortune ? » Il basent leur opinion sur la richesse des familles, d'après la figure que ces familles font dans le monde. Les questions d'argent ont toujours répugné à ceux qui se piquent de *bel-air*. On entend bien dire : « Ils sont à leur aise, ils sont fort riches », mais on n'a pas l'air d'apporter une attention capitale à cette affirmation et, surtout, on n'ouvre jamais d'enquête sur le sujet. On ne parle pas de finances dans un *vrai* salon.

Quand on a à traiter une affaire, on juge suffisamment ennuyeux d'en entretenir un notaire, un avoué, un agent de change, on ne vient pas en rabattre les oreilles des gens que cela ne peut intéresser en aucune façon.

— J'entends dire souvent, adressant collectivement cette demande à plusieurs personnes :

« Vos santés sont-elle bonnes ? » Voyez comme la phrase est drôle, singulière. Chacun n'a qu'une santé et, en conséquence, il faut dire : Votre santé est-elle bonne ?

Mais mieux vaudrait s'adresser à chacun particulièrement.

— Un homme, qui n'est pas son parent, ne doit pas désigner une femme par son prénom, hors de sa présence ni en sa présence, à moins d'une très grande intimité. Encore fait-il bien d'employer le moins possible et même de ne pas employer du tout ce prénom, lorsqu'ils se trouvent tous deux avec des

étrangers ou des gens qui ne les connaissent pas
beaucoup. On tourne la difficulté en ne se donnant
pas son nom. La femme agit de même à l'égard de
l'homme. Elle ne lui donne pas davantage son nom
de famille, sans le faire précéder du mot : monsieur ;
ni dans l'intimité, parce que c'est un peu inélégant,
ni dans le monde, parce que c'est inconvenant.

— Un mari parlant de sa femme ne doit jamais
dire : « Madame, mon épouse, Mme Durand ». (Nous
supposons que ce mari s'appelle Durand.) Il emploie
simplement la désignation : « Ma femme ». Aux domestiques : « Madame ».

La femme dit : « Mon mari ». Aux domestiques :
« Monsieur ». Jamais « Durand » tout court, ni
« M. Durand ».

Lorsqu'on parle à un mari de sa femme, on
ne dit pas : « Votre dame, votre épouse... ni votre
femme », mais : « Mme Durand » ; « comment se
porte Mme Durand ? »

Parlant à un père de ses filles, on ne lui dira pas :
« Vos demoiselles », « Votre demoiselle », mais
« Mlle votre fille », « Mlles vos filles », « Mlle ou
Mlles Durand ». S'il s'agit de jeunes enfants, on dit
« Vos fillettes » ; les hommes emploient cette désignation jusqu'à la dixième année des jeunes filles ;
une femme pourra se servir de ce terme familier jusqu'à ce qu'elles aient atteint leur quinzième, voire
leur seizième année.

Les parents, parlant de leurs filles, disent : « Ma

fillette », puis « Mes filles », jamais « Mes demoiselles ».

Pour les fils, « Mes garçons », jusqu'à leur seizième année; jamais « Mes gamins »; après, « Mes fils ». Les étrangers suivent la même règle : « Vos garçons », puis « Vos fils », « Messieurs vos fils », selon le degré d'intimité, les âges respectifs, etc.

— Ne dites jamais : « quand j'aurai l'*avantage* de vous voir, lorsque j'aurai l'*avantage* de vous écrire. » C'est une façon commerciale de parler, qui est très bonne pour les négociants, dans leurs relations avec les clients, mais que les gens du monde n'admettent pas à leur usage. On dit le *plaisir*, l'*honneur*, selon les cas; parfois, les circonstances exigent tout simplement : « Lorsque je vous verrai, quand je vous écrirai. » Ce sont des nuances; la réflexion indique les termes à employer. Toutes les fois qu'on peut éliminer de la phrase « le plaisir, l'honneur », il faut supprimer ces mots.

Un homme, faisant allusion à sa rencontre avec une femme, dira, « parlant à sa personne » (selon l'expression de messieurs les huissiers) ou parlant d'elle : « Quand j'ai eu l'honneur de vous rencontrer. — Lorsque j'ai eu l'honneur de voir Mᵐᵉ une telle. »

De la femme à l'homme c'est autre chose. Elle s'exprimera ainsi : « Lorsque j'ai eu le plaisir de vous rencontrer; quand j'ai vu M. un tel. »

De femme à femme, c'est toujours : « Quand j'ai eu

le plaisir de vous voir. » A moins qu'il ne s'agisse
d'une dame âgée à laquelle les jeunes femmes,
qui ne font pas partie de son cercle de relations
intimes diront mieux : « Lorsque j'ai eu l'honneur
de vous voir. »

— On entend bien souvent dire : « C'est un meuble
en boule. » Et, aussitôt, un sourire railleur d'apparaître sur le visage de ceux devant lesquels on s'exprime ainsi. C'est qu'en effet, celui qui vient de
parler semble croire que *boule* est la matière du
meuble, comme le palissandre, l'acajou, l'ébène, pour
d'autres, tandis que ce meuble est l'œuvre d'un
ébéniste célèbre, qui lui a donné son nom : Boule;
ce qui oblige donc à dire : « un meuble *de* Boule ». Il
est vrai que, s'agit-il de la matière, on serait encore
répréhensible aux yeux de l'Académie, qui veut
qu'on dise : « un meuble *d*'ébène » et non *en*
ébène.

— On recommande aux enfants de dire *monsieur* ou
madame à chaque mot, lorsqu'ils parlent à des
étrangers. Mais prenez garde qu'ils n'aillent jusqu'à
l'abus. Rien de fatigant comme cette appellation
monsieur ou *madame* revenant dans la phrase à propos de tout, à tout propos, hors de propos. Les gens
du monde sont assez sobres de cette dénomination,
c'est-à-dire qu'il ne s'en servent qu'autant qu'il le
faut.

Ils diront bien, quelquefois : « Vraiment ? »
« N'est-ce pas ? », etc., etc., tandis que les gens

trop polis n'auraient pas manqué de faire suivre ces
interrogations du mot *monsieur* ou *madame*.

L'excès en tout est un défaut. Il faut craindre de
faire dégénérer la politesse en obséquiosité. Tout est
nuances dans le savoir-vivre. Inspirez-vous, en ce
qui concerne la *toute petite chose* dont nous parlons,
des rapports, des circonstances, des âges respectifs.

— Il n'est rien d'aussi mauvais goût que d'affubler
les gens de surnoms et, particulièrement, quand
ce sont des surnoms blessants ou ridicules, des
sobriquets enfin. N'en donnez jamais à personne,
même de très gracieux, à moins de rapports véritablement intimes, affectueux. Si ce n'est dans ces conditions, ne souffrez pas, non plus, surtout si vous
êtes femme, qu'on vous gratifie d'une épithète, fût-
elle très jolie, pour vous désigner, « parlant à votre
personne » (hors de votre présence, vous n'y pouvez
rien, et il n'y a qu'à vous résigner). Mais comme il
faut être doucement polie, on témoigne sans hauteur
ni aigreur de son déplaisir, et l'on dit en souriant :
« Je devrais être très sensible à ce compliment, mais
voyez comme je suis singulière, je préfère être appelée
simplement du nom qui m'appartient. »

— Il faut éliminer de son langage toute locution tri-
viale, si l'on veut obtenir la qualification de personne
bien élevée. On ne dira pas : « Nous deux mon frère »,
mais : « Mon frère et moi » ; « osé » pour « hardi » ;
« flatté » pour « satisfait » ; « dans le temps » pour
« autrefois » ; « chiper » pour « voler » ; commettre

« une gaffe » pour « un impair » ou « une maladresse ». — Une grande dame donnait ce « signal
de vigie », pour se reconnaître entre gens du monde :
Quand quelqu'un se sert du mot de *bonne société*,
il n'est pas de *bonne compagnie*, etc.

Par contre, il n'est pas de meilleur goût de se
servir d'expressions recherchées, comme « exister »
pour « vivre »; « vous entretenir » pour « vous
parler », etc. On a bien ri, au siècle dernier, d'un
anobli de fraîche date, qui disait aristocratiquement
(croyait-il du moins) : « Je veux être décapité » pour
« être pendu », ce qui, au contraire, est une impré-
cation qui témoignait autrement bien de l'horreur
qu'on avait de la pendaison, supplice qui n'était pas
à l'usage des gentilshommes.

Il y a aussi des femmes pudibondes qui disent :
« Une jambe de poulet » pour une « cuisse »; « une
mitre de volaille » ou « un bonnet d'évêque », pour
« le croupion. » Voyez comme c'est absurde. Certes,
il est des choses dont il vaut mieux ne pas parler;
mais ce n'est pas le cas pour un volatile; la pruderie
anglaise, exagérée, est à éviter.

Dans la conversation, nous ne faisons plus guère
usage des titres nobiliaires, pour interpeller ceux
qui les possèdent.

S'adressant à une marquise, par exemple, on dit :
Madame et non pas *Madame la marquise*. Parlant à
un homme titré, ce sera la même chose. On ne dit
plus « monsieur le comte », ni même « comte »,

mais *Monsieur* ou *mon cher*, selon les relations.

Il n'y a que le titre de duc et de duchesse (le plus élevé chez nous, au-dessous de celui de prince, quand il ne s'agit pas d'altesse royale ou impériale) qui se donne encore. *Monsieur le duc,* ou « *Duc* » selon les cas ; *Madame la Duchesse...* ou *Duchesse* pour les gens de son rang, de son intimité. On donne aussi celui de Prince et on dit : « Prince », « Princesse », — dans tous les cas. Nous n'avons guère de princes chez nous, mais cela servira pour les princes étrangers, ceux qui ne sont pas de sang royal, car à ces derniers, on doit le titre d'Altesse.

A un roi, à un empereur, au Tsar : *Sire.*

Au Pape : *Très saint Père ; Votre Sainteté.*

Au Président de notre République et des républiques étrangères : « Monsieur le Président. »

A un ministre : « Monsieur le Ministre. » A un ambassadeur : « Monsieur l'Ambassadeur. » « Monsieur le Consul.

A un député, à un maire, etc., dans les cérémonies officielles, en audience, « Monsieur le Député », « Monsieur le Maire », ou tout autre titre indiquant la fonction. Dans le monde, « Monsieur ».

A un cardinal, « Monseigneur », « Votre Éminence. » A un évêque : « Monseigneur », « Votre Grandeur ». A un curé : « Monsieur le curé » ; à un simple prêtre « Monsieur l'abbé. » A un moine : « Mon Père », « mon Révérend Père », à moins que les idées qu'on professe ne s'opposent à ce qu'on le traite de *Père*. Alors « Monsieur ».

A un pasteur protestant : « Monsieur le pasteur » ou « Monsieur. »

Aux prêtres israélites : « Monsieur le Rabbin, « Monsieur le grand Rabbin. »

A un médecin : « Docteur. »

Aux militaires — la chose souffre des nuances. Les hommes âgés, les femmes disent : « Général », « Colonel », « Commandant », etc. Les hommes qui n'ont pas atteint l'âge de la libération ou qui ont appartenu à l'armée : « Mon général », « Mon colonel », etc.

A une femme fonctionnaire, à une directrice d'établissement, à une supérieure de couvent : « Madame. » A la dernière « Ma mère », Ma Révérende Mère » parfois (cela dépend des ordres), si on trouve bonne cette façon de s'exprimer.

Quand on est très intime avec les gens sans pouvoir les interpeller pourtant par leur prénom, leur nom tout court ou les traiter de « ma chère » « mon cher », on dit : au lieu de « monsieur » et « madame », qui paraissent très cérémonieux. « Chère madame », « cher monsieur. »

Petites ignorances.

On entend poser de ces questions :

Doit-on demander des nouvelles de sa santé à une personne supérieure à soi ?

Pourquoi pas, lorsqu'on ne la voit pas pour la première fois ? Lorsqu'on l'aborde dans son salon ou ailleurs et non pas en audience ?

Il est clair qu'on ne dira pas : « Comment allez-vous ?... Vous allez bien ? »

Mais on sera très correct en s'informant si la santé est bonne. « Votre santé est-elle bonne ? »

— On ne remercie pas les gens qui vous font une visite, par la raison qu'on se dérange, à son tour, pour aller les voir et qu'il ne s'agit plus, en conséquence, que d'un prêté rendu. Toutefois, cette règle, — comme toutes les autres, — comporte des exceptions.

Lorsqu'une personne âgée se donne la peine de venir voir des gens beaucoup plus jeunes qu'elle, on doit la remercier de sa visite, car les vieillards sont dispensés d'une foule de devoirs mondains sans que l'on en soit quitte à leur égard.

Nous sommes encore tenus d'exprimer notre gratitude de sa visite à une personne absorbée par des occupations importantes, transcendantes, et qui a bien voulu les abandonner pour nous donner le plaisir de la voir chez nous.

Encore nous dirons fort bien à un visiteur, qui a fait une longue route par le froid ou sous le soleil, que nous lui savons gré de n'avoir pas reculé devant la fatigue, d'avoir affronté la chaleur, etc.

Mots et calembours.

N'abusez pas de votre facilité à faire des *mots*. Une fois ou deux, c'est bien, cela amuse, distrait un auditoire... qui a le temps d'écouter. Mais sans cesse, mais à propos de tout, on finit par fatiguer, impatienter, exaspérer ceux à qui on parle et qui doivent avoir l'esprit tendu pour saisir, pour comprendre cette plaisanterie sans trève.

Quant aux calembours, c'est atroce. Au plus peut-on s'en permettre quelques-uns en famille, lorsqu'ils sont vraiment drôles. La plupart du temps les calembours sont des rapprochements forcés et absurdes, les *mots* sont cherchés et sans sel. Il n'y a que les enfants et les gens qui ont de l'esprit sans le savoir pour trouver des *mots* étonnants et bien véritablement jolis. Nous en donnerons deux exemples :

En 1870, des professeurs suisses, s'ingéniant à distraire nos soldats internés, leur faisaient des conférences. Un soir, c'était sur la géologie. Pourquoi le conférencier pataugea-t-il ? Je ne sais. Il ne put se tirer de son exorde. Ce que voyant, un de nos

petits fantassins grimpe près de lui à la tribune :
« la géologie, déclame-t-il, c'est pas tout ça. Il y a
trois sortes de terre : la terre de pipe, la terre de
bruyère et la terre de l'hospitalité... c'est la Suisse! »
Les bravos éclatèrent sans fin, ils étaient doublement
mérités : par l'orateur et le noble pays qui choyait
nos pauvres soldats.

Un jour, je recevais une jeune dame qui était venue me voir avec sa fillette. J'avais auprès de moi
un jeune neveu qui faisait grand accueil à l'enfant
étrangère. Si grand accueil, qu'au moment du départ de la dame, ce furent des pleurs et des grin-
cements de dents. « Oh! ne t'en va pas, sanglo-
tait mon neveu, s'adressait à la petite fille, ne t'en
va pas, dis à ta maman *qu'elle t'oublie!* ».

Il n'y pas seulement des *mots* naïfs ou charmants,
me dira-t-on. Je sais, qu'en notre Paris, il est beaucoup de gens spirituels qui ont des *mots* adorables
de finesse et de grâce. Mais, croyez-le, ces *mots* leur
viennent tout seuls, sans nul effort et ils ne sont jamais quintessenciés, comme celui-ci, par exemple :
une jeune fille dit à son valseur : « Entendez-vous
ces deux vieilles dames qui parlent des antiques? —
Elles font de l'homéopathie, répliqua le danseur. »
Eh bien, franchement, ne fallait-il pas réfléchir pour
comprendre la raillerie ?

Quand on parle de la ville d'Eu, si un plaisant
ajoute « brouillés », on peut sourire une fois, mais
si une seconde fois il accole à ce nom de ville le

calembour « sur le plat », on sera déjà lassé. Cependant, le monsieur n'en continuera pas moins d'énumérer les mille manières de cuire les œufs chaque fois qu'il sera question de la cité normande.

Une autre espèce de personnes qui se rendent très désagréables aux gens nerveux sont celles qui ont une façon de parler entre la plaisanterie et le sérieux. On ne sait jamais ce qu'elles veulent dire. S'amusent-elles à nos dépens, ou les phrases qu'elles débitent ont-elles vraiment la signification qu'on peut leur prêter ? Ce doute naît en nos esprits lorsque nous nous trouvons être les auditeurs de gens qui ont l'habitude de *badiner* sur tous les sujets, de dire « des bêtises », à tout propos.

L'expression de leur visage, gouailleuse ou d'un naïf *voulu*, est pour beaucoup aussi dans le malaise qu'ils vous font éprouver.

Conclusion : ne manions l'arme de la plaisanterie que si nous sommes doués d'infiniment d'esprit et de délicatesse... et doutons toujours de nous-mêmes.

La voix

Ceux qui sont doués d'une voix douce ont reçu un grand don de la nature. Ils sont tout-puissants au foyer pour le bien. Un mot tendre, une parole consolante dite de cette voix flexible et harmonieuse a bien plus de prix et d'accent, elle remue délicieu-

sement le cœur et, dans les crises sombres de la
vie, elle fait entrer comme un rayon dans l'âme
obscurcie.

Si vous êtes né avec une voix douce, gardez-la
donc comme la prunelle de vos yeux; si vous avez
reçu en naissant un dur organe, essayez de l'assou-
plir. Il faut veiller sans cesse sur sa voix, la maintenir constamment sur le ton juste et, par surcroît,
on obtient un grand empire sur ses passions.

Si légitime que soit votre ressentiment, si grave
l'offense qu'on vous ait faite, exprimez le reproche
ou votre peine d'une voix mesurée, sans âpreté. Ce
merveilleux instrument ne souffre pas d'être mal-
mené une seule fois; une parole brève, sifflante,
mordante, en voilà assez pour fausser à jamais l'organe.

Veillez bien sur la voix des enfants. C'est dans
leurs disputes au milieu des jeux qu'elle perd sa
douceur, son harmonie. Écoutez les garçonnets et les
fillettes, au moindre mécontentement contre leurs
camarades, ils grognent ou pire, peut-être, ils ripostent d'un ton sec qui claque comme un coup de
fouet... qui blesse autant. Alors, plus tard, à la
première discussion conjugale, le jeune homme ou
la jeune femme dont la voix s'était adoucie dans les
paroles d'amour, retrouvera ce ton... coupant, dont
l'autre n'oubliera plus jamais le son et qui aura peut-
être détruit tout bonheur.

Une voix douce, c'est un chant d'oiseau dans la

maison, c'est au cœur, ce que la lumière est à l'œil : la lumière n'a-t-elle pas ses ondes et ses vibrations, comme le son? — Il n'est pas, pour la femme, de qualité plus charmante. O vous toutes qui me lisez, méditez le vieux proverbe : « C'est le ton qui fait la chanson. » Une bonne parole, pour avoir toute sa valeur, doit être dite d'une voix douce ou au moins affectueuse; un reproche juste, une plainte ne pourront blesser si on ne leur donne ni un accent de colère, ni un accent de dédain ou de mépris.

Pour mériter le renom d'une personne bien élevée, on parle d'un ton poli, aimable, on diminue le volume de sa voix, etc. Pourquoi négliger ces ménagements au foyer? Une femme parlera avec douceur, avec tendresse à son mari, à ses enfants; si elle a des observations, des représentations à leur faire, s'il lui faut gronder, ce sera encore d'un accent où l'on sente l'affection sous la tristesse et l'étonnement.

On surveillera également sa voix et son ton pour parler aux domestiques, à tous ceux dont on approche, et cette voix mesurée aura pouvoir sur tous. — Je n'entends pas dire qu'on doive parler d'une voix uniforme; ne supprimez aucune inflexion, sauf celle de la colère. Il y a des voix froides et blanches qui font frissonner.

Dans les grands mouvements de l'âme, la voix éclate sans doute, mais qu'importe, si la douleur ou l'indignation généreuse ne lui communique pas

7

cet accent grinçant, mauvais, qu'on s'est habitué à
réprimer dès l'enfance. La voix, au reste, ne doit
être ni trop basse, ni trop élevée, ni sourde, ni ai-
guë. On peut corriger sa voix comme tout autre
chose.

Dans la discussion, ce n'est pas la déclaration
d'une opinion contraire à la nôtre qui blesse notre
fierté, c'est le *ton* de dogmatisme ou de supériorité
de l'adversaire, le manque de sympathie, d'appré-
ciation, de respect pour nos propres idées, le mépris autant exprimé par le *son de la voix* que par
les paroles.

La vérité serait presque toujours acceptée, si la
fermeté et la clarté du discours étaient soutenues
par une voix douce ou au moins modérée, laquelle,
autant que les mots, témoignerait d'une certaine
considération pour l'interlocuteur, en même temps
qu'elle indiquerait la bonté et la modestie de celui
qui parle. Dans ces conditions, on pourrait discuter,
sans violer aucune loi de la *vraie* politesse, celle du
cœur.

Dans les salons où l'on se pique de bonnes manières, tout le monde parle d'une voix peu élevée,
mais très distincte. On s'attache à bien prononcer
chaque mot, et si l'on a un défaut de prononciation,
on s'étudie à le détruire ou à l'atténuer, ce qui est
toujours possible, avec un peu d'attention, de volonté et de travail.

LES DINERS

Règles gastronomiques.

Les gens qui donnent à diner peuvent avoir la sobriété des anachorètes, ils sont tenus d'être savants en art culinaire. Au dernier siècle, le duc de Richelieu et la marquise de Créqui étaient les gens qui mangeaient le moins et qui étaient les plus renommés pour la perfection de leurs soupers.

Nous n'entendons pas dire qu'il faille composer les dîners à la façon de Lucullus ou d'Héliogabale. Ce dernier, fou couronné, faisait figurer, sur sa table, au même repas, six cents cervelles d'autruche. Cet exemple suffira à démontrer l'absurdité de sa somptuosité gastronomique. — On reçoit les gens selon sa situation de fortune, simplement si l'on n'a que des ressources limitées, mais cette simplicité n'exclut aucunement une certaine recherche et des soins minutieux dans la préparation des plats. Ce souci du bien-être de ses hôtes est le fait des personnes généreuses et bien élevées.

C'est peut-être le cas de dire, ici, qu'on fait bien de ne pas former de relations très intimes avec des gens qui sont dans une position de fortune très au-dessus de la sienne. En ce qui regarde les dîners, ou il faudrait se condamner au triste rôle de para-site, ou se mettre dans l'obligation de dépasser le chiffre de son budget pour rendre les politesses qu'on aurait reçues. Et encore n'arriverait-on pas à « faire les choses convenablement ». Il est bon de réfléchir avant de s'asseoir à la table des autres.

On doit penser qu'on aura toutes les peines du monde à traiter à son tour, selon leurs habitudes, les gens accoutumés à une chère à la fois délicate et plantureuse ; qu'on ne réussira qu'à étaler sa médio-crité et souvent qu'à se couvrir de ridicule, n'étant nullement agencé pour recevoir dans les mêmes conditions de luxe ou d'élégance.

Cela posé, nous dirons qu'on ne néglige aucun frais compatible avec ses moyens, lorsqu'on offre à dîner, même à des amis très intimes, même à des parents. Il y a des recherches qui ne coûtent qu'un peu d'ingéniosité, de peine et d'attention.

Pour commencer, il faut composer son menu avec un esprit de suite et de logique, qui manque à quel-ques maîtresses de maison, en cette partie impor-tante de la vie matérielle. C'est-à-dire qu'on tien-dra compte de la saison, et qu'on variera les mets pour ne pas fatiguer ses convives par une uniformité d'où peut naître, outre l'ennui... l'indigestion. Par

paresse d'esprit, il ne faudrait pas donner à quelqu'un, qu'on aurait invité ou retenu à dîner, le repas
que fit servir une dame du dix-huitième siècle à des
amis bien connus pour leur sagacité gastronomique : côtelettes de mouton, rognons et gigot du
même animal, œufs brouillés, au jus de l'éternel
quadrupède. Irrités de cette monotonie, les convives
chantèrent au dessert :

— Eglé nous croit bergers.

Ces invités-là manquaient d'urbanité, mais assurément l'amphitryonne à l'imagination inféconde
ou à l'indolence impolie méritait cette leçon.

L'étiquette du dîner.

Les convives ont été invités huit jours d'avance,
au moins, de vive voix ou par écrit. Dans ce dernier cas, qu'ils acceptent ou qu'ils refusent l'invitation, ils doivent faire savoir immédiatement à
l'amphitryon s'il peut, oui ou non, compter sur eux.
Si on refuse, on glisse quelques mots de regrets,
se plaignant de la nécessité où l'on est de se priver d'une soirée agréable, et on remercie. Il arrive
encore qu'après avoir accepté une invitation on
soit forcé de la décliner; il faut alors prévenir tout
de suite la personne chez laquelle on devait dîner
qu'on est dans l'impossibilité de tenir son engage-

ment. On donne sa raison et on témoigne également ses regrets.

Le refus ne dispense nullement de la visite dans
les huit jours, — comme nous l'avons déjà indiqué.
L'intention vaut la réalité, en cette circonstance,
comme en une foule d'autres.

Les invités arrivent quelques instants (dix minutes) avant l'heure fixée, jamais après. — Les
maîtres du logis sont au salon pour recevoir leurs
hôtes. Dans une maison bien ordonnée — même
si l'on y dispose de ressources restreintes — les
apprêts d'une réception sont toujours combinés de
telle sorte qu'à l'heure de cette réception il ne reste
à se préoccuper d'aucune chose.

Hôtes et invités sont en grande toilette du soir :
les hommes en habit et pantalon noir, cravate blanche, gilet blanc ou noir de forme croisée, gants
mastic ou blancs, souliers fins. Les femmes en corsage
à demi décolleté, jupe à traîne (il y a de classiques
robes de dîner, comme il y a des robes d'opéra...
d'avent et de carême). Ou bien, si on est reçu chez
des amis, en petit comité, dans des familles qui ne
peuvent, ou veulent pas admettre toutes ces cérémonies, on revêt sa plus belle toilette de ville.

Au moment où sonne l'heure du dîner, le maître
d'hôtel, ou la simple bonne, ouvre les doubles bat-
tants de la porte du salon et prononce gravement le
sacramentel : « Madame est servie. » Les hommes
s'en vont alors vers la dame à laquelle ils doivent

offrir leur bras. Cette dame, à laquelle ils ont été
présentés, le plus souvent, leur a, au moins, été
désignée par le maître de la maison, qui sait près
de quelle femme chaque homme sera placé à table.
Dans le cas où ce voisin et cette voisine de table seraient inconnus l'un à l'autre, pour faciliter l'ex-
pansion, ou tout au moins les mettre à même de
rompre aisément la glace, l'amphitryon ferait en
sorte de leur donner, en quelques mots, avant le
dîner, une idée claire de leur position sociale et de
leurs familles respectives. Ce procédé est à recommander très fortement. Qui ne sait les impairs qu'on
peut commettre quand on parle à des gens dont on
ignore la situation, les tenants et aboutissants ?

L'homme qui escorte une femme à table, l'y ins-
talle commodément, lui avançant ou lui reculant sa
chaise. La dame en passant devant lui s'incline légèrement ; lui salue plus profondément.

Il ne prend place qu'après l'avoir fait asseoir. Il
l'entoure des mêmes soins durant tout le repas, il
voit si elle est pourvue de tout ce dont elle a besoin,
elle est tellement prévenue qu'elle n'a jamais à demander de l'eau ou toute autre chose. Il doit encore
lui parler d'une façon aussi intéressante que possible
pour l'amuser. La dame est également tenue à faire
des frais de conversation, que son voisin lui soit ou
non sympathique. Mais nous anticipons.

Le maître du logis s'est dirigé vers la dame la
plus âgée, ou, en quelques circonstances particu-

lières, vers la plus qualifiée, et il passe le premier
avec elle dans la salle à manger. Il ne faut pas s'y
tromper, de même qu'à table on sert les femmes
étrangères avant la maîtresse de la maison, de même
elles doivent prendre le pas sur elle. Cela n'empêche nullement cette dernière de demander le bras
du convive le plus âgé ou le plus qualifié; toujours
par suite de cette courtoisie généreuse qui place les
femmes au-dessus des hommes.

La maîtresse de maison précédera toutefois ses
filles ou ses jeunes parentes, qui seront au bras des
hommes les plus jeunes. S'il reste des hommes sans
femmes, — c'est rare dans une réunion bien organisée, — ils viennent les derniers, comme ils peuvent.

Si une maîtresse de maison ne reçoit que des
hommes, elle passe la première, au bras de l'invité
le plus âgé ou le plus considérable.

On quitte ses gants quand on est assis, on les
glisse dans sa poche. Opération que la mode rend
parfois difficile par suite de la forme des jupes.

Avant de commencer à manger, donnons quel-
ques *articles* de la *loi de la table*, laquelle est très
belle. « Sur toute chose, le respect de l'*âme commune*
des convives doit dominer la marche de la conversation. Aucun sujet n'est de saison s'il est particulier à quelques personnes de la compagnie. Le tact
ne viole jamais cette loi, même une minute. »

Les amphitryons s'efforcent de porter la conver-

sation sur des sujets neutres, mais agréables et gais,
si faire se peut. Les arts, la littérature, les voyages, etc., fourniront la matière. On éloignera soigneusement la politique, source d'ennui pour les
femmes et de mauvaise digestion pour les hommes.

Le menu.

A Paris, le menu est plutôt délicat et varié qu'a-
bondant : dans quelques provinces, à la campagne,
c'est le contraire, mais tout dépend des ressources
des lieux, le plus souvent.

Le poisson est, pour ainsi dire, de rigueur dans
un dîner un peu cérémonieux, les habitant des ondes
étant en faveur sur les tables recherchées, depuis les
Romains.

« Le poisson, dit Montaigne, a toujours eu ce
privilège que les grands se meslent de le sçavoir
apprêter. » S'il est de belle taille, on le sert sur un
plat, dont les bords sont couverts des fleurs de la
saison ; il est accompagné de deux sauces différentes.
« C'est la sauce qui fait le poisson. »

Tel qui adore le brochet sauce hollandaise ne peut
le souffrir à la sauce blanche, et *vice versa*.

Les entrées sont composées à l'aide de viandes
de boucherie, de volailles ou de gibiers à plumes et
à poil. Le rôti, comme le poisson, est, autant que
possible, de belles dimensions. Les légumes doivent

être ceux de la saison : en hiver, des cardons, des épinards, voire des choux de Bruxelles, des céleris, etc.

Les entremets sucrés sont confectionnés avec le plus grand soin, même les plus simples d'entre eux, qui ont leur valeur, s'ils sont très fins et très délicats. Le dessert est abondant, si faire se peut ; les fruits sont très mûrs et sans tache, les compotes sans défaut. Les bonbons et les gâteaux seront parfaits ou brilleront... par leur absence.

N. B. Les hors-d'œuvre sont proscrits des diners, on ne les retrouve qu'au déjeuner et, là, ils regagnent le terrain perdu le soir.

Voici l'ordre dans lequel se servent les plats. Après le potage, le ou les relevés : le poisson d'abord ; s'il y a un autre relevé, filet de bœuf par exemple (ou simple pièce de bœuf), il ne vient qu'en second lieu. Les entrées après : deux pour un relevé, quatre pour deux relevés. Elles se composent de ragoûts, tels que des poulardes à la financière, des salmis de perdreaux, des ris de veau piqués sur une litière de chicorée, de lièvre en civet, etc., etc. Puis les rôts, — car on en sert jusqu'à trois (mais un seul suffit) : gélinottes de Russie, écrevisses à la bordelaise, jambon d'York à la gelée (ou un simple poulet, bien blanc, bien tendre) — La salade. Les légumes, un ou deux. Les entremets sucrés, deux ou quatre... ou un seul. — Les glaces (elles ne sont pas indispensables). Le dessert : on offre d'abord les fruits crus, puis les compotes, les confitures ; viennent après les gâteaux, les bonbons et les fruits confits.

Les vins sont présentés dans l'ordre suivant : après le potage, le vin de Madère, ou le vin du Cap, ou le vin de Sicile, — ou le vin ordinaire. Pendant le premier service, les deuxièmes crus de Bordeaux ou de Bourgogne, — ou continuation du vin ordinaire. Avant les rôtis, les vins de Château-Yquem ou du Rhin (nullement obligatoire). Pendant le second service, les grands crus de Bordeaux ou de Bourgogne (ou du vin un peu supérieur à l'ordinaire).

Avec les entremets sucrés le vin de Xérès ; pendant le dessert les vins de Muscat, d'Alicante (blanc), de Malvoisie, de Constance, de Tokay, etc., — ou de Grenache, de Banyuls, etc.

Dans biens des maisons, les vins de Champagne secs et doux sont présentés dès le début du dîner, frappés ou non frappés, — quelques personnes ayant l'habitude d'arroser tout leur repas de ce vin pétillant.

Ajoutons bien vite, — mais il fallait donner des renseignements pour tous les goûts et pour tout le monde — que, dans les maisons où l'on a de véritables traditions gastronomiques, les vins sont parfaits, mais non variés à l'infini. Vin du Cap, deux sortes de vins de Bordeaux et deux sortes de vins de Bourgogne (plus d'un convive ne supportant que l'un ou l'autre), du vin de Chypre et, à la fin, le

dessert presque terminé, du vin doux de Champagne, cette étincelante boisson du vieux sol gaulois
semblant indispensable pour bien terminer un dîner
français.

Et dans cette dernière énumération des vins, on
peut encore supprimer le vin du Cap, un des vins
de Bordeaux, un des vins de Bourgogne et le vin de
Chypre. — Nous précisons afin qu'on sache bien
qu'une grande situation de fortune n'est pas indispensable pour pratiquer les usages du monde.

Disons, également, que le dîner se compose presque
toujours d'un nombre de plats beaucoup plus mo-
déré que le menu donné tout à l'heure.

Après le potage, un seul relevé; le plus souvent
une seule entrée; parfois deux rôts : rôti chaud et
rôti froid, mais un seul est adopté, de plus en plus,
et, dans ce cas, c'est toujours un rôti chaud. Un
légume, un entremets sucré *ou* une glace. Comme
dessert, deux compotiers de fruits et deux assiettes
de petits fours, le plus souvent.

Le couvert.

Le service de table est très luxueux aujourd'hui,
mais il est entendu que, sur ce point comme sur
bien d'autres, on se base sur ses ressources et non
sur la mode. On peut se passer de choses coûteuses

ou artistiques. Le service de table requiert tous les
ustensiles nécessaires pour manger avec la propreté
de civilisés ; mais ces ustensiles peuvent être fort
simples — ce qui ne les empêche pas d'être gracieux,
au reste, et on peut les demander à des matières
très ordinaires. Toutefois, il est une élégance à la
portée de tous, un luxe indispensable : c'est la blan-
cheur immaculée du linge qui peut être un peu
rond, mais bien uni et fleurer bon, la netteté exquise
des cristaux ou de la verrerie et de tous les autres
ustensiles qui servent à manger. C'est encore la
bonne ordonnance du menu, si simple qu'il soit
et la disposition symétrique du couvert. Il est rare
qu'on ne possède pas quelques fleurs, un peu de
verdure ; on en ornera la table la plus modeste, pour
charmer l'œil du convive. Il est essentiel encore que
les invités aient tous les coudées franches, au sens
littéral du mot ; la table sera suffisamment longue,
aussi large que possible également, afin qu'on puisse
y disposer, en bel ordre, sans presse ni confusion,
tout ce qui compose le service.

L'assiette réservée à chaque convive est disposée
entre la fourchette (placée à gauche) et la cuiller et
le couteau qui occupent la droite, le dernier appuyé
sur un porte-couteau en cristal ou porcelaine. Elle
est précédé de cinq verres (ou de trois ; si trois, on
les arrangera en triangle) : un grand pour y mé-
langer le vin ordinaire à l'eau (ou le boire pur), un
second de dimensions spéciales pour le vin de Ma-

dère (si on boit du vin du Rhin, on supprime le vin de Madère et le verre qu'il exige), le troisième pour le vin de Bourgogne, le quatrième pour le vin de Bordeaux, le cinquième, flûte ou coupe, pour le vin de Champagne — en bien des maisons, la flûte prévaut. Pour les vins de Grèce, de Sicile, de Château-Yquem il faut un tout petit verre en cristal décoré ; le vin du Rhin *exige* un verre de la couleur verte de ce fleuve.

Le bord de la table, où se trouvent disposés assiettes et verres, est seul parfois dégagé de fleurs. La nappe disparaît sous les roses serrées, d'où émergent les candélabres à branches nombreuses, cet éclairage (nullement obligatoire) ayant détrôné la lampe suspendue. Dans les maisons luxueuses, si l'on se contente d'un surtout fleuri, où l'on relie les candélabres par des guirlandes, le linge est très beau, quasi précieux. A une Saint-Hubert, la nappe et les serviettes, brodées en couleurs, représentent une chasse ; le surtout est garni de houx aux baies rouges. A un dîner de noces, des cordons de fleurs d'oranger, sur la nappe, damassée d'amours et de roses.

La décoration de la table change selon les caprices de la mode, mais le beau linge ne passera jamais. Le beau linge doit être vu, c'est pourquoi je préfère des guirlandes de fleurs légères aux parterres serrés qui dissimulent tout.

La soupière ne paraît pas. Le potage est servi

dans chaque assiette avant l'entrée des convives dans la salle du repas. Si le menu comprend deux potages, les assiettes sont vides et les serveurs les remplissent après avoir demandé le goût de chaque convive. La serviette, pliée en deux simplement (on a renoncé aux pliages savants qui exigeaient de longues manipulations, répugnantes pour les gens délicats), gonflée par le petit pain, est placée à côté de l'assiette remplie de potage. Devant chaque convive, le menu, proprement écrit sur une carte Bristol, portant, à l'angle, une fleur nouée par un ruban étroit, — ou peint, très élégant, très artistique (on l'emporte pour composer des collections). Au dos de la carte, le nom du convive; c'est ce dos qui est tourné vers l'assiette.

Dès qu'on est assis, on fait faire volte-face au menu. (Si on oubliait cette cérémonie, il n'y aurait là aucune inconvenance.) Entre chaque convive, une petite salière ou un saleron en cristal rose ou blanc en forme de cœur pourvu d'une très petite pelle à sel, et une carafe, vin et eau alternés. La carafe à vin est à portée du convive masculin, qui a la charge de servir la dame qu'il a *menée* à table. Il lui offre toujours de l'eau, une femme ne prenant jamais, sauf au dessert, que du vin *trempé*. Les vins fins ne paraissent pas sur la table, ils sont couchés dans un panier, la bouteille enveloppée d'une carapace d'argent filigrané, ou cachée sous une jolie couverture qui en dissimule l'aspect déplaisant et poussiéreux, et les domestiques les présentent à chaque convive en les nommant.

Chez les milliardaires, on change la fourchette et le couteau après chaque mets, comme on fait pour l'assiette. Mais quand on ne possède pas leurs wagons d'argenterie, cette étiquette n'est de rigueur absolue qu'après le poisson.

Ces mêmes milliardaires ont fait inventer un couvert spécial à poisson — fourchette et couteau ; et beaucoup de personnes, soucieuses de manger selon les lois de l'élégance, abandonnant sur leur assiette d'excellentes parties de petits crustacés, homards, écrevisses, apportés dans leur carapace, et dont elles n'auraient pu extraire la chair qu'à la condition d'y porter les doigts, il a fallu que l'ingéniosité des orfèvres de notre temps concilie les exigences du savoir-vivre avec les satisfactions de la gastronomie. On a donc inventé le *casse-pattes* et le *cure-pattes* en argent ou en métal argenté, grâce auxquels il est possible de consommer tout de ces poissons si aimés des gourmets. On a encore des fourchettes particulières pour manger le melon, des cuillers de forme déterminée pour manger la glace, etc., etc. Mais on n'est pas forcé d'entrer dans cette voie de luxe, quand les ressources ne permettent pas de le faire.

Le service de table, de plus en plus compliqué, exige désormais beaucoup de place, car on crée, chaque jour, des accessoires nombreux, qui sont

déclarés indispensables. On ne peut manger les huîtres dans une assiette ordinaire : on a imaginé une
assiette divisée en six segments, lesquels segments
ont forme de coquilles et sont ornementées de dessins *ad hoc*. Au centre, un rond creux pour le citron. Il y a des coupes spéciales à citron et à coquil-
lages; des coupes pour les arêtes. Ah! par exemple,
ces dernières sont d'un superflu qui devient encom-
brant. Toute personne qui sait manger range les
arêtes vers le bord supérieur de son assiette, pour
conserver libre de détritus le côté placé devant
elle.

Beaucoup des inventions inutiles sont originaires
d'Angleterre, où le confort menace de devenir plutôt
une gêne et absorbe un temps que les peuples
rêveurs ou artistes préfèrent employer d'autre façon.
Toujours penser aux côtés matériels de l'existence,
se créer sans cesse des besoins nouveaux, ce n'est
pas, dans tous les cas, le fait des nations qu'un
beau ciel fait vivre beaucoup en dehors de la maison.

Si on a un maître d'hôtel, il découpe toutes les
pièces et les passe aux convives ou les fait passer
par les serveurs sous ses ordres. Dans ce cas, les
plats (poisson, rôtis, disposés avec art) sont apportés devant la maîtresse de la maison, pour être exposés, en leur entier, à la vue des invités. Ils sont
enlevés après deux secondes d'exhibition et dépecés
sur une crédence. Si le maître de la maison découpe,

il remet le plat au domestique qui le passe à chaque
convive.

A l'entremets sucré, on apporte aux invités une
assiette moins large, supportant un couvert mignon
et deux couteaux : un à lame d'acier, l'autre à lame
d'argent (pour les fruits), de petites cuillers pour
manger les confitures, les préparations molles.

La table a été débarrassée des salerons et autres
ustensiles désormais inutiles qui pouvaient y avoir
pris place ; les domestiques ont fait tomber (à l'aide
d'une brosse élégante), toutes les miettes de pain,
qui se recueillent dans un ustensile spécial. Le fromage ne figure jamais sur la table. Le domestique
le présente à chacun après l'entremets sucré.

En revanche, tous les plats du dessert sont admis
se faisant pendant, dès le début du dîner.

On change les assiettes à dessert après l'entremets, puis autant de fois qu'il est nécessaire.

Encore la loi de la table.

Les maîtres du logis ne font aucune réflexion sur
la qualité des vins et des plats. Ils ont mis tout en
œuvre pour obtenir des mets et des vins parfaits,
le cas ne doit pas se présenter d'avoir à s'excuser
auprès des convives ; vanter son dîner serait encore
plus ridicule et moins délicat. Si on a pris les

soins nécessaires, tout se passe sans encombre, et l'on jouit silencieusement de son succès.

Nous avons dit que lorsqu'on a des invités, on ne vante jamais aucun des plats qui paraissent sur la table, ni les vins, fussent-ils les plus précieux du monde. Si on sert des primeurs, un monstre marin, des raisins de Perse ou des fruits exotiques, on se garde bien de dire à ses convives : « Ces fraises me coûtent telle somme ; j'ai payé cet esturgeon les yeux de la tête », etc.

D'autre part, si le dîner n'est pas réussi, si les plats sont manqués, les invités *ne doivent pas s'en apercevoir*. On mange bravement de ce qui est offert comme si c'était très bon ; c'est un si petit effort à faire pour ne pas ajouter à la confusion des maîtres du logis. En Angleterre, on raconte encore avec admiration qu'un grand seigneur français de l'autre siècle, habitué à une chère exquise, dînant à la table d'un bourgeois de Londres, avala sans sourciller et déclara excellent un affreux breuvage qu'on lui avait présenté comme un vin rare, le domestique ayant pris une bouteille pharmaceutique pour le flacon de nectar. Par contre, la cour d'Autriche n'a pas oublié les incartades de Guillaume II de Prusse à la table de François-Joseph. Trouvant le menu écrit en français, le Kaiser se retourna sans vouloir le lire. Le même soir, l'archiduchesse Stéphanie, offrant le café dans le salon de famille : « Avec du lait, lui dit l'empereur allemand ; le café noir, c'est bon pour les peuples latins. Les races supérieures se gardent de la nervosité. » Or, l'archiduchesse Stéphanie, fille du roi des Belges, est de race latine. L'impératrice Elisabeth frémissait d'impatience.

Il y a aussi des invités qui ont l'air de manger du *bout des dents*, comme si le repas qu'on leur fait faire était trop grossier pour leurs habitudes de délicatesse. Il s'agit souvent de mets ordinaires, mais excellents, que tout le monde a mangés, que tout le monde mange, les milliardaires, eux-mêmes, se faisant bien servir parfois un simple gigot rôti et lui trouvant du mérite après des ortolans.

D'autres disent d'un air complaisant : « Mais si, c'est très bon », répondant à une remarque de la maîtresse de la maison qui offre un gâteau de sa fabrication, avec la crainte qu'on ne le trouve pas très fin. Mais un quart d'heure après, l'invitée reparlera de la pièce de pâtisserie, racontera qu'elle la demande parfois à sa cuisinière, que celle-ci la réussit en perfection ; que c'est exquis, que c'est d'une finesse, etc. Ce discours est une critique, il établit une comparaison désavantageuse à l'égard du gâteau servi. C'est sot ou méchant. Il est facile de se taire en ces occasions, quoi qu'on pense.

J'aime peut-être mieux ceux qui font une remarque désobligeante tout crûment : « Mon vin vaut mieux que le vôtre. » « Votre café n'est pas très odorant, le mien est bien supérieur. Il est vrai que je le paye six francs la livre. » Mais je n'engagerai personne à imiter cette franchise un peu brutale.

Le service.

Le service doit se faire sans bruit d'aucune sorte et avec beaucoup d'adresse. Qu'y a-t-il de plus désagréable pour les convives que le bris de la porcelaine ou des cristaux et la chute de l'argenterie, si ce n'est d'être inondé par une sauce ou par une crème? Quand on a des domestiques nouveaux, en l'habileté desquels on ne peut se confier les yeux fermés, il est bon de leur faire exécuter quelques répétitions du service avant le jour du dîner. Enfin, encore une fois, on prendra tant de précautions et de soins que tous les incidents désagréables ou grotesques ne pourront se produire.

On leur enseigne que la première dame servie est celle qui est assise à la droite du maître du logis, la seconde, celle qui est placée à sa gauche et ainsi de suite, en suivant l'ordre des places.

Les jeunes filles invitées sont servies avant la maîtresse de maison, à moins qu'elles ne soient de jeunes parentes, de petites amies très intimes, et si la dame du logis a atteint au moins un certain âge.

La maîtresse de la maison est servie avant les hommes; cependant il peut se trouver un vieillard parmi eux. Si la maîtresse de la maison est encore jeune, avec une prévenance en quelque sorte filiale, elle lui fera présenter le plat avant elle, que ce soit un homme du monde ou non ; mais si le vieillard exige qu'elle se serve la première, elle obéira simplement, pour ne pas lui déplaire.

Les lois, comme on voit, ne sont pas toujours applicables dans toute leur rigueur, et qui veut mériter le nom de personne bien élevée doit pratiquer l'art des nuances.

Le premier convive masculin servi est celui qui est à la droite de la maîtresse de la maison, etc.

Les domestiques doivent présenter le plat à la gauche du convive — assez bas pour qu'il puisse se servir facilement — et lui offrir la saucière de l'autre main. (Si on peut avoir deux domestiques ou serveurs, l'un offre le plat, l'autre présente la saucière. De même à l'entremets, l'un passe la crème, par exemple, l'autre les gâteaux avec lesquels elle se mange.)

Chaque plat doit être suffisamment abondant, car il est toujours présenté *deux* fois aux convives.

Le domestique offre les vins en les nommant d'une voix basse, mais distincte. Il doit accorder assez d'attention à tous les convives pour arriver au moindre signe que peut lui faire l'un d'eux, pour lui demander du pain ou toute autre chose.

Ce domestique porte des souliers fins pour faire le moins de bruit possible et des gants de coton blanc. Une femme de chambre a les mains nues.

Avons-nous dit que la salle à manger doit être très éclairée, même en été, et qu'alors, on ferme volets ou persiennes, pour faire croire à l'obscurité du dehors, ou plutôt pour que la lumière naturelle ne lutte pas, en l'atténuant, avec la lumière artificielle ?

Dans la chaude saison, on entretient dans cette pièce une grande fraîcheur ; en hiver, on la chauffe doucement, l'illumination et la chaleur des mets augmentant l'élévation de la température.

Pas d'ablutions à la fin du repas. Se rincer la bouche à table, mais c'est horrible et dégoûtant ! Encore moins utile de se laver les doigts *qui n'ont touché que le pain,* pendant tout le repas, ce qui ne constitue pas une souillure.

Nous avons déjà dit que le maître de la maison découpe parfois lui-même (lorsqu'il n'a pas de maître d'hôtel).

Il peut arriver qu'il soit obligé aussi de déboucher et de verser son vin lui-même.

En conséquence, il doit savoir qu'il lui faut verser dans son verre les premières gouttes du vin de la bouteille qu'il débouche. Il agit ainsi par pure courtoisie, véritable compréhension de l'hospitalité. Ces premières gouttes, qu'il se réserve, entraînent avec elles ce qui peut se trouver de poussières, de particules, de bouchon, de cire sur le goulot et, ainsi, le vin versé aux invités est entièrement débarrassé de ces petits détritus qu'il est désagréable d'apercevoir

au fond de son verre. Quand le vin est versé par un
serveur, celui-ci prend tous les soins possibles en
procédant au débouchage ; il essuie le goulot de la
bouteille.

Mais l'usage, pour l'hôte, de verser dans son verre
les premières gouttes du vin doit dater du moyen
âge, quand il buvait le premier l'hypocras, pour prouver à ses convives que la boisson n'était pas empoi-
sonnée.

Pour servir le vin, on prend le corps de la bouteille dans sa main, assez haut, afin que l'index
puisse s'allonger sur le col du flacon. Il ne faut jamais
saisir la bouteille par le fond, cela est réputé à grossièreté.

Comment on mange.

Lorsqu'on a du monde à dîner (et en tout temps,
du reste), que l'on fasse servir le potage d'avance
ou qu'on le serve soi-même, ou — s'il y en a deux
— que le domestique vienne demander à chaque
convive lequel il préfère, il ne faut jamais remplir
l'assiette à soupe ; les trois quarts d'une grande
cuillerée à potage, telle est la mesure suffisante, et
on peut encore la réduire.

Un convive ne doit pas redemander de potage.
L'usage, comme presque toujours, a ses raisons sé-

rieuses d'exister. Une trop grande quantité absorbée de ce mets, presque liquide, chargerait l'estomac, le remplirait immédiatement et le rendrait incapable de recevoir d'autres aliments.

Il reste toujours un peu de potage au fond de l'assiette, par la raison qu'on ne peut incliner celle-ci pour recueillir jusqu'à la dernière goutte du potage et encore bien moins verser ce qu'elle peut encore contenir dans sa cuiller... comme font quelques personnes, pour ne rien perdre.

Il serait bon d'observer ces règles en famille, afin de ne jamais se laisser emporter, dans le monde, par ce qu'on appelle si justement la force de l'habitude.

Quand on a fini de manger son potage, on laisse sa cuiller dans l'assiette.

Je ne ferai pas à mes lecteurs l'injure de leur recommander de ne pas porter les os à leur bouche. On détache proprement et habilement la viande qui y adhère au moyen de la fourchette et du couteau et, s'il le faut, on abandonne les parties qui viendraient trop difficilement. On ne prend pas non plus son couteau par la lame pour trancher avec plus de force, en soutenant d'une main l'os, qu'il est recommandé de ne pas toucher. Le couteau n'est jamais saisi que par le manche et, encore une fois, on ne touche absolument que le pain avec ses doigts.

On opère en croisant le couteau sur la fourchette

et sans que celle-ci pique la viande. On ne coupe
que *morceau par morceau*, un à la fois, à mesure
qu'on mange. Ce morceau ne doit être ni trop gros
ni ridiculement petit. On rassemble un peu de sauce
à l'entour avec l'aide du couteau et, au moyen de la
ourchette qui est alors autorisée à piquer ce petit
morceau détaché du gros, on le porte à la bouche de
la main gauche. Pendant que la fourchette est seule
en jeu, pendant qu'on mange, le couteau n'est pas
abandonné de la main droite. La raison en est que
son rôle va bientôt recommencer puisqu'on ne coupe
qu'un morceau à la fois. Le reprendre et le déposer
sans cesse serait fort ennuyeux et très inélégant,
très long aussi. Les os dont on a détaché la viande
sont rangés, à mesure qu'on les a dénudés, vers le
bord supérieur de l'assiette pour en laisser libre le
centre et aussi le bord le plus rapproché de la personne qui mange.

On va dire : les deux mains étant occupées à la
fois pour la viande, comment manger du pain en
même temps? —Il est vrai que cette façon de manger
la viande a pour résultat de faire absorber moins de
pain. Mais enfin, on s'interrompt bien, de temps en
temps, dans l'exercice que nous venons de décrire,
pour manger quelques bouchées de pain, aussi.

Nous avons dit qu'il y a aujourd'hui des couverts
spéciaux pour manger le poisson : fourchette et couteau à lame d'argent. Mais on ne trouve pas ces couverts, ni les cure-pattes en toutes maisons.

Où ils n'existent pas, on ne se servira *que de sa fourchette* pour manger le poisson, on s'aide d'une bouchée de pain tenue de la main gauche, et on procède adroitement pour éviter les accidents. Il vaut mieux ne pas manger de pain avec le poisson.

Les écrevisses elles-mêmes ne peuvent être touchées avec les doigts, ni même les crevettes.

Après avoir mangé le poisson, on ne dépose pas le couvert spécial — ou sa fourchette ordinaire à côté de son assiette, mais bien dans cette assiette, afin que l'un ou l'autre soit changé en même temps.

Toutefois, si l'on s'apercevait que le service de table de la maison où l'on se trouve, à titre d'invité, ne comporte pas le changement de fourchette, on n'aurait pas l'air de s'étonner, on reprendrait la fourchette laissée sur l'assiette et on la reposerait tout doucement sur la table.

On prend avec la viande, le poisson ou les légumes, une quantité modérée de sauce, le menu d'un dîner en ville étant relativement considérable, on ne peut manger beaucoup de chaque chose.

On sert rarement des artichauts entiers (munis de leurs feuilles) dans un dîner autre que celui de famille. L'ustensile n'est pas encore inventé, je crois qui permettrait de détacher les écailles de ce bon légume sans le secours des doigts. On ne voit donc guère figurer que les fonds de l'artichaut dans les menus.

Puisqu'on ne touche rien, il va sans dire qu'on
ne porte pas l'asperge à sa bouche, mais qu'on en
tranche l'extrémité verte à l'aide du couteau et de la
fourchette (de la fourchette seule si elle suffit à trancher), que cette pointe est introduite dans la bouche
avec le secours de la fourchette.

Des gens ont critiqué cette façon de faire et ont
prétendu que c'étaient là « des manières à l'anglaise ».

L'usage de trancher les asperges avec le couteau
est non une mode anglaise adoptée d'hier, mais une
très ancienne habitude française. On en trouverait
la preuve dans les moqueries d'une marquise française du dix-huitième siècle, au sujet de la façon
dont l'Américain Franklin mangeait toutes choses
— et notamment les asperges — quand il fut envoyé
à la cour de France, en qualité de plénipotentiaire :
« Il mordait dans les asperges au lieu d'en trancher
la pointe avec son couteau sur son assiette et de la
manger *proprement* à la fourchette; vous voyez que
c'était une manière de sauvage. »

Je n'approuve certes pas la grande dame qui traite
de sauvage un homme qui honora beaucoup sa
patrie et l'humanité; il ne possédait pas les manières de ceux qui avaient été élevés sur des genoux
de duchesse, mais pour ne pas savoir manger les
asperges *à la française*, il n'en restait pas moins
un grand moraliste, un grand citoyen et l'inventeur
du paratonnerre. Si j'ai tiré cette raillerie absurde
de l'oubli où elle devait être laissée, c'est pour prouver

qu'on se trompe lorsqu'on attribue aux Anglais les élégantes et bienséantes façons de manger.

Je ne me troublerais pas du tout si je voyais un homme de génie et même un homme ordinaire porter une asperge à sa bouche à l'aide de ses doigts et y mordre à pleines dents ; mais si cet homme me demandait un conseil, je lui dirais : « Votre mérite ne serait en rien diminué pour apprendre à manger ce légume selon les règles du « bel air », qui sont devenues celles du « chic. » Et je pense qu'il serait assez intelligent pour se soumettre à l'usage... *français*.

Mais, du reste, pour trancher la question, sans doute, on vient d'inventer une petite pince qui sert à manger les asperges et qu'on offre à chaque convive, avec l'assiette spéciale dont je vais parler. Grâce à cette pince avec laquelle on saisit l'asperge pour la porter à la bouche, on peut, si l'on veut, mordre au moins deux fois dans l'asperge.

On enlève les asperges du plat pour les déposer dans son assiette au moyen d'une pelle spéciale (ou d'une simple cuiller et d'une fourchette... celle-ci pour donner plus de facilité à celui qui se sert), ou encore à l'aide d'une pince spéciale aussi.

Il faut ajouter que, si l'on peut, on sert les asperges dans un plat spécial appelé berceau et qu'on apporte, au moment de manger ce légume, une assiette spéciale aussi. J'en signalerai une qui est charmante et d'un goût très français : en belle porcelaine blanche

à bord doré, elle est en forme de palette ; deux
asperges couleur naturelle figurent les pinceaux ;
quatre dessins blancs en relief imitent les touches
de couleurs déposées sur le bord, comme font les
peintres. Un godet, de nuance ivoire prononcé, faisant
corps avec l'assiette, est destiné à recevoir la sauce.

Elle porte, au reste, l'artistique marque G. D. à la
carte cornée.

On doit bien se garder de faire *glisser* les
feuilles de salade, du saladier dans l'assiette : elles
doivent être *enlevées*, pressées entre la fourchette et
la cuiller qui compose le couvert à salade, que chacun
connaît.

La salade ne se découpe pas dans l'assiette. En
conséquence, les maîtresses de maison doivent la
faire préparer de telle sorte qu'on ne se barbouille
pas le visage en introduisant dans la bouche des
feuilles trop grandes.

Les olives, qu'on mange en hors-d'œuvre, contiennent un noyau. On se débarrasse de ce noyau en le
déposant adroitement, discrètement, des lèvres sur
la fourchette et de celle-ci sur l'assiette.

Quelques personnes retranchent, au moyen du couteau et de la fourchette, la verdure attenant au radis,
et piquent le radis avec la fourchette pour le porter
à leur bouche. C'est excessif, peut-être, car on peut
saisir le radis par son feuillage sans se salir les doigts,
c'est-à-dire sans les poisser ou graisser, comme il
arriverait avec d'autres choses.

On ne porte jamais le couteau à sa bouche, il est donc indispensable d'avoir des couverts à dessert. Tous ces ustensiles peuvent être très simples (il en existe qui coûtent fort peu de chose et sont jolis), mais on tâchera, si l'on reçoit, et même pour la vie de famille, quand on le pourra, d'être pourvu de toutes les choses nécessaires, pour manger selon les règles du savoir-vivre. Il vaut mieux se refuser certaines superfluités et acquérir le service de table complet. Rien n'a meilleur air que cette élégance.

On ne pourrait manger le fromage sans pain, par la raison péremptoire que les petits morceaux de fromage, coupés un à un dans l'assiette, sont poussés, au moyen du couteau, sur une bouchée de pain, pour être ainsi portés à la bouche, le fromage ne pouvant être touché avec les doigts, ni transféré de l'assiette dans la bouche à la pointe du couteau. — Il ne s'agit pas, bien entendu, du fromage à la crème, qui se mange à la cuiller.

Tous les fruits se pèlent et se mangent à l'aide du couteau et de la fourchette à dessert : on divise d'abord le fruit en quartiers, s'il est offert entier ou par moitié; le quart de pomme, de pêche ou de poire, etc., est piqué avec la fourchette tenue de la main gauche, le couteau de la main droite. On enlève ainsi la pelure, au-dessus de l'assiette, puis on retranche, sur l'assiette, l'intérieur du fruit et on découpe le quartier épluché, comme on fait d'un morceau de viande, après avoir proprement repoussé vers le bord supérieur de l'assiette, pelure, pépins ou noyau, afin d'avoir toute facilité au centre de l'assiette.

On dit que l'Amérique a inventé un ustensile pour détacher le grain de raisin de la grappe ! !

Quand on mange des cerises ou tout autre fruit à noyau, qui ne se découpe pas, il ne faut pas cracher ses noyaux dans l'assiette, ni les recueillir avec la main pour les déposer dans l'assiette, mais approcher la cuiller à dessert de sa bouche, y déposer le noyau, — petite opération facile à faire avec les lèvres — et, de là, remettre le noyau dans l'assiette. Exercez-vous en famille, et vous exécuterez tous ces mouvements avec une aisance véritable et gracieuse.

Les tartes et les gâteaux se mangent au moyen de la fourchette et du couteau. Tartes et gâteaux découpés sont présentés autour de la table.

Les petits fours fondants se mangent à la fourchette.

Les petits gâteaux secs se prennent à la main, qu'ils ne peuvent pas plus souiller que le pain.

Il est inutile, je pense, de dire qu'on rompt son pain. Pourquoi ne pas le couper ? Parce que des particules de la croûte pourraient, sous l'effort du couteau, sauter dans les yeux des voisins, sur les épaules nues des voisines.

Il y a des personnes qui savent qu'elles doivent rompre leur pain et non le couper, mais qui mordent à même ce pain ou le brisent en morceaux trop gros ; cela est, pourtant, encore plus à éviter que de le couper.

Comme il faut prendre garde de commettre des maladresses, dont les voisins pourraient souffrir, on ne parle pas pendant qu'on se sert.

Lorsqu'on veut boire, le verre doit être levé avec calme et lenteur ; les doigts serrent avec grâce le pied de ce verre, — on ne prend jamais le verre à pleine main. Dans les écoles de beauté de New-York, il est prescrit de faire toucher le bord du verre aux lèvres « de la même façon que celles-ci s'avancent pour le baiser ».

On ne boit jamais d'un trait le contenu de son verre. On le repose diminué, non vidé d'un coup, du même mouvement doux et silencieux qu'on l'a soulevé.

De même qu'on n'invite jamais personne à « prendre un verre », mais bien à « prendre un verre de vin, de bière ou de liqueur », on ne dit pas : « Voulez-vous manger *un* raisin ? » mais « une grappe de raisin » ou, à la rigueur, « *du* raisin ». Il faut dire aussi : « *Du vin de* Champagne, *de* Bordeaux ou *de* Bourgogne », et non « *du champagne, du bordeaux* ou *du bourgogne* ».

La prescription de briser la coquille des œufs n'est nullement mystérieuse, à ce que je crois. On la met en pièces, afin qu'elle ne roule pas de droite ou de gauche sur les habits des voisins, qu'elle pourrait tacher.

L'œuf à la coque se mange à la cuiller.

Si l'on change le couvert avec l'assiette après chaque plat, le convive dépose couteau et fourchette dans l'assiette en ligne horizontale (façon française et très rationnelle), les manches ne dépassant pas beaucoup le bord de l'assiette, pour éviter les accidents.

Après le légume, quand on va servir l'entremets sucré, alors même qu'on n'aurait pas changé le couvert une seule fois durant la succession des plats, il est certain que l'on va le remplacer ; couteau et fourchette seront donc, à ce moment, déposés sur l'assiette, comme nous venons de l'indiquer.

On ne déplie jamais entièrement sa serviette. On l'étend sur ses genoux dans sa longueur, la laissant pliée en trois. On ne l'attache ni à sa boutonnière ni à son corsage, cela découle de ce qui précède. A la fin du dîner, l'invité dépose sa serviette auprès de son assiette sans la replier, mais il n'en forme pas pour cela un morceau trop volumineux.

Il est nécessaire d'avoir de petites pelles à sel posées en travers sur la salière ; les petits ustensiles nécessaires et divers dans les raviers qui contiennent les hors-d'œuvres ; des fourchettes dans les plats que l'on passe ; des cuillers, quand il y a lieu, etc., car jamais un convive ne doit faire usage, pour prendre quelque chose à table de son couteau personnel, pas davantage de sa fourchette.

Pour prendre le sucre, on se sert d'une pince qui doit accompagner le sucrier.

Si l'on voulait partager un fruit avec son voisin de table (cela ne se fait plus guère, on n'a qu'à ne pas prendre un fruit entier), on couperait ce fruit en deux — de la manière que nous avons indiquée et ayant demandé au domestique un couteau et une fourchette, puis laissant les deux moitiés sur l'assiette (propre), on tendrait celle-ci au voisin, en présentant de son côté la moitié pourvue de la queue, ou contenant le noyau.

Les convives ne doivent pas se croire obligés de manger de tous les plats du menu.

L'amphytrion peut les inviter à goûter tous les mets, il ne doit pas trop insister, toutefois, de crainte de gêner ses invités.

Si l'on venait à laisser tomber son couteau ou sa fourchette, on redemanderait un autre couvert au domestique ; dans les maisons où l'on craindrait qu'il n'y eût pas de couverts de rechange, ou si les gens du logis changeaient eux-mêmes les assiettes des convives, on se bornerait à ramasser l'objet tombé et à l'essuyer à l'aide d'un peu de mie de pain, qu'on déposerait sur le bord de son assiette.

On ne boit jamais dans sa soucoupe. On dépose toujours aussi dans cette soucoupe la cuiller à thé ou à café ; si on la laissait dans la tasse, il arriverait des accidents et des bris de vaisselle.

Il y a des gens qui tournent le dos à leur voisin

de droite, pour parler plus aisément à leur voisin de
gauche ou *vice versa* ; rien n'est plus impoli pour le
voisin négligé.

Il faut se tenir droit, face à la table, inclinant seulement son visage à droite ou à gauche. La raideur
est à éviter, mais on ne doit pas se pencher sur son
assiette.

Il n'est rien d'aussi sot que de refuser d'un plat
qu'on vous offre, en expliquant « qu'il ne vous réussit
pas ». On remercie simplement sans rien ajouter.
Les maîtres du logis ne doivent pas insister ; il est
aisé à comprendre que, si un invité ne veut pas
manger d'un mets, c'est qu'il a pour cela des raisons
qu'il est inutile de lui faire donner.

Si votre voisin de table est ennuyeux, prenez votre
mal en patience, un dîner est bientôt passé. Son
manque d'agrément ne vous dispense nullement de
politesse envers lui. Parlez-lui de choses à sa portée
qui puissent l'intéresser, vous vous distrairez en
même temps, et peut-être ferez-vous jaillir une étin-
celle de cet esprit engourdi.

Ajouterai-je une réflexion qui pourra paraître réa-
liste ? L'antique civilité, puérile et honnête, défendait de se moucher à table, dans sa serviette. La politesse moderne doit indiquer la façon de se moucher
à table, dans son mouchoir.

Bien qu'on ne commette pas la maladresse d'aller
dans le monde, quand on est enrhumé du cerveau,
il arrive qu'on éprouve le besoin de se moucher à

table, comme dans la solitude. Mais comme il faut toujours éviter de gêner autrui et qu'ici on pourrait exciter un mouvement de dégoût, on tirera son mouchoir de sa poche furtivement, et on s'en servira tout doucement et même sans bruit, de manière à n'éveiller chez le voisin aucune idée désagréable et naturaliste. Par la raison qu'on doit se garder d'attirer l'attention en cette circonstance, il ne faut pas se retourner, pour se moucher, comme font les ignorants de la science mondaine, lesquels agissent ainsi en vertu d'une civilité puérile et villageoise, à la façon de ceux qui regardent l'ourlet de leur mouchoir, de crainte de se moucher à l'endroit. Ce sont des choses qui vous font immédiatement *coter* dans le monde, qui vous classent tout de suite dans l'esprit des gens chics.

Le même respect des autres et la même coquetterie bien entendue empêcheront les convives de sucer leurs dents, avec une intention trop évidente de les débarrasser des particules de nourriture qui pourraient y adhérer, de passer la langue sur leurs lèvres, de se pourlécher comme des chats gourmands.

En un mot, en présence d'un étranger, d'un ami, d'une femme bien-aimée, d'un enfant, même, on veillera assez sur soi-même pour ne jamais étaler ses petites misères au grand jour.

Les femmes invitées remettent leurs gants à table, quand elles ont fini de manger.

Philippines, toasts et chansons.

A moins que l'on ne soit entre intimes, il faut
s'abstenir des *Philippines*. Ce jeu est du plus mauvais goût entre personnes qui ne se connaissent
guère, puisqu'il résulte de ce jeu une familiarité à
éviter et un présent qu'une femme ne peut accepter
d'un étranger et qu'un homme doit refuser d'une
femme.

On sait de quoi je veux parler. Un convive trouvant deux amandes dans la même coque, en offre
une à sa voisine de table. A la première rencontre,
n'importe où, ils devront se saluer du nom de Philippe et de Philippine. L'homme dit : « Bonjour, Philippine », la femme : « Bonjour, Philippe ». Celui qui
s'est laissé devancer doit un présent à l'autre.

En admettant qu'une femme n'ait pu se défendre
de prendre part à ce jeu (si le fruit double lui échoit,
elle le mange sans le montrer, sans mot dire), je ne
l'engagerais pas si elle perdait à donner au gagnant
un objet fait de ses mains, pas même une peinture
dont elle serait l'auteur, le sujet du tableau fût-il
indifférent, insignifiant.

Il ne faut pas qu'un homme puisse montrer un
objet quelconque, en ajoutant : « C'est mademoiselle ou madame une telle qui m'a fait cela. »

On donne un porte-cigarettes, un coupe-papier, un encrier, etc., qu'on a acheté, ou un livre. On se gardera bien de faire de ses mains une blague à tabac ou toute autre chose.

Un homme ne peut offrir que des fleurs à la gagnante.

Je qualifierai de *touchant* un autre usage qui avait été un peu abandonné, mais qui renaît de ses cendres, comme une foule de choses qui ne peuvent pas périr. Je veux parler du *toast* ou, en termes français et meilleurs, de l'entre-choquement des verres en portant une santé. Ce moment n'est pas sans solennité, il y a *reliement*, communion entre les convives. Grâce à une pensée de sympathie humaine ce doit être sincèrement, — car il y a la contagion du bon mouvement, — au moins pour une minute, que les cœurs s'unissent pour ratifier le souhait généreux formulé par l'un des convives, et, si l'on y regardait bien, on verrait se peindre une émotion, peut-être fugitive mais réelle, sur tous les visages, pendant que les verres se lèvent, quand ils tintent avec un bruit musical, en se rencontrant les uns avec les autres.

Le toast doit être simple et court, à moins qu'il ne s'agisse du monde officiel, où nous n'avons pas à pénétrer et où les toasts sont le prétexte d'un discours.

Si l'amphitryon comptait au nombre de ses invités un convive d'un mérite reconnu ou d'un rang élevé, il porterait sa santé avant celle d'aucune

autre personne; car, en général (et c'est très hos-
pitalier), c'est l'hôte qui propose les toasts, l'initiative n'appartient aux invités que si l'on se trouve
réuni pour fêter l'anniversaire de l'amphitryon, un
succès qu'il a obtenu, un bonheur qui lui est survenu. Alors, la santé de la maîtresse de la maison
n'est jamais oubliée non plus. Comme toutes les
autres dames, auxquelles on porte des toasts, celle
du logis se borne à s'incliner et laisse son mari, ou
son fils ou son père, riposter en son nom.

Un convive ne se permettra de proposer la
santé des amphitryons que s'il y est autorisé par
l'âge ou une certaine position. En conséquence,
c'est l'invité placé à droite de la maîtresse de la
maison qui est investi de ce privilège, étant, pour
une raison ou une autre, le personnage le plus
important du moment. (Quant à l'hôte, si jeune
qu'il soit, il peut toujours porter la santé de ses
invités.)

Celui qui propose un toast se lève, en tenant son
verre à la hauteur de son visage et, s'inclinant vers
celui dont il va porter la santé, il dit : « Je lève
mon verre ou je bois à la santé de M. ou de Mme X... »
Les autres convives se soulèvent de leur siège, et
tous les verres s'approchant les uns des autres, on
répète le nom proposé : « A M. X... » Les hommes
boivent, les femmes peuvent mouiller seulement
leurs lèvres.

Si elles sont trop éloignées de celui en l'honneur

duquel le toast est porté, elles se bornent à soulever leur verre de son côté, en souriant.

L'hôte à la santé duquel on vient de boire riposte toujours. Il se lève également et peut répondre ceci : « A mon tour, je bois à tous ceux qui ont bien voulu s'asseoir autour de ma table. » Tous les hommes vident leur verre.

A un mariage, on boit aux jeunes époux. Ils sont dispensés de répondre. Les deux pères remercient à leur place : « Je bois au bonheur de la charmante épousée et de l'heureux mari, à leur prospérité, etc. »

Le plus souvent, c'est le père de l'épousée qui propose le toast.

A un baptême, on boit au nouveau-né (il est également dispensé de riposter, laissant ce soin et bien d'autres à son père) : « Je bois à la longue vie, au bonheur, à la prospérité de l'enfant qui vient d'entrer en ce monde et qui, dès à présent, peut nous compter pour ses amis. Je bois à ses heureux parents. »

A un anniversaire de mariage : « Je bois à la continuation du bonheur de nos aimables hôtes, qu'ils célèbrent bien longtemps cet anniversaire heureux. »

A des noces d'argent : « Je bois à ce long bonheur, souhaitant à nos hôtes des noces d'or et de diamant. »

Pour un succès : « Je bois à l'avancement ou à la promotion que notre hôte a si bien mérité (ou à l'événement heureux, en le nommant) dont nous nous réjouissons tous sincèrement. »

A un dîner de crémaillère, l'hôte dit : « Je bois à la santé de tous ceux qui ont bien voulu se réunir autour de moi, et je souhaite qu'ils reviennent souvent dans ma nouvelle demeure. »

En Angleterre, les toasts sont répétés à l'infini, aussi mènent-ils à l'ivresse. En France, nous n'en admettons que deux en comptant la riposte. Chacun sait quel jeu de mots et quelle galanterie singulière a donné naissance, chez nos voisins, à l'usage dont nous nous occupons. Chez les Polonais, après une mazurka échevelée, il arrive qu'on porte la santé de sa danseuse en buvant du vin de Champagne versé dans sa bottine toute chaude. Le prince Gedroyc usa ainsi, en guise de verre, du soulier avec lequel Taglioni avait dansé un ballet en cinq actes. (Oh!)

Ce n'est plus la mode de chanter au dessert, on fait de la musique au salon, après le dîner, car qui ne possède un piano, aujourd'hui?

Pourtant dans une maison où l'on s'occupe d'art, on a tenté une jolie résurrection pour les dîners d'où l'extrême cérémonie est exclue. On a apporté à chacun des invités une assiette à dessert différente sur laquelle était imprimée, avec l'air noté, une de nos vieilles et charmantes chansons de France. Un convive chantait sa chanson dont tout le monde reprenait le refrain en chœur. *Marlborough*, *La mère Michel*, tout devait y passer. Ce

serait à encourager, à une époque où l'on exhume
si volontiers les habitudes des autres siècles.

Après le diner.

La maîtresse de la maison se lève de table la première et tout le monde est debout aussitôt. On rentre
au salon dans le même ordre qu'on en est sorti.

Le café et les liqueurs sont apportés au salon. A
moins que la maîtresse de la maison ne soit entourée de jeunes filles et de jeunes gens pour l'aider
à distribuer l'infusion odorante, ce sont les domestiques qui portent les tasses aux convives, car le
café doit être servi brûlant et absorbé aussitôt que
servi.

Encore un détail que nous allions oublier. Les
domestiques auront maintenu un bon feu au salon.
Un frisson saisirait les invités au sortir de la
chaude salle à manger si, au moment où la digestion commence, ils entraient dans une pièce froide
ou seulement attiédie. L'éclairage doit être très brillant. Si la lumière était distribuée économiquement,
un autre froid, moral celui-là, se répandrait dans
l'assemblée, et l'ennui ou une sorte de gêne pèse-
rait sur tout le monde pour le reste de la soirée.

Après le diner, il y a assez souvent réception,
c'est-à-dire que d'autres invités arrivent et qu'il se
donne une soirée musicale, ou dansante. Parfois

aussi ce n'est qu'une simple *converzazione*, comme on dit en Italie; dans ce cas, ou si l'on reste entre soi (avec les convives du dîner), les maîtres de la maison organiseront des tables de jeu, ils étaleront leurs albums ou leurs collections; ils placeront les jeunes femmes au piano, feront chanter, etc., etc.

On a encore imaginé la récitation en musique : la personne qui dit des vers est accompagnée en sourdine par un piano, une harpe.

On met en train les jeux d'esprit et les jeux innocents. En un mot, jusqu'au moment où le dernier invité aura quitté le seuil de leur maison, ils ne s'appartiendront pas, ils se devront tout entiers à leurs hôtes, distribuant équitablement les attentions et l'amabilité entre tous, favorisant un peu plus, toutefois, les personnes âgées et les disgraciées de la nature ou du sort.

Vers la fin de la soirée, on sert le thé avec des petits gâteaux secs.

Si d'autres invités arrivent après le dîner, le thé offert vers minuit est plus important, et, au cours de la soirée, on fait aussi passer des rafraîchissements.

Les prêtres invités.

Deux détails complémentaires. Si un prêtre se trouvait au nombre des convives, il aurait droit —

fût-ce un simple vicaire, — chez des catholiques,
à la première place à table, c'est-à-dire qu'il occuperait la droite de la maîtresse de la maison. De plus,
comme un prêtre, chez les catholiques toujours,
prend le pas, même sur les femmes, la maîtresse de
la maison passerait la première à ses côtés (sans
s'appuyer sur son bras) pour entrer dans la salle à
manger et en sortir.

On n'invite pas un prêtre quand on ne peut le
traiter avec cette déférence, lorsqu'on doit faire les
honneurs à un autre convive.

De plus, si on le place, de par son caractère sacré et
le ministère auguste qu'il exerce, au-dessus des
sexes, pour ne pas dire de l'humanité, ce qui peut
paraître trop fort, les petites considérations d'étiquette et de courtoisie mondaines doivent être écar-
tées devant lui et il faut encore le faire servir le
premier, avant les femmes, pour bien témoigner du
respect inspiré par le sacerdoce.

C'est à lui qu'il appartient de refuser résolument ces
distinctions dont on veut l'entourer.

La dissection des viandes, volailles et poissons.

On ne possède pas toujours un maître d'hôtel, un
découpeur. Voici quelques renseignements, à l'usage
des maîtres de maison qui n'ont pas d'écuyer tran-

chant, ou à l'intention des personnes qui offrent leurs
services aux amis chez lesquels ils dînent.

On tranche une volaille en attaquant l'aile la plus
près de soi ; on la saisit de la main gauche à l'aide
d'une fourchette, on tient le couteau de la main
droite et on coupe à la jointure de l'aile ; l'opération
s'achève en tirant de la main gauche cette aile, qui
vient facilement si on la tient ferme. On lève ensuite
la cuisse du même côté, en donnant un coup dans
les nerfs de la jointure, en tirant à soi, comme on a
fait pour l'aile. On procède de la même manière pour
l'autre côté, en retournant la volaille vers soi. Restent à découper l'estomac, le croupion, la carcasse,
chaque pièce en deux morceaux.

Poulardes, poulets, faisans, perdrix se traitent tous
de la même façon. Les morceaux les plus délicats du fai-
san sont les blancs de l'estomac et, après, les cuisses ;
dans la bécasse, on estime surtout la cuisse. Dans
la poularde et le poulet, on préfère les ailes et les
blancs... si la volaille est rôtie ; bouillie, la partie appelée le « sot-l'y-laisse » est tout ce qu'il y a de meilleur. Ces morceaux de choix s'offrent aux dames...
quand on les sert soi-même, mais l'usage est de
faire circuler le plat, pour que chacun se serve soi-
même.

Lorsque le pigeon est de belle taille, il se découpe
comme un poulet. Très petit, on le sépare en deux,
par le dos, en long, faisant tenir chaque partie du
croupion avec chacune des cuisses. Toutefois quelques

personnes considéreraient cette moitié comme un trop gros morceau.

Le canard, l'oiseau de rivière, le *grouse* (coq de bruyère), sont découpés avec autant de tranches de poitrine en aiguillettes que possible. C'est le morceau le plus fin. On lève ensuite les ailes et les cuisses.

Dans les lapereaux et les lièvres rôtis, ce qui est le plus estimé, c'est le filet, le râble. On fend ce filet, en commençant par le cou, le long du dos. Après l'avoir levé, on le coupe par tranches, en travers. Le reste de l'animal se dissèque comme on l'entend.

Un filet de bœuf se découpe comme le râble de lièvre. — Pour l'aloyau, on détache d'abord le filet, qu'on coupe toujours par tranches un peu obliques et transversales, puis on attaque la partie charnue du dehors et l'on en tire des rondelles un peu épaisses, comme le filet lui-même. — Mêmes indications pour la longe de veau. — Pour le gigot rôti, nous conseillerons de couper des tranches minces horizontalement et parallèlement à l'os. Cette méthode a pour avantage, la pièce n'étant pas cuite dans toute son épaisseur, de laisser le choix entre un morceau saignant et une tranche parfaitement cuite.

La hure de sanglier (ou de cochon), — plat de déjeuner ou de lunch *solide*, — se coupe d'abord du côté des oreilles, jusqu'aux bajoues. Le chignon ne vient qu'après, par tranches minces. — Le carré, le filet et l'échine des mêmes pachydermes se coupent en travers, par tranches minces. Le jambon se découpe également en travers; les tranches minces sont entremêlées de gras et de maigre. — A la campagne, à Noël, on sert souvent un cochon de lait; dans un grand dîner de chasse, un marcassin. L'un et l'autre donnent un plat délicieux. On commence par décapiter la bête, on détache les oreilles, on sépare la tête en deux. Ensuite on coupe l'épaule gauche, la cuisse gauche, l'épaule droite, la cuisse droite. On lève alors la peau pour l'offrir toute croquante.

Les jambes, les morceaux près du cou sont très délicats. L'épine du dos se coupe en deux, les côtés qui y restent attachés se servent par petits morceaux. — On apporte le jeune cochon sauvage ou domestique sur un grand plat d'argent... ou d'étain dont les bords sont garnis de houx piquant aux baies écarlates. On insère dans le groin une branchette du même arbuste ou une pomme rouge. En Angleterre, c'est un citron qu'on y introduit.

Les grands poissons, saumon, turbot, sterlet, brochet, etc., sont apportés sur un plat ou une planchette, l'un ou l'autre recouvert d'une petite nappe bordée de dentelle. Autour du poisson, une garniture épaisse de persil frisé; en été, on y pique des roses trémières. — On coupe le saumon en tranches le long de l'épine dorsale. Le brochet est ouvert pour en retirer l'épine; puis on le divise sur chaque partie en tranches qui vont de la tête à la queue.

On dit l'*art de découper* et ce n'est pas exagéré.

Une volaille ou une pièce de viande bien *tranchée*
fait plus de profit, garde une plus belle apparence,
offre un aspect plus propre.

N'oublions pas une petite recommandation qui a
son importance, pour le cas où l'on serait obligé de
veiller aux détails dont les domestiques de *haut style*
peuvent seuls nous décharger. Le gigot, qu'il pro-
vienne d'un chevreuil, d'un mouton ou d'un agneau,
et le jambon sont toujours placés de façon que leur
manche soit à la gauche du maître de la maison, —
qu'il découpe ou qu'on apporte le plat devant lui
pour un instant seulement. On met au manche du
jambon une manchette étoffée, en papier découpé.

On donne des manchettes aussi, mais plus petites,
aux manches de côtelettes, aux cuisses de poulet,
dindon, etc.

Le dindon, l'oie, le poulet, le canard, les perdreaux, les cailles sont servis couchés sur le dos,
l'estomac en dessus. On dresse d'une manière tout
opposée le lièvre, le lapin, le cochon de lait (lorsqu'ils sont entiers).

Le siège du découpeur doit être assez élevé pour
lui donner plus de force et d'adresse. Les plats
seront de dimensions bien comprises pour la taille
des pièces ou des bêtes à découper. Si faire se peut,
ils sont placés de façon à avoir les pieds de la table
pour support. Pour les jambons, un grand couteau
à longue pointe affilée est requis ; pour le gibier et la
volaille, couteau court et mince. On a un couvert à

découper spécial pour le poisson, qu'il faut bien
prendre garde de ne pas déchiqueter.

Le déjeuner.

Ce repas matinal se prend ordinairement en
famille. On n'invite guère les gens à déjeuner, sauf
à la campagne, parce que cette réception ferait perdre
trop de temps aux hôtes et aux invités, et qu'elle
laisserait un vide désagréable aux maîtres de la
maison après le départ des convives. Enfin il est difficile de s'y préparer aussi bien que pour un dîner.
Mais un mari ramène souvent à sa femme un ou
deux amis qu'il a invités à partager son premier
repas; il est donc bon de connaître quelques-unes
des règles qui régissent le déjeuner.

On peut placer sur la table presque tous les mets
qui composent le menu; le dessert y est aussi disposé d'avance. On ne sert que des viandes rôties
froides, ou grillées, ou cuites à la poêle ou sur le
plat. Jamais de viandes en ragoûts. Beaucoup de
hors-d'œuvre.

Ceux-ci, par lesquels on commence, sont tous
réunis sur un même plateau, dans leurs raviers respectifs, et ils sont ainsi offerts à la fois.

Les invités peuvent prendre en même temps sur
leur assiette jambon, anchois, concombres, etc.

Des poissons froids avec sauce mayonnaise, ou
grillés ou à la poêle. Pas de pâtisseries chaudes. Les

fritures d'entremets et une partie des légumes —
ceux qui se mangent froids particulièrement — sont
admis au déjeuner.

Le couvert est le même, à peu de chose près, que
celui d'un dîner. Les jours où l'on mange des œufs
à la coque, on peut avoir, en guise de surtout, une
jolie corbeille en vannerie ouatée, capitonnée, dans
laquelle les œufs sont tenus chaudement sous une
élégante couverture au crochet ou brodée et doublée,
ou une jolie poule en faïence.

Les coquetiers, rangés sur un plateau avec les
petites cuillers, font pendant aux tasses à thé ou à
chocolat, disposées aussi sur un plateau, à moins que
les domestiques n'apportent ces tasses à chaque convive vers la fin du repas. Dans tous les cas, à déjeuner, c'est la maîtresse de la maison qui sert le
thé, le chocolat ou le café, qui se prend à table. Les
domestiques présentent alors le sucre en apportant
les tasses. C'est à table également qu'on offre les
liqueurs.

Après le déjeuner, on ne peut guère occuper le
temps que par la conversation. Si on habite la campagne, on a la ressource des jardins, des excursions
et des jeux de plein air.

Un déjeuner de cérémonie se compose comme un
dîner, à cette différence près que les hors-d'œuvre
remplacent le potage. A la ville, les femmes invitées
gardent leur chapeau (petit chapeau coquet) pour
déjeuner.

Le five o'clock tea.

(THÉ DE CINQ HEURES)

Beaucoup de femmes offrent une tasse de thé (ou du chocolat, ou toute autre chose) aux personnes qui viennent les voir à *leur jour*. Une table est dressée dans un coin du salon, couverte d'une nappe bordée de dentelle, supportant des piles de petites serviettes élégantes, des assiettées de gâteaux fins, de bonbons, de fruits glacés, des tasses en porcelaine du Japon, des verres en cristal irisé, des flacons de vins précieux, le samovar, la chocolatière. Quand une personne a fini son goûter, c'est-à-dire quand elle ne veut plus de thé, de chocolat ou de vin, on fait emporter sa tasse, son verre, l'assiette de Sèvres sur laquelle elle a découpé et mangé ses fruits, à l'aide d'un petit couteau et d'une petite fourchette en vermeil.

Si la maîtresse de la maison a une fille, une jeune sœur, une parente moins âgée qu'elle, c'est cette jeune femme qui fait les honneurs de la table à thé; elle sert elle-même la boisson demandée, l'apporte à la visiteuse et même au visiteur, mais celui-ci s'approchera plutôt du coin où le lunch est préparé, pour diminuer les peines de celle qui s'occupe de lui.

Quand la maîtresse du logis est seule pour faire les honneurs de chez elle, elle sonne un domestique,

mais souvent aussi, il règne une assez grande familiarité de rapports entre elle et les visiteurs pour
qu'elle puisse leur dire — ne pouvant quitter le
cercle pour un seul : « Mais allez donc prendre une
tasse de thé. »

Son mari, son fils, son frère, un ami peuvent
encore fort bien tenir la place de la jeune personne.
que nous voudrions auprès de toute table à thé, où
il lui est loisible d'assumer un rôle très gracieux et
qui la fait beaucoup valoir.

Pique-niques et cagnottes.

A mon avis, il faut éviter les *piques-niques*. Il
règne en ces parties un laisser-aller qui mène vite
aux inconvenances. Chacun est chez soi et les gens
de nature un peu grossière ne se sentent pas obligés
à la retenue qui existe quand il y a qu'un seul amphitryon. Et puis, ces repas à frais communs donnent
lieu à toutes sortes de remarques peu charitables, peu
aimables, peu convenables : « Mme une telle a apporté
deux poulets et elle a amené six personnes. — Mlle X...
a donné un plat de fraises et elle a mangé toutes les
pêches », etc.

Ces choses ne seraient possibles qu'à la condition
de réunir toutes personnes également bien élevées.

Les *cagnottes* ne me plaisent pas davantage. Au
plus pourrait-on admettre la cagnotte pour les pau-

vres. Il est rare que la manière dont on dispose de
la cagnotte pour s'amuser ensemble (perdants et ga-
gnants) satisfasse tout le monde. — Pique-niques et
cagnottes ne sont pas en faveur dans le monde chic,
ni auprès des personnes délicates.

Garden-party. — Lunchs. — Parties de campagne.

Le lunch, — comme nous disons avec notre manie de singer l'Angleterre, — n'est autre que le
goûter français, l'ancienne collation de nos aïeux. Il
est le complément ou l'intermède, comme on voudra,
d'une « matinée », d'une partie de jardin, d'une réception diurne, en un mot.

C'est souvent un buffet, mais il est préférable de
faire asseoir les dames à une longue table — les
hommes mangeant et buvant debout derrière elles,
ou, mieux encore, de faire dresser de petites tables
de six couverts, où prennent place les invités des
deux sexes.

Si les ressources dont on dispose ne permettent pas
de traiter ses hôtes largement et délicatement, il faut
se borner à réunir ses parents et ses amis intimes.
Dans l'autre cas, le lunch sera aussi abondant que
possible, fin et très varié.

Les goûts et les habitudes des divers invités diffèrent toujours; on fait servir du chocolat, du thé; du
café, en certains pays; des vins de dessert et de Bor-

deaux ; de la bière, du lait, en été. La table est couverte de fruits en pyramides ou en corbeilles, de
compotes glacées, de crèmes, de petits fours, de gâteaux fins, meringues, éclairs, etc., de biscuits
anglais et autres. Un baba et une brioche, — de
belle taille, — se placent aux extrémités, le centre
devant être garni de fleurs, et l'on fait circuler des
tartes découpées, de la même façon qu'on offre le
fromage à dîner.

En ces circonstances, le service de table doit être
très élégant, ou au moins original : avec des assiettes
et des compotiers imités des vieilles faïences, de jolies
tasses, une verrerie bien choisie, une nappe et des
serviettes tissées ou brodées en couleur, ou encore
garnies de dentelle, avec décoration de fleurs ou de
feuillages surtout, et une disposition artistique des
différents mets et boissons, on obtiendra un aspect
sinon luxueux, ce qui n'est pas à la portée de tout
le monde, du moins fort agréable à l'œil : on n'emploie à ce repas que les couverts d'entremets.

Le lunch se sert vers le milieu de la réception,
on interrompt les jeux ou les danses, pour les
reprendre en quittant la table. Quelquefois on joue
une charade avant le lunch et on valse après. Cette
réception peut d'ailleurs être organisée d'une façon
ou d'une autre, il n'y a qu'une règle à suivre : distraire ses invités et les idées neuves seront les bien-
venues.

Quant aux parties de campagne, il en est de plus

d'une sorte. On part souvent en bande pour faire
une excursion et déjeuner ou luncher sur l'herbe.
Les femmes prendront garde de donner lieu à
aucune interprétation fâcheuse dans ces parties où
règne un certain laisser-aller ; elles doivent s'y
montrer très réservées, ne pas s'isoler ; enfin, pour
tout dire, on ferait bien de s'abstenir de ces excursions, qui ne sont possibles qu'entre hommes ou en
famille.

La partie de jardin (garden-party, comme on dit)
est bien différente. Elle se donne en un jardin particulier qui est alors un salon en plein air. On lui fait
prendre souvent un cachet de fête foraine ; on danse
ici, on tire à la cible là, on joue au tonneau plus
loin ; il y a un guignol pour les enfants, etc., car cela
comporte d'immenses développements si l'on veut...
ou si l'on peut.

Tout est admis, du reste. Parfois, la partie de
jardin n'est qu'un bal champêtre, — et, à notre
avis, c'est la plus charmante de toutes ; ou une
simple partie de crocket ou de lawn-tennis, ou... la
représentation d'une pastorale, théâtre en plein
vent. A cette réception, le lunch est presque per-
manent. Le grand air ouvre l'appétit et on mange
toute la journée, ou du moins les amphitryons
organisent le repas comme si on devait manger sans
s'interrompre. On ne se réunit pas, du reste, autour de la table, chacun y va quand et comme il
veut.

Le garden-party est aussi une fête villageoise *costumée* : pardon de Bretagne, assemblée du Berry, kermesse flamande, etc., etc.

En cas de partie ordinaire, les femmes portent une jolie toilette de ville d'été : robes de batiste, de foulard, de voile, de mousseline de laine ou de soie, grands chapeaux couverts de fleurs ; bouquets au corsage ; souliers découverts ; manches courtes, gants longs ; peu ou pas de bijoux.

On a baptisé les parties de campagne du nom de Robinsons ou de Marlys..., d'après une mode dix-huitième siècle.

Le Réveillon.

On réveillonne beaucoup, depuis quelques années. Tous les invités d'une maison assistent, en bande, à la messe de minuit avec les amphitryons. On revient souper... et, quelquefois, détacher les présents suspendus à l'arbre de Noël, illuminé et enrubanné de vives couleurs.

Ce souper n'est jamais cérémonieux et l'on y mange des plats traditionnels : un potage-bouillie parfumé, que l'on sert avec des piles de gauffrettes au sucre ; une dinde froide et truffée, qui prend la place de la soupière d'argent (ou de porcelaine), dès qu'on a enlevé cette dernière, laquelle figure à ce souper, au mépris du cérémonial ordinaire. Le boudin, le vulgaire boudin noir grillé y figure toujours.

> Célébrant la vieille coutume,
> Entre le soir et le matin,
> Sur la braise qui se consume
> Nous ferons griller du boudin.

On ajoute quelques pièces froides de charcuterie (une belle hure de sanglier, un jambon, entourés de houx). Le dessert se compose de fondants et de fruits glacés. Les seuls vins admis sont le vin de Bordeaux et le vin de Champagne. — La décoration florale de la table s'obtient avec les roses de Noël.

Un joli costume de visite est la tenue de ces réunions à cause de la messe. Les femmes peuvent même jeter une mantille par-dessus un chapeau ordinaire (qu'elles quittent pour souper) et elles s'enveloppent d'un manteau confortable.

On ne danse pas au réveillon.

Le gâteau de la fève.

On tire les Rois soit à un dîner, soit dans une soirée.

C'est une fillette ou un garçonnet (vêtu, quand on le peut, en page du moyen âge) qui présente aux invités le gâteau, voilé d'une serviette de fine toile bordée de dentelle. Les parts sont découpées, bien entendu.

Chacun glisse sa main sous la serviette pour saisir une part sans la voir.

Celui ou celle qui trouve la *fève* (on ne supporte plus le microscopique bébé de porcelaine), l'envoie sur une assiette au roi ou à la reine de son choix.

Tout le monde applaudit et crie : « Vive le roi ! vive la reine ! »

Les gens titrés font confectionner le gâteau des Rois en forme de couronne héraldique. Fleurons, feuilles d'ache, perles comtales, etc., s'obtiennent à l'aide de l'angélique, des pâtes de fruits, des abricots confits.

Tout le monde n'est pas duc, prince ou marquis, mais tout le monde est citoyen d'une cité, portant au front couronne murale. Il serait charmant de servir, comme gâteau d'Épiphanie, une couronne tourelée, celle de Paris, de Lyon, ou de toute autre ville qu'on habite.

Le roi porte le toast à la reine.

On s'écrie alors : « Le roi boit ! » et tout le monde l'imite.

Le roi doit un don de joyeux avènement aux pauvres. Il le dépose sur « la part à Dieu ».

Le lendemain matin, il envoie à la reine qui l'a choisi ou qu'il a élue une couronne de roses naturelles.

Pâques.

Au déjeuner de ce jour on sert toujours des œufs durs teints de brillantes couleurs ou argentés ou dorés. Les coquilles reçoivent parfois de jolis dessins, des devises, dus au pinceau des femmes du logis. On les dispose entre des touffes de pâquerettes.

Au dîner de famille ou de cérémonie de la même fête, le rôti de tradition est l'agneau pascal, qu'on apporte entouré d'une guirlande de primevères.

BALS. — SOIRÉES

Dispositions générales et devoirs des amphitryons.

Comme pour un dîner, toutes les dispositions relatives à la réception dansante doivent avoir été si bien prises que les maîtres du logis, libres de toute autre préoccupation, puissent se consacrer entièrement à leurs invités.

Les vestibules et l'escalier (ou l'antichambre) sont brillamment illuminés et garnis de plantes vertes : les pièces *extérieures* de la maison ou de l'appartement doivent avoir déjà un air de fête. Un vestiaire est toujours établi et le plus grand ordre y est maintenu, afin que les invités puissent retrouver facilement à la sortie les vêtements qu'ils y ont déposés en entrant.

Des femmes de chambre habiles se tiennent à la disposition des dames, pour les débarrasser de leur manteau et pour réparer les accidents qui peuvent se produire dans leur toilette.

La lumière doit être abondamment distribuée dans

les salons, et des fleurs, résistantes et sans parfum, y sont assez profusément disposées. Seule, une petite pièce (boudoir, salon intime ou serre) est laissée dans une demi-teinte et ornée de fleurs légèrement odorantes. Les gens lassés du bruit et de l'illumination viendront s'y reposer, dans un calme, un apaisement, dont les natures facilement surexcitées ont besoin après quelques heures de fête.

Si l'on ne dispose pas de vastes salons, nous conseillons de ne recevoir à la fois qu'un nombre raisonnable de personnes. On ne s'amuse pas lorsqu'on a les pieds écrasés, lorsque la toilette se fripe ou se déchire dans la foule. La plus belle salle de danse sera toujours fournie par une galerie, mais rares sont les maisons qui possèdent cette pièce de luxe. Pour remplacer cette galerie, on choisira le plus long de ses salons. Le buffet est ordinairement dressé dans la salle à manger. Il doit être très abondamment garni et servi par des domestiques bien dressés. Dans les autres salons (ou chambres arrangées en conséquence), on dispose des tables de jeu. Partout belle lumière, plantes vertes et grand confort.

Les maîtres de la maison se tiennent à la porte du premier salon pour recevoir leurs invités Ils les installent de leur mieux jusqu'à ce que, la foule arrivant très nombreuse, ils soient forcés de laisser les gens se placer à leur guise. Des aides de camp masculins sont bien précieux, ces soirs-là, pour diriger les invités encore peu façonnés à la physionomie de

l'appartement, aux habitudes de la maison. Il va de
soi que les maîtres du logis quittent le premier salon
quand le plus grand nombre des invités sont entrés.
Ils vont au-devant des retardataires (le mari seul si
ce sont des hommes célibataires), lorsqu'on annonce
ceux-ci ou lorsqu'ils les voient se diriger vers eux.

La maîtresse de la maison danse peu ; mais elle
veille à ce qu'aucune des femmes qui dansent ne
reste sans danseur. Pour ce, il lui est permis de
faire des coquetteries à ses invités masculins (de la
première jeunesse), afin d'obtenir qu'ils emmènent
les délaissées dans la valse ou le quadrille.

Le souper. — Le cotillon. — Bals blancs, roses, floraux, etc.

Le souper est devenu l'intermède quasi obligé du
bal. Il a lieu vers une heure du matin, ou tout à la
fin de la fête. La table doit être très décorée de fleurs,
très éclairée. Nous conseillons le souper assis, c'est
plus gai, plus agréable. Ce repas est composé de
plats assez solides, les convives ayant réellement
besoin d'être réconfortés. Autant que possible, on
choisit des mets de haute gastronomie ; mais, bien
entendu, tout dépend des ressources de fortune. On
sert un potage ; les poissons froids, le fin gibier,
les pièces de viande et les volailles froides sont

admis, avec les pâtés, les entremets, etc. Un jambon
fait très bon effet et, en général, est très apprécié.

Le bal se termine par un cotillon (ce n'est pas
obligatoire, toutefois). Les maîtres du logis fournis-
sent les attributs de toutes les figures. Ils en inventent une nouvelle, dont les accessoires sans valeur
intrinsèque, choisis de façon à former un joli souvenir de la fête, sont emportés par les femmes invitées.

A la fin du cotillon, les couples menés par le couple conducteur vont, en procession, s'incliner devant
la maîtresse de maison. Le cotillon est parfois remplacé par une farandole. C'est très gai et moins long.
On a encore ressuscité, pour finir, « la polonaise »
promenade cadencée aux flambeaux.

La soirée dansante n'est qu'un diminutif du bal.
Il y a moins de monde. Au lieu de dresser un buffet dans la salle à manger, on peut se borner à faire
passer des plateaux portant des rafraîchissements.
Ces rafraîchissements consistent en verres de sirop,
de punch ou de vin d'Espagne, en bols de con-
sommé, en glaces, en tasses de thé, de vin chaud
ou de chocolat. On a soin d'adjoindre des sandwichs, des pains fourrés, des gâteaux, des fruits
glacés, des bonbons. Il est clair qu'on pourra donner toutes les choses énumérées ici, ou seulement
choisir dans le nombre. On se souviendra cependant que la simplicité ne doit pas exclure l'abondance, ni la qualité. Une fête sera convenablement

organisée, où on n'en donnera pas... ce qui est toujours facile. De petits bouquets sont piqués entre les interstices des assiettes sur les plateaux supportant gâteaux et fruits. — La soirée n'exige ni le souper, ni le cotillon.

Depuis quelque temps, on a inventé les soirées Cendrillon. Elles commencent à huit heures au plus tard et finissent à minuit sonnant. Très encouragées par les grands parents et les maris sérieux.

Les *bals blancs* sont ceux où les jeunes filles et les jeunes gens à marier dansent seuls, à l'exclusion de toutes les femmes et de tous les hommes enchaînés par les liens conjugaux. Ceux-ci forment galerie. Les jeunes filles portent des robes blanches, des garnitures de muguet, de pâquerettes, d'anémones des bois, de lilas blancs, de boules de neige, qui leur composeront toujours la plus charmante des parures. Les jeunes gens passent une fleur blanche à leur boutonnière.

Il y a aussi des *bals roses* où, par une jolie convention, toutes les femmes invitées sont habillées de rose : soie, gaze, tulle, crêpe, etc. Les hommes attachent une rose, ou un camélia rose à la boutonnière de leur habit. Si une femme recevant une invitation à un bal rose ne pouvait pas faire la dépense d'une toilette de cette couleur, elle refuserait simplement... et sans regrets, si elle était raisonnable...

A titre de renseignements... pittoresques, nous dirons aussi qu'on donne des bals dénommés *bal*

9

des primevères, bal des chrysanthèmes, bal des roses.
On comprend que la fleur choisie figure seule, mais
dans toutes ses variétés, dans la toilette féminine
et à la boutonnière masculine, voire dans la décoration de l'appartement. C'est une gracieuse idée qui
n'a rien de déraisonnable après tout. A un *bal des
roses*, une brune avait pris les roses de Provins ;
une fillette les roses des haies ; celle-ci était couverte de roses-thé ; celle-là de roses *France*, une
autre de roses de Bengale. Ce fut un bal délicieux.

Les fêtes de nuit d'été sont, de toutes, les plus
belles. Lorsqu'on peut éclairer le jardin à la lumière
électrique, on obtient un effet très poétique. Mais
l'illumination, d'après les anciens moyens, donne
encore de forts beaux résultats.

Si nous avons des millionnaires parmi nos lecteurs,
nous leur conseillons de revêtir de glaces les murs
de la salle de bal. La multiplication, par les glaces,
des lumières et de la foule élégante donnera à la
fête un aspect féerique.

Bals de société. — Bals par souscription.

Lorsqu'une femme invitée se présente avec ou sans
cavalier, un des commissaires chargés de recevoir et
d'introduire lui offre son bras et la conduit dans la
salle du bal, où il lui cherche une place convenable.

Dans le cas où une mère accompagnerait sa fille

et où il ne se trouverait qu'un seul commissaire disponible à leur arrivée, c'est à la personne la plus âgée qu'il devrait offrir le bras et la jeune fille marcherait aux côtés de sa mère.

Connue ou inconnue des commissaires, toute femme invitée a droit à cette réception.

Si une femme dont on suspecte la moralité ou dont la tenue est incorrecte se présente munie d'une carte d'invitation, quelque ennui qu'on éprouve, on est bien forcé de l'accueillir.

Il y a de ces exécutions qui répugnent aux sentiments généreux de notre époque et dites-moi s'il n'y aurait pas quelque barbarie, quelque cruauté à chasser une femme à laquelle un commissaire maladroit aurait adressé une invitation et qui aurait cru pouvoir se fier à sa protection.

Pour éviter ces incidents désagréables, pénibles, voici un article qui devrait être inséré dans les statuts ou le règlement de toute société : « Tout membre, qui aura sciemment introduit dans nos fêtes une femme de moralité douteuse sera exclu de la société, sans recours. »

D'autre part, il est bon que les femmes honnêtes sachent bien qu'elles ne peuvent aucunement être contaminées par la présence accidentelle d'une femme tarée. Elles se garderont de prendre des airs pudibonds, offensés; elles ne toiseront pas la brebis galeuse d'une façon insolente, elles ne lui feront aucune impertinence. Tout ce qu'elles pourront se permettre sera de ne pas engager de conversation avec elle et de répondre un peu froidement à ses avances, si elle leur en fait.

Cette *quarantaine* infligée à la femme tombée sera bien suffisante aux yeux d'une personne charitable. Les commissaires, lorsque leurs fonctions leur permettront de prendre part aux danses, ne devront pas inviter la malheureuse. Ils rechercheront le membre de la société coupable de cette introduction, et lui demanderont de s'efforcer d'emmener sa malencontreuse invitée.

Si le buffet, où l'on sert les rafraîchissements, est payant un homme peut offrir à la personne qui accompagne sa danseuse de leur faire apporter, à toutes deux, une chose qu'elles désireraient. Si le chaperon refuse, il n'insistera aucunement. (En toutes circonstances et parties, du reste, lorsqu'une femme s'oppose à ce qu'un homme paye une dépense faite pour elle, il doit se soumettre immédiatement.)

Si elles veulent manger un peu de viande ou toute chose exigeant l'emploi du couteau et de la fourchette, il les conduit au buffet.

A un bal par souscription, à un bal de société, un homme se conduit absolument comme dans une maison particulière. Pas moins d'égards ni de respect pour ses danseuses.

Dans ces bals, et si bien qu'ils soient composés, une femme fait bien de ne se présenter qu'accompagnée de sa mère. Et, si elles le peuvent, toutes deux devront encore réclamer la protection d'un parent.

On ne pourrait — sans manquer gravement au savoir-vivre, — inviter une jeune fille à ces bals, à un bal *d'aucune sorte*, sans inviter aussi ses parents.

La toilette de bal.

Les hommes portent l'habit noir ou de couleur, le pantalon noir ou la culotte courte, la cravate, et le gilet blancs, ce dernier très ouvert forme croisée, des escarpins, le chapeau à claque, des gants blancs... les seuls dont le corsage des danseuses n'ait rien à redouter.

Les femmes ont les épaules et les bras nus, des gants montant au-dessus du coude. Elles sont pourvues d'un carnet et d'un éventail, qu'elles gardent à la main pour danser.

La sortie de bal se laisse au vestiaire. Toutefois une femme peut avoir, à sa portée, une écharpe ou une mantille de dentelle, pour en envelopper ses épaules si elle redoute un frisson.

Il ne faudrait pas s'imaginer qu'on ne puisse aller au bal qu'avec les épaules nues, ni « qu'il soit distingué » de se découvrir excessivement la poitrine.

On peut se borner à entr'ouvrir son corsage en cœur ou en carré et, encore, sur un fichu de tulle si l'on veut. Les manches descendront jusqu'au coude et des gants longs rejoindront ces manches. On sera ainsi en grande tenue du soir, sans s'exposer à une pleurésie, si l'on est de constitution délicate; ou, si l'on est maigre, sans être obligée d'exhiber des épaules pointues et des coudes aigus.

Dernier détail : les hommes auront les deux mains gantées, pour danser surtout. Une main nue peut être moite et faner le gant ou le corsage de la danseuse; on lui tient la main, on lui entoure la taille : faut craindre de laisser des traces de ses doigts sur la robe et les gants de sa danseuse.

Le bal costumé

Le bal costumé, où l'on trouve un mélange de toutes les époques et de tous les pays, véritable macédoine où le burlesque coudoie la poésie, ce bal, pour si amusant qu'il soit, ne diffère guère du bal ordinaire. Bien plus intéressante, à mon humble avis, la redoute où chacun dérobe ses traits sous le masque et où l'on peut, à l'aide du domino et de beaucoup d'esprit, *intriguer* tous les invités. — Cependant il faut bien se garder de blesser ou d'attrister les gens. Le masque ne dispense ni de la politesse, ni de la bienveillance, ni de la charité. Il serait même odieux d'abuser de la liberté de la fête et de l'inviolabilité du masque pour froisser et peiner les autres. Ce serait le fait d'un cœur lâche.

Ces réserves faites, on peut se permettre de petites

révélations sans importance, des taquineries innocentes et des plaisanteries décentes ; il ne reste qu'à
les assaisonner du sel de l'esprit.

La tradition autorise le tutoiement au bal masqué, cependant les gens d'un certain monde se reconnaissent, en ces fêtes, à ce détail qu'ils ne se
tutoient pas plus sous le masque qu'à visage découvert.

« Beau masque, je te connais. — Et moi je ne
te connais pas. — Tu es venu ici, pendant que ta
femme te croit au cercle. — Oui, mais traître et
félon serait celui qui le lui révélerait. — Sur mon
honneur, cela restera notre secret. »

Théophile Gautier conseille aux femmes de porter
le touret de nez en velours noir que les grandes
dames d'autrefois mettaient à la promenade... ce qui
devrait bien être réédité par les hivers rigoureux.
« Le touret qui laisse voir la bouche avec son sourire de perles et les fins contours du menton et des
joues et fait ressortir, par son noir intense, la fraîcheur rosée du teint. » Il n'aime pas « le masque
à barbe longue comme une barbe d'ermite qui
fait supposer la laideur plutôt que la beauté ».

A côté de la redoute et du bal costumé disparates,
on a imaginé, avec un très grand succès, des fêtes
de même genre, mais ayant un caractère homogène.
On donne un bal Charles IX, par exemple. Les invitations sont rédigées en style et calligraphie du
temps. Chacun sait qu'il doit adopter le costume de

l'époque. Les salles où se donne la fête sont pourvues d'un mobilier Henri II, éclairées à la cire, et
pour comble de couleur locale, le souper est composé d'après les recettes culinaires du seizième siècle.
Enfin, vous sentez que le duc d'Anjou et Marguerite
de Valois ne peuvent danser que la lente et majes-
tueuse pavane.

Les bals Watteau, Louis XIV, avec le menuet,
sont surtout en grande faveur. Il y a encore des bals
paysans : on choisit alors une province. Si c'est l'Au-
vergne, les invités doivent apprendre à danser la
bourrée ; si c'est le Poitou, sous l'ancien costume national de la région, on danse un branle. Il faut un
décor à l'avenant : ménétriers ou violoneux montés
sur des tonneaux enguirlandés. Très jolis aussi les
bals floraux : les femmes en roses, pervenches, violettes, muguet, etc.; les hommes en dahlias, ama-
ranthes, pommiers fleuris, etc.. Des bals ornitholo-
giques : les femmes en colombes, hirondelles, fau-
vettes ; les hommes en oiseaux de proie. L'imagination peut se donner carrière, comme on voit.

Il y a de simples matinées, costumes villageois
fantaisistes, où l'on se borne à manger des crêpes
arrosées de thé ou de vin de Champagne, et où l'on
fait quelques tours de valse. Comme intermède, une
noce traverse les salons (ou l'appartement) précédée
de violoneux, et distribue des bouquets ; ou c'est un
baptême (le cortège d'un baptême) et, dans ce cas,
on donne des dragées.

En temps de carnaval, on invite aussi à des dîners masqués : plus étrange qu'amusant ; à des *dîners de têtes*, où la tête seule est déguisée : plus comique que joli.

Au printemps, on donne des *pastorales* dans les parcs (ou les jardins) ; des *Robinsons* où les maîtres de la maison sont censés des aubergistes.

Tout cela ne vaut pas la redoute. Mais les fêtes que nous avons énumérées sont quelquefois plus faciles à organiser. Il faut beaucoup de place pour qu'une redoute soit bien réussie.

Enfin, on a inventé des ventes de charité costumées, — nous n'y voyons pas grand mal, cela amuse, cela attire les acheteurs pour les pauvres. Exemple : une marchande de fleurs est habillée en bouquetière pompadour ; une marchande d'objets japonais copie la toilette de *Madame Chrysanthème* (de Pierre Loti), etc.

Les bals costumés et même masqués n'ont plus, pour limite, le temps du carnaval.

Le carême passé, ces bals font fureur aujourd'hui, dans les maisons particulières.

Les danses étrangères, les danses anciennes, les danses populaires sont très souvent exécutées en costume par quelques couples, au milieu d'un bal ordinaire, à titre d'intermède.

Les invitations à danser

Un homme bien élevé ne fait pas danser trop souvent la même femme, quelles que soient ses préférences. Les fils, les neveux de la maison dansent avec les femmes les moins recherchées.

On formule en ces termes l'invitation à danser :

« Madame ou mademoiselle, voulez-vous bien me faire l'honneur de danser avec moi le prochain quadrille ? »

Le cavalier se tient incliné devant la dame.

Une femme qui a refusé de danser, sans pouvoir motiver ce refus par les mots traditionnels : « Je vous remercie, mais je suis invitée (et non *engagée*) », cette femme ne peut plus danser avec un autre homme tout le temps que dure le quadrille ou la valse qu'elle a refusé à celui qui s'est présenté le premier. Et afin de pouvoir accepter la danse suivante elle a dû répondre à l'invitation précédente, sans sécheresse, en souriant : « Je vous remercie, mais je suis fatiguée et je ne danserai pas cette fois-ci. »

Un homme du monde n'insiste pas, ne dit pas : « Et la prochaine valse ? » Il peut se représenter, mais un peu plus tard. Si on le... *remercie* de nouveau, il se le tient pour dit et n'invite plus.

Mais, à moins de raisons graves, une femme ne

refusera pas deux fois au même homme de lui accorder un tour de valse ou un quadrille.

Elle doit bien prendre garde aussi de confondre les invitations, d'accepter, par étourderie, deux danseurs pour la même danse. Si cet incident se produisait, elle dirait gentiment : « Pour vous prouver, messieurs, qu'il ne s'agit que d'une confusion, d'un manque de mémoire, je me *priverai* de danser cette fois-ci. » Alors, l'un des cavaliers se désisterait. Mais la dame ferait encore quelques façons, afin de témoigner ni sympathie ni préférence à celui qui resterait en ligne.

Lorsque le cavalier a ramené la danseuse à sa place, il s'incline devant elle et elle le salue également.

Comment on danse

Quelques hommes dansent dans un bal, sans avoir reçu aucune leçon d'un maître en l'art chorégraphique. C'est ainsi que j'ai vu un jeune homme, bien élevé du reste, prendre la main droite de sa valseuse dans sa main gauche et porter leurs deux mains réunies appuyées sur sa hanche. C'est tout à fait contraire aux règles établies : « Le cavalier se place à la gauche de sa dame, enlace sa taille avec l'avant-bras et soutient de sa main gauche la main droite de sa danseuse. Le bras gauche du cavalier

doit être assez étendu pour imprimer instantané-
ment au bras droit de la dame les différentes direc-
tions des valses. L'épaule droite du cavalier doit être
constamment perpendiculaire à l'épaule droite de sa
danseuse, et le corps de cette dernière ne doit, en
aucune façon, se trouver en contact avec le buste
de son danseur (1) ».

Dans la valse, c'est à la femme qu'il appartient de
demander un temps d'arrêt pour se reposer. (Au
Brésil, c'est l'homme qui propose ce temps d'arrêt.)

La danseuse ne regarde pas son cavalier au visage, elle ne baisse pas les yeux vers la terre. A réprouver également, la pruderie, la hardiesse, la
fausse honte.

Si le danseur est timide, silencieux, la danseuse,
fût-ce une jeune fille, peut commencer la conversation.

Détails importants

Les maîtres de maison qui invitent des militaires
à une soirée, à un dîner, comme à un bal, doivent
leur dire, dès l'arrivée : « Désarmez-vous donc,
capitaine, commandant, etc. » Un officier ne quitte
son épée, dans un salon, qu'après cette sorte de

_____

(1) Desorat, *Traité de la danse.*

permission des maîtres du logis; il ne faut donc pas oublier de la lui donner.

Il est infiniment préférable qu'une jeune fille ne se fasse pas conduire au buffet par son cavalier. En la ramenant à sa place, le danseur peut demander à la mère de cette jeune fille et à elle-même, si elles ne veulent pas lui permettre de les escorter au buffet.

Il y a des jeunes filles qui *parlent un cotillon* ou une valse dans un coin, avec le cavalier, au lieu de la danser. Ces façons d'agir sont très incorrectes.

Les invités peuvent quitter le bal à l'anglaise, c'est-à-dire disparaître dans un moment d'animation, sans prendre congé des amphytrions occupés.

Soirées musicales

Quand deux musiciens sont priés, dans un salon, de jouer quelque chose ou de chanter, ils doivent avoir le bon goût de choisir des morceaux différents. Ce faisant, on écarte tout soupçon de rivalité. Si la personne qui a joué ou chanté la première, a fait preuve de moyens insuffisants, il est cruel de reprendre le même morceau, pour écraser ce chanteur ou cet exécutant de sa supériorité.

Si, au contraire, on lui est inférieur, ce qu'il faut toujours craindre, on va au-devant d'une humiliation certaine. Enfin, il faut penser que l'auditoire pré-

fère la variété et que, fût-on de même force, il ne
faut pas l'ennuyer par la répétition du même morceau ou du même chant.

Lorsqu'on est prié de chanter, on se tient debout
auprès de l'instrument (je suppose qu'une autre personne accompagne), le visage tourné de trois quarts
vers l'assistance; on est censé jeter de temps en
temps les yeux vers la musique installée sur le pu-
pitre, afin de ne pas être décontenancé par tous les
regards fixés sur vous.

Un grand nombre de femmes disent admirable-
ment la chansonnette, triomphent dans les airs
comiques et se plaisent à recueillir les bravos exci-
tés par leur brio. Cependant elles feraient bien de
réserver l'exhibition de leur talent pour le cercle restreint de la famille et de la stricte intimité. Une
femme perd de sa distinction, quelquefois de la
considération qu'on a pour elle à dire, chanter ou
jouer des choses bouffonnes. Elle doit laisser cela à
celles qui en font un métier dont elles vivent... ce
qui est une raison capitale pour tirer parti des dons
naturels. Quand une femme ordinaire a chanté une
chose « drôle » ou « gaie », les hommes la traitent
de « bon garçon », lui parlent avec moins de retenue, la considèrent comme « un camarade ».

RAPPORTS AVEC LES SERVITEURS

Devoirs des maitres

Le savoir-vivre qui régit toutes choses, nous dicte la conduite que nous devons tenir à l'égard de nos domestiques. Nous ne sommes jamais autorisés à leur parler rudement ou impoliment. S'ils reçoivent notre argent, ils nous donnent leur temps en retour et se fatiguent à notre service. Nous ne pouvons donc exiger leur respect que si nous les traitons avec bienveillance et considération. Agir autrement, c'est violer les lois de la réciprocité.

Un homme ou une femme bien élevée ne dit jamais : « Faites ceci. Apportez-moi cela » ; mais : « Voulez-vous bien faire ceci ? Apportez-moi cela, s'il vous plaît. » Le domestique obéit toujours avec empressement et bonne volonté quand on lui ordonne de faire une chose en prenant un ton de douceur et de politesse.

Les personnes généreuses et délicates ne se servent jamais, en présence d'un domestique, d'une

comparaison qui peut être injurieuse pour lui. Par
exemple : « Il se conduit comme un laquais. » Les
grandes dames d'autrefois ne se piquaient pas d'une
telle sensibilité, allez-vous dire. Je sais, en effet,
qu'une duchesse du dix-huitième siècle avait coutume d'envoyer ses gens en place de Grève, à
chaque exécution, leur disant crûment : « Allez à
l'école. » — Nous ménageons mieux aujourd'hui la
dignité humaine et la juste susceptibilité des petits et
des humbles; c'est l'honneur de notre temps.

Mais nous tombons peut-être dans une autre faute.
Nous nous soucions moins que les maîtres d'autrefois de nos domestiques et de leur amélioration morale. Nous n'avons que de l'indifférence pour eux,
ils nous la rendent... et avec usure. Nous les payons
plus cher, mais nous ne leur témoignons ni ne leur
portons aucun intérêt. Un mot bienveillant, affectueux, aurait un certain prix pour eux; ils seraient
reconnaissants d'un conseil donné avec mesure, inspiré par un sentiment de bonté.

Ils ne peuvent s'attacher à nous, ils ne font d'ailleurs que passer dans nos maisons.

Nos grand'mères ont connu une époque où les
serviteurs faisaient partie de la famille, de par leurs
mérites... et ceux des maîtres. Quand les domestiques avaient donné des preuves de probité et d'honnêteté, on leur accordait la confiance à laquelle ils
avaient droit, et ils y répondaient bientôt par un
dévouement absolu. Peu à peu, ils vivaient de la vie

des maîtres, on les mettait au courant des affaires,
des secrets, des joies, des douleurs de la famille ; ils
se réjouissaient ou pleuraient avec elle ; parfois ils
oubliaient si entièrement leur personnalité, qu'ils
refusaient de se marier pour ne pas quitter la maison où ils étaient entrés tout jeunes, et où ils mou-
raient comme le chien fidèle.

J'admets que les domestiques d'aujourd'hui ne
valent peut-être pas ceux de ce temps-là, mais ne
serait-ce pas parce que les maîtres de ce temps-ci
n'ont pas les qualités des maîtres d'autrefois ?

Le premier devoir du maître à l'égard des serviteurs, c'est de conserver ou de développer en eux
les idées de moralité. Leur manière de se conduire,
en dehors du service, ne peut, ne doit pas lui être
indifférente. Les jeunes filles, surtout, seront entou-
rées d'une sévère sollicitude. Il ne faut pas non plus
tenter les domestiques en laissant à leur portée des
choses précieuses ou de l'argent : coupable est celui
qui fait naître une mauvaise pensée.

Dans les grandes maisons, la vaisselle plate est
confiée au maître d'hôtel, c'est vrai ; mais il sait
qu'il en répond, et on fait un inventaire. Les femmes
de chambre n'ont pas à s'inquiéter des bijoux ; leur
maîtresse les range elle-même et elle-même les
met toujours sous clef. On peut toutefois se départir d'un tel luxe de précautions quand on a des
serviteurs blanchis sous le harnais, ayant donné
mille preuves et garanties d'honnèteté.

Les maîtres bien avisés exigent que leurs domestiques se traitent poliment entre eux. Ils ne peuvent
les forcer à s'aimer, mais ils doivent les obliger à
se respecter. Ainsi on proscrit de chez soi des scènes
et des querelles bien désagréables et qui sont d'un
effet préjudiciable sur les enfants qu'on peut
avoir.

Il faut exiger que les ordres soient strictement
exécutés (quand ils sont raisonnables, il va sans
dire), mais à la condition de les donner avec préci-
sion et clarté, et de ne rien contremander, à moins de
motifs sérieux. Il y a des maîtres qui accusent leurs
domestiques de perdre la tête à la moindre affaire ;
c'est à eux-mêmes qu'ils devraient s'en prendre, à la
confusion de leurs idées ou, au moins, à la manière
confuse dont ils les expriment. Combien aussi de
maîtresses de maison qui, semblant ne pas avoir
une notion exacte du temps, donnent mille choses
à faire à la fois, quand il faudrait quelques heures
pour mener chaque besogne à bien !

Enfin, il est bon de prendre soi-même quelques
soins, pour ne pas accabler les serviteurs de travail. Je connais une dame qui sonne son unique
bonne pour avancer des coussins sous les pieds des
visiteuses. Cependant le service est très lourd, en
cette maison, trop chargé pour une seule personne.
J'ai vu souvent une maréchale, princesse du premier
Empire, très âgée, remettre de ses mains une bûche
au feu. Elle ne manquait pourtant pas de laquais,

mais elle estimait qu'il ne faut pas les déranger
pour si peu. Je suis bien de son avis.

On doit s'arranger de façon que le service ne
soit pas un fardeau écrasant pour les domestiques,
c'est le moyen d'avoir une maison bien tenue et
bien ordonnée ; c'est surtout une question d'humanité.

Chaque matin, on donne ses ordres pour la journée. Ce système est excellent si l'on n'a qu'une
simple bonne. Il est encore bien plus nécessaire de
l'adopter si on a un nombreux personnel à diriger.
La régularité du service est à ce prix. Il faut de la
mémoire et de la réflexion pour n'oublier aucune
chose nécessaire et ne pas faire naître le désarroi
dans la maison. Au besoin, on note sur un carnet,
dès la veille, à mesure des circonstances, ce qu'on
aura à commander le lendemain. Ce faisant, on
absorbe beaucoup moins le temps des domestiques,
ils n'ont pas sans cesse l'esprit tendu, on leur
épargne des allées et venues. Les gens bien élevés
plaignent les peines de tout le monde, même de
ceux qu'ils payent.

Ces mêmes personnes ne se croient pas déshono-
rées, au contraire, pour remercier un domestique
qui leur apporte quelque chose, qui leur rend un
service direct. Elles savent que le serviteur a droit
à un peu de gratitude, en même temps qu'à ses
gages. Le domestique ne remercie-t-il pas lorsqu'on
lui remet la somme mensuelle convenue ? Il a pour-

tant donné son temps et il a eu des ennuis et des
fatigues à supporter.

La politesse des maitres envers les serviteurs ne
doit pas dégénérer en familiarité basse. Par exemple,
rien n'est aussi vulgaire que d'écouter les cancans
de ses gens. Il faut certainement leur parler en
dehors du service, mais on fait bien de borner
la conversation à certains sujets. On s'intéressse à
leur famille, on les conseille pour le placement de
leur argent, on les engage à faire des économies,
on les guide autant qu'on peut dans toutes les circonstances de la vie.

On doit assurer une retraite aux serviteurs qui ont
passé de longues années dans la maison. Cette pension est, naturellement, proportionnée à la fortune
des maitres. Dans les familles de vieille souche, on
est très généreux sous ce rapport ; on n'hésite pas
à s'y priver de certaines choses pour donner plus
de bien-être aux vieux serviteurs incapables de travailler.

Nous sommes tenus de faire un cadeau au domestique qui se marie étant à notre service. Ce cadeau
est en rapport avec nos moyens.

Le maitre peut très bien servir de témoin à ses
domestiques, et toute la famille assister à la bénédiction nuptiale. Une femme du plus haut rang ne
se déshonore pas en embrassant, après la cérémonie, la nouvelle mariée qui est sa cuisinière ou la
femme de son cocher.

Tout événement heureux, qui se produit, dans la maison où il sert, est signalé, pour le domestique, par une gratification de ses maîtres.

Un travail supplémentaire est toujours récompensé.

A moins de motifs extrêmement graves, on donne huit jours au domestique renvoyé pour se pourvoir d'une place nouvelle. S'il mérite un bon certificat sous le rapport de la probité, on appuie beaucoup sur cette qualité, qui sera sa meilleure recommandation.

Dans le cas contraire, on le ménage sur son livret, c'est-à-dire qu'on n'y inscrit que la durée du temps où il est demeuré à notre service. Ce procédé ne trompe pas les gens chez lesquels il se présente et qui voient immédiatement que cette simple indication est grosse de réticences. Mais on n'a pas le souci de l'avoir perdu irrémédiablement, dans une foule d'autres cas, où les indélicatesses signalées sur le livret témoigneraient contre lui.

Etiquette du service

Les domestiques parlent à leurs maîtres à la troisième personne. Ils donnent au maître et à la maîtresse de la maison la qualification de *Monsieur,* *Madame,* sans ajouter le nom de famille.

La fille unique ou la fille aînée est appelée, par

eux, *Mademoiselle*. Le prénom des plus jeunes filles suit forcément le titre de Mademoiselle, lorsque les domestiques parlent de ces jeunes personnes. Le prénom suit toujours aussi le mot Monsieur, lorsque les serviteurs parlent des fils, même quand le père est mort. La raison de cet usage, c'est que le fils aîné lui-même ne peut être considéré comme le maître de la maison tant qu'il vit avec sa mère.

Un mari, parlant de sa femme aux domestiques, dit : *Madame* ; une femme de son mari : *Monsieur* ; de leurs enfants : *Mademoiselle*, *Mademoiselle* Suzanne, *Monsieur* Henri. Les enfants, parlant de leurs parents aux domestiques, disent : Mon père, ma mère.

Les domestiques, rencontrant leurs maîtres le matin, ne leur disent pas *bonjour*. Mais le maître doit prendre l'initiative et, alors, les serviteurs répondent à cette salutation.

Un domestique ne présente rien à ses maîtres ou aux visiteurs de la maison, de la main à la main, du moins les choses qui peuvent être déposées sur un plateau.

Un domestique appelé à soutenir les pas de son maître, à le faire descendre de voiture, ne lui présente pas la main mais l'avant-bras.

Le cocher sur son siège ne découvre pas sa tête pour parler à son maître. Il touche son chapeau. Il ne salue personne quand il conduit, son maître étant dans la voiture. Il doit baisser les stores quand la

voiture est vide. Pour faire ranger les gens, il crie
hop et non *gare*.

Une femme de service qui coud, un domestique
occupé ne se lèvent, ni ne se dérangent quand le
maître vient à passer. Au contraire, ceux qui sont
inoccupés se lèvent.

Le domestique attend les ordres, ne va pas au-
devant; il ne demande pas : « Faut-il seller le cheval de Monsieur ? » La femme de chambre ne demande pas : « Madame sortira-t-elle ? Faut-il lui
préparer telle robe ? »

Les domestiques frappent à la porte de la pièce
où se tient leur maître, sauf pour les jours de réception, où ils introduisent les visiteurs ou les invités
sans frapper.

Les domestiques mâles sont toujours découverts
dans la maison. Les femmes, au contraire, n'ont
jamais la tête nue ; elles portent le bonnet, à l'exception de la femme de chambre, pourtant. Dans les
familles riches, la coiffure des femmes employées est
confectionnée avec des dentelles blanches, sans ruban. Le tablier, blanc aussi, est encadré de dentelle
ou de broderie. La femme de chambre qui porte un
chapeau pour sortir, quitte son tablier pour le dehors. La bonne d'enfants tout petits garde le tablier,
tout en se coiffant aussi d'un chapeau. La toilette
est très simple, mais d'une scrupuleuse netteté.

La tenue des hommes doit être également d'une
propreté irréprochable. Si nous écrivions pour des

millionnaires, nous parlerions de la livrée, du costume porté à la maison, de celui des grands jours,
des jours de gala. Nous indiquerions comment différemment sont vêtus le maître d'hôtel et le chef de
cuisine, etc. Disons seulement que, n'eût-on qu'un
domestique cumulant diverses fonctions : jardinier
et cocher, par exemple, il faut s'attacher à ce qu'il
soit toujours très convenablement habillé, et qu'il
porte dans la maison un gilet à manches. Ses habits
de travail ne seront jamais ni sales, ni déchirés, et
on exigera qu'il prenne soin des vêtements dont on
le pourvoit pour son service du dehors et celui de
l'intérieur.

Les enfants de la maison ne doivent pas vivre trop
familièrement avec les domestiques. Cela n'empêche
pas du tout d'inspirer à ses enfants une sorte de déférence pour les serviteurs qui ont vieilli dans la
famille, ou dont on n'a qu'à se louer.

Les filles ne sortent pas sous l'escorte d'un domestique mâle. On les fait accompagner par une
femme d'un certain âge, au caractère sûr, qui a
donné des garanties de principes.

Jamais, non plus, un homme n'entre dans la
chambre d'une jeune fille, je dirai de toute femme,
fût-elle âgée, même, pour les besoins du service. Si
on n'a pas de femme attachée à sa personne, on se
sert soi-même, on fait soi-même le ménage de sa
chambre et de son cabinet de toilette.

Les domestiques étrangers.

On n'a pas du tout le droit de donner leur prénom tout court aux domestiques étrangers, c'est-à-dire à ceux qui ne font pas partie de nos gens.

On dit très bien *Mademoiselle* Colette à la femme de chambre d'une personne de connaissance ; mais, alors, si cette personne n'est pas mariée, on se garde de lui donner son prénom ; en parlant d'elle à sa femme de chambre, à ses domestiques, on ne la désignera pas mademoiselle *Louise*, mais on lui donnera son nom de famille : mademoiselle *Durand*.

A l'égard des domestiques mâles, on s'arrange pour ne pas les nommer, à moins d'une très grande familiarité dans la maison, et, dans ce cas, pour atténuer l'air de maître que l'on prend ainsi vis-à-vis des domestiques qui ne sont pas à notre service, on sourit à demi et d'un air aimable, en les appelant tout uniment par leurs prénoms.

Lorsqu'un domestique étranger nous apporte un présent de son maître, on est dans l'habitude de lui donner un pourboire. Il est des maisons où l'on en-joint aux serviteurs de ne rien recevoir, mais on a de la peine à établir cet usage nouveau : personne n'ose se dispenser du pourboire et, d'autre part, les maîtres du domestique envoyé n'ont aucun moyen

de savoir s'il a obéi à leurs instructions. On continue
donc à offrir « une pièce » à ces domestiques, pour
les dédommager de leur peine, de leur dérangement ;
nous devons dire, en conséquence, qu'il ne faut pas
donner une somme équivalente ou supérieure à la
valeur de l'objet apporté. Le maître, s'il venait à être
instruit de cette « générosité » exagérée, la consi-
dérerait à juste titre comme une impertinence.

Il me souvient que l'une de mes amies envoya, un
jour, une « brioche de pain bénit » à l'une de ses
connaissances. Le gâteau valait bien trois francs, on
en donna quatre à la bonne qui l'avait apporté. Celle-
ci voulait refuser l'argent, selon les recommandations de sa maîtresse. On lui mit de force les pièces
blanches dans sa poche. Au retour, elle conta la
chose et le procédé fut traité d'impolitesse.

L'usage de donner de l'argent aux domestiques
des gens chez lesquels on dîne est encore assez répandu dans quelques provinces. Il devrait tomber
partout en complète désuétude. C'est affaire à l'amphytrion à tenir compte à ses serviteurs (et il doit
leur en tenir compte), du surcroît de besogne qu'une
grande réception leur occasionne. Mais il est humi-
liant pour lui de se dire que ses convives paient ses
propres domestiques de leurs peines supplémentaires.
Les maîtres aboliraient la choquante coutume en
défendant aux serviteurs d'accepter la moindre somme
sous peine de renvoi.

La mesure se généraliserait vite et les invités, eux-mêmes, seraient bien aises de la voir prendre. Ils ne savent jamais s'ils donnent assez, c'est un embarras pénible. Pour les convives qui sont dans une condition de fortune modeste, c'est, de plus, un lourd impôt.

On ne doit jamais questionner un domestique sur son maître, l'exposant ainsi à commettre une indiscrétion, une délation. Il est également honteux de faire prendre un rôle d'espion à ses propres serviteurs, dans les maisons où on les envoie et en toutes circonstances, du reste.

LA CARTE DE VISITE

Étiquette de la carte.

L'usage de s'adresser réciproquement un petit morceau de carton, en témoignage de souvenir, au renouvellement de chaque année, cet usage, qui a ses détracteurs, se répand de plus en plus dans les classes moyennes de la société.

Un célibataire masculin ou un veuf prévient toujours, pour l'envoi de la carte, au jour de l'an, les hommes de ses relations, lorsqu'ils sont mariés, ceux-ci fussent-ils plus jeunes que lui, et ce, à cause de la femme de ceux-ci.

L'adresse de la carte est libellée au nom du mari et de la femme. Cependant le mari *seul* lui retourne une carte, la femme ne lui en doit pas.

Ces mêmes célibataires et veufs n'ont pas, non plus, à attendre d'échange de cartes avec les femmes non mariées ou veuves; néanmoins, ils mettront encore plus d'empressement à leur envoyer le morceau de carton, qu'ils ne l'ont fait pour les ménages de leurs relations.

Les personnes jeunes devancent les personnes âgées. C'est-à-dire qu'une demoiselle de trente ans (avant cet âge elle n'a pas de cartes) enverra la première sa carte à une femme de quarante; un jeune ménage à un ménage mûr; un jeune homme à un homme d'un certain âge ou à un vieillard.

Les gens mariés, — même âgés, — adressent les premiers leur carte à une femme, — même très jeune, — qui vit seule. Celle-ci leur retourne la sienne, *puisqu'il y a une dame dans la maison.* — Une demoiselle, une veuve, écrivent bien, direz-vous, à un célibataire du sexe fort? Ce n'est pas du tout la même chose. Elles peuvent écrire à un homme qui vit seul, mais elles ne mettent pas les pieds chez lui. Or, une carte équivaut à une visite.

Il y a des cas d'exception; ainsi une femme peut très bien envoyer une carte de visite à un homme *très âgé* qui vit seul, en retour de celle qu'il lui a adressée. La raison de cette dérogation à l'usage vient de ce qu'on peut faire une visite à un vieillard sans se compromettre et que la carte ne représente qu'une visite.

Une femme catholique envoie aussi sa carte à un prêtre de sa religion, le prévient même. Pour une croyante, le prêtre n'est pas un homme.

Beaucoup de gens envoient (sous une seule enveloppe), autant de fois de leur carte qu'il y a de per-

sonnes dans une même famille. Pourtant lorsqu'on
se présente dans une maison et qu'on n'y trouve pas
les gens du logis, on ne laisse qu'une seule carte
cornée, et non une carte pour Madame et une pour
Monsieur. Il est certain que cette surabondance ou cette
superfétation n'a rien de contraire au savoir-vivre,
mais peut-être est-elle due à un manque de raison-
nement et devrait-on reviser cette façon de faire.
Lorsqu'on va en visite, on ne se dédouble pas pour
être un et entier à chacun des membres de la famille;
la carte unique représente ce visiteur indivisible, un
pour tous.

La carte s'insère dans une enveloppe *ouverte* et
affranchie de 5 centimes. Si l'on ajoutait quelques
mots sous son nom, il faudrait mettre un timbre de
15 centimes, comme pour une lettre, et, alors, on
aurait le droit de fermer l'enveloppe. Dans le cas
d'affranchissement à 0,05 la carte portant quelques
lignes manuscrites serait taxée comme lettre par
l'Administration des postes, — si même elle ne donnait lieu à un procès pour intention de fraude.

Rien n'est plus impoli, en ce temps-ci, que de ne
pas affranchir suffisamment les objets de correspondance. En ce qui concerne la carte dont nous venons
de parler, comme ce serait amusant, pour le destinataire, de payer 25 centimes pour recevoir votre
nom et un compliment banal, — ou d'être appelé au
bureau de poste pour donner les renseignements
exigibles sur l'envoyeur et délinquant!

On doit prendre toutes les précautions possibles, au besoin demander l'avis des agents de l'Administration, pour que pareille chose ne puisse jamais arriver.

Cependant, la poste tolère maintenant qu'on écrive sous son nom les trois lettres P. P. C. (pour prendre congé) ou P. F. C. (pour faire connaissance). Elle accepte le mot *remerciements, félicitations, compliments de condoléance*, selon les cas ou autres formules de politesse qui peuvent s'étendre à cinq mots *impersonnels*, et des vœux et souhaits formulés, en termes impersonnels aussi, à l'occasion d'un événement général, comme le jour de l'An, la fête de Noël, etc.

Si les fonctionnaires, officiers ou magistrats habitent la même ville que leurs supérieurs directs, ils font, à ceux-ci, une visite de corps de bonne heure dans la journée du 1er janvier. Mais s'ils sont éloignés de cette ville, ils envoient leur carte assez tôt pour qu'elle arrive au supérieur le 30 ou le 31 décembre.

L'Administration des postes est si encombrée, à cette époque, qu'il faut s'arranger pour que la distribution de cette carte ait lieu en temps voulu. — Il est bien entendu que le supérieur retourne une carte à son inférieur.

Rédaction de la carte.

La carte de visite doit être extrèmement simple. Voici comment on la libelle, dans les différents cas :

RENÉ ESPALET

et vers le bas, à droite, l'adresse :

20, rue Drouot.

DOCTEUR RENÉ ESPALET

20, rue de Richelieu

RENÉ ESPALET

Capitaine au 8ᵉ dragons

Vendôme.

RENÉ ESPALET

Président du Tribunal de Commerce

de et à Thiers.

MADAME RENÉ ESPALET

(Pas d'adresse au bas d'une carte de femme.)

MONSIEUR ET MADAME RENÉ ESPALET

20, rue Drouot.

(La carte collective, du mari et de la femme, requiert l'adresse.)

Une veuve mettra tout bonnement :

MADAME ESPALET

La qualification de veuve ne s'emploie que pour les actes civils ou notariés.

Une demoiselle de vingt-huit ans, au moins, possède des cartes :

MADEMOISELLE ESPALET

Si elle a une sœur également célibataire, pour se distinguer de celle-ci, il lui faudra faire précéder son nom de l'initiale de son prénom :

MADEMOISELLE B. ESPALET

Si, ce qui arrive, deux sœurs non mariées portaient un prénom commençant chacun par la même initiale : « Berthe », « Blanche », l'une et l'autre font précéder leur nom de leur prénom en son entier.

Plusieurs femmes vivant ensemble (très étroitement unies) ne feront pas rédiger leurs cartes de la façon suivante :

MESDAMES ESPALET ET RENARDET

ce qui ressemblerait à une raison commerciale, mais :

MADAME ESPALET ET MADAME RENARDET

Deux sœurs non mariées :

MESDEMOISELLES ESPALET

Les gens titrés ne font pas précéder ce titre du mot monsieur ou madame.

COMTE ET COMTESSE DE LORÉDAN

LA BARONNE DE MORSANG

Le carton est aussi beau que possible, sans aucun enjolivement, les dimensions sont raisonnables (ni trop petites ni trop grandes) et les caractères n'ont pas de fioritures.

Il faut se bien donner la peine de lire le nom porté sur les cartes qu'on reçoit, pour ne pas l'estropier sur l'adresse de la carte de retour ; le manque d'attention constitue une grossièreté. C'est montrer aux gens le peu de cas que l'on fait de ce qui les concerne.

On libelle la suscription d'après les renseignements donnés par la rédaction des cartes.

Quelques personnes pourraient se trouver dans une situation de fortune assez précaire pour reculer devant la dépense d'une centaine de cartes. Dans ce cas, elles achèteraient des petits morceaux de carton blanc, dimensions des cartes qui se trouvent chez les papetiers, et écriraient leur nom, proprement, lisiblement et d'après les indications données plus haut. Le prix des enveloppes et celui de l'affranchissement à 5 centimes peuvent aussi paraître excessifs, dans certaines positions. Alors, nous conseillerions de mettre la carte sous une bande assez large pour que le carton ne puisse être maculé : port, un centime.

Bien des gens vont se récrier et dire que, dans ces conditions de parcimonie, il faudrait s'abstenir. Ils ne comprennent pas la véritable politesse. Mieux vaut laisser soupçonner sa médiocrité que de manquer à un devoir social ou de voir mettre sa sympathie en suspicion.

Car « le bout de carton » a son bon côté : il est prétexte de *ralliement* d'homme à homme ; et, ne fût-ce qu'un instant, il a un effet salutaire sur celui qui l'envoie, sur celui qui le reçoit.

J'ajouterai, après cela, que, *s'il est possible* de s'imposer un sacrifice, une privation pour envoyer sa carte dans toutes les conditions d'*enclosure* et autres généralement adoptées, on fera bien de se conformer au coûteux usage. On doit, autant qu'on peut — et cela sans aucune idée d'ostentation, ni de vanité, par simple dignité, — on doit dissimuler sa pauvreté, éviter la critique et le dénigrement.

Par exemple, *tout le monde* peut et *doit* faire cette économie de ne pas envoyer sa carte à tort et à travers, sans raisons ou relations suffisantes. Si ce n'est pour soi, ce sera pour les autres, qui, sous peine d'insolence, sont forcés de répondre à cette politesse importune.

Les cartes s'adressent du 15 décembre au 31 janvier.

De quelques autres emplois de la carte.

Il y a d'autres circonstances que le jour de l'an où la carte de visite joue un rôle important.

Nous ne parlerons pas de l'échange de cartes entre hommes qui viennent de s'insulter, pas plus que nous n'avons à parler du duel.

Lorsqu'on vient faire une visite dans une famille et qu'on ne trouve personne au logis, on laisse sa carte entre les mains d'un domestique ou du concierge, à défaut de l'un ou de l'autre, on la glisse sous la porte. Cette carte est cornée, la corne signifie qu'on est venu en personne et, dans ce cas, elle équivaut à une visite, qui doit être rendue comme si elle avait été reçue.

On joint sa carte à tout présent que l'on n'apporte pas soi-même, afin d'en indiquer la provenance.

Apprend-on qu'un ami ou une personne de son cercle de connaissances vient d'être affligé par un malheur, on lui adresse *immédiatement* sa carte, avec quelques mots de condoléance, en attendant, si on a des rapports d'amitié, qu'on lui écrive ou qu'on aille le voir.

On fait usage de la carte, de la même façon, en cas d'événement heureux.

La carte de visite peut encore s'employer pour une communication insignifiante, parce qu'elle nécessite moins de frais épistolaires que le billet. Exemples :

Le commandant Roger (imprimé) « présente ses hommages à Madame de T... et lui retourne, avec ses remerciements, le livre qu'elle a bien voulu lui prêter et qui lui a beaucoup plu » (manuscrit).

Madame Z...

« Remercie beaucoup Monsieur X... du bon accueil qu'il a bien voulu faire à son protégé, et lui envoie ses meilleurs compliments. »

Madame R...

« Ravie et reconnaissante, remercie Mademoiselle X... des magnifiques roses, qu'elle vient de recevoir, et lui adresse ses affectueux compliments et ses meilleurs souvenirs. »

Monsieur B...

« A l'honneur d'accréditer, par cette carte, Monsieur C... auprès de M. A... »

Etc., etc., etc.

Voir aussi aux chapitres, lettres de faire-part et d'invitation, pour l'emploi de la carte.

LA CORRESPONDANCE

Règles générales.

Pour écrire à ses amis, à ses connaissances, à ses fournisseurs, il n'est pas du tout indispensable d'avoir le talent de Fénelon ou celui de la marquise de Sévigné ; toutefois, il est bon de posséder sa langue et de connaître l'orthographe. Lorsqu'on a reçu une bonne instruction primaire, il suffit d'un peu de pratique et d'attention pour donner à son style la clarté et la correction nécessaires.

Une belle écriture n'est pas de rigueur, non plus ; mais on doit se donner la peine de former ses lettres pour être lu sans fatigue et sans ennui.

« Une mauvaise écriture, dit Grotius, est une des formes du mépris qu'on a pour autrui, car elle prouve qu'on attache plus de prix à son propre temps qu'à celui des autres. »

De cette maxime du célèbre Hollandais vient, sans doute, cette excuse que font si souvent les Anglais

au bas de leurs lettres : « *Excuse this bad writ-
ting.* » (Je vous demande pardon d'écrire si mal.)
Une bonne écriture est donc requise. J'ajouterai que,
si l'on peut, avec du travail, acquérir une écriture
élégante, cela préviendra en faveur du correspondant.

Le papier, — dont nous déterminerons plus tard
le format, selon les circonstances, — doit toujours
être d'une netteté irréprochable. On affranchit les
lettres que l'on envoie par la poste ; il faut même
s'assurer qu'elles ne dépassent pas le poids fixé,
pour ne pas les exposer à recevoir une surtaxe : de
15 en 15 grammes, on mettra un timbre de 15 centimes.

Nous parlerons aussi, tout à l'heure, des cartes
postales et des cartes-lettres. Mais toute lettre est
enclose dans une enveloppe ; cette petite recherche
coûte peu de chose.

Nous n'aurions pas la place de donner ici des formules pour écrire à ses parents, à ses amis ; le
cœur est un bon maître à consulter, un excellent
conseiller à prendre pour exprimer ses pensées,
peindre son affection, son respect, sa reconnaissance. Il faut écrire comme on pense, sans phrases,
ce qui ne veut pas dire qu'on soit dispensé de certaines formes de la politesse ni de la bienveillance,
de l'amabilité qui peuvent parfaitement glisser leur
note, même, — et surtout, — dans les correspondances entre parents. Nous nous bornerons à ces

données générales, sans pouvoir préciser davantage, les habitudes familiales ou amicales variant avec chaque lecteur.

Nous dirons pourtant que, si un de nos amis venait à monter quelques degrés de l'échelle sociale au-dessus du nôtre, après l'avoir chaudement félicité, soit de vive voix, soit par écrit, nous observerions dans nos relations ultérieures, — lettres comme visites, — une réserve un peu fière. Il serait de bon goût d'attendre, de cet ami, une manifestation nous indiquant qu'il n'a pas changé à notre égard, dans la position élevée qu'il a atteinte.

Lorsqu'on écrit à une personne de connaissance, on peut la traiter de « Cher Monsieur » ou de « Chère Madame », « Chère Mademoiselle ». Bien que ces façons de s'énoncer semblent pécher contre la grammaire, il serait tout à fait contraire à l'élégance d'écrire « Ma chère Dame », « Ma chère demoiselle ». Quant à « Mon cher sieur », il ne viendrait à personne l'idée de s'exprimer de cette manière logique, mais inusitée et... grotesque.

Pour ces mêmes personnes, on peut terminer sa lettre ainsi : « Veuillez recevoir l'expression de mes sentiments les meilleurs », « de mes affectueux sentiments », « de toute ma sympathie », etc., etc., selon le degré, la durée, l'attrait des rapports établis. Plus familièrement, on finira :

« Au revoir, cher monsieur, ou chère madame, croyez à mon vif attachement. »

Depuis quelque temps, on considère comme *très chic* de glisser un mot ou deux d'anglais dans les correspondances entre connaissances. On fait précéder sa signature du mot « *Yours* », qui signifie « Votre », « Tout à vous », etc. Cette locution britannique est souvent la manière d'achever, — sans autre cérémonie, — un court billet ou une carte postale. Ce n'est qu'une mode.

Un homme ne manque pas à sa dignité, lorsqu'il introduit un mot de respect en écrivant à une femme, fût-il de beaucoup son aîné : « Mes sentiments respectueux », « mon attachement respectueux », « ma respectueuse sympathie », « mon respectueux dévouement » — pour une personne avec laquelle il a des relations mondaines.

A une étrangère, il dira : « Veuillez, madame, recevoir l'expression de tout mon respect. »

Lettres à des personnages.

On donne leur titre ou leur qualité aux étrangers auxquels on écrit, quand il s'agit d'une lettre très cérémonieuse, ou concernant ce qu'on appelle « le service », ou encore si l'on doit témoigner de son respect.

On commence en ces termes :

A Madame la marquise de X...

A Monsieur le Principal du Collège de X...

A Madame la Directrice de l'École de X...

A Monsieur le Général commandant la ...ème Division.

A Monsieur le colonel commandant le ...ᵉ Régiment de...

Etc., etc., etc.

Puis immédiatement : « Madame », ou « Monsieur », ou « Colonel », ou « Général ». A l'égard de ces derniers, ne craignez pas de commettre d'impolitesse et, même, si vous avez quelques relations avec ces officiers, dispensez-vous de la formule indiquée pour le début, c'est-à-dire, après votre adresse et la date, commencez immédiatement : « Général », « Colonel ».

C'est la belle langue militaire, concise et simple, qui plaît au soldat. Dans le cas où vous auriez appartenu à l'armée, il serait de bon goût d'écrire : « Mon capitaine », « mon colonel », « mon général ».

Pour un amiral, l'étiquette est tout autre. Il faudrait : « Monsieur l'amiral », — même quand c'est un militaire ou un marin qui écrit. — Le chef de l'État lui-même dit : « Monsieur l'amiral ». La raison de cette distinction est que le grade suprême de l'armée de mer pourrait être confondu avec celui de contre-amiral ou de vice-amiral. A cés derniers, on dit « amiral ».

A un prêtre : « Monsieur le curé », « Monsieur l'abbé », « Monseigneur ». selon les cas. Si l'on est catholique, on termine toujours cette lettre par l'expression du respect, même si l'on est femme. Il est reçu (comme on dit) que la plus grande dame du monde, du moment qu'elle est catholique, introduira le mot *respect* dans une lettre adressée au plus humble desservant de village.

Un homme ou une femme catholique et pratiquante qui écrit, pour une cause *quelconque*, à un prêtre revêtu d'une haute dignité ecclésiastique, à un évêque ou à un cardinal, par exemple, terminera ainsi :

« Je suis avec le plus profond respect,

           « Monseigneur,

« De Votre Grandeur (ou de Votre Éminence, pour un cardinal).

« La très humble et obéissante servante. »

Si l'on avait à écrire à un prince royal on mettrait le mot « Prince » en vedette, sans le faire précéder du mot : « Monsieur » ; à une femme de maison souveraine « Madame » ; dans le cours de la lettre, « Votre Altesse ».

A un roi « Sire », à une reine « Madame », au cours de la lettre : « Votre Majesté ».

On termine :

« Je suis avec le plus profond respect,

       « Sire (ou Madame ou Prince),

« De Votre Majesté (ou de Votre Altesse),

« Le très humble et obéissant serviteur (ou sujet). »

Au chef de l'État (chez nous et dans les pays qui vivent sous le régime républicain), « Monsieur le Président ».

A la fin :

       « Je suis avec le plus profond respect,

             « Monsieur le Président,

   « Votre très humble et obéissant serviteur. »

Même protocole, s'il s'agit d'un ministre, d'un ambassadeur, etc... auquel on adresse une supplique, une pétition ou une simple demande de renseignements.

Une femme, en ces circonstances, se soumet à l'usage, comme les hommes.

Celui qui adresse une réclamation ou une demande n'ayant pas le caractère d'une pétition ou d'une supplique — à un fonctionnaire civil (directeur d'une administration publique, receveur, ins-

pecteur, etc.) ou à un préfet, termine sa lettre de
cette façon :

« Veuillez, monsieur le préfet (ou le directeur),
recevoir l'expression de ma considération distinguée. »

Lettres diverses.

Nous avons encore à donner quelques formules
destinées à terminer les lettres. Une femme finit de
la sorte, en s'adressant à un homme avec lequel elle
n'a pas de rapports mondains, auquel elle écrit
pour affaires ou pour un cas exceptionnel : « Veuillez, monsieur, recevoir l'expression de mes sentiments distingués. » Même formule pour une femme
de son âge. Elle change ses « sentiments distingués », en « sentiments respectueux », pour une
dame âgée ou notoirement son aînée d'un assez
grand nombre d'années.

D'homme à homme : « Veuillez, monsieur, recevoir l'expression de ma considération distinguée. »
Un inférieur à un supérieur : « Veuillez *agréer l'expression* de mon respect et de mon dévouement. »
Le supérieur à son inférieur : « *Recevez*, je vous
prie, *l'assurance* de ma considération distinguée » ou
« de ma haute considération ».

On a saisi la nuance : d'inférieur à supérieur, de

junior à *senior*, ou d'égal à égal, on ne donne pas
l'assurance de ses sentiments de respect ou même
d'affection, on *l'exprime*.

Les élèves qui écrivent à leur professeur emploient
les formules respectueuses de l'inférieur au supérieur et, ce, quelle que soit la position sociale de ces
élèves.

Les parents qui adressent une lettre au professeur de leur enfant s'expriment avec une extrême
politesse, même quand il s'agit du simple « maître
à danser ». En ce cas, l'assurance ni même l'expression d'une froide considération ne sont de mise.
Nous devons à ceux qui enseignent à nos enfants
leur science ou leur art un sentiment de gratitude
affectueuse dont l'argent ne peut nous décharger.
Et ce sentiment, nous devons saisir toutes les occasions de le témoigner.

Une lettre à un fournisseur, à un ouvrier, à un
domestique sera conçue avec toute la politesse et
la bienveillance possibles. On ne dit pas à un marchand : « Envoyez-moi telle chose » ; à un ouvrier :
« Faites ceci, exécutez cela » ; mais : « Je vous prie
de vouloir bien m'envoyer » ; « Veuillez faire ceci ;
je vous serai obligé d'exécuter ce travail ».

On donne parfois son nom de famille à l'ouvrier
qu'on fait travailler depuis de longues années, au
fournisseur chez lequel on s'approvisionne depuis
longtemps : « Monsieur Gautruche, mon cher monsieur Gautruche. » On termine les lettres de ce

genre de la façon suivante : « Veuillez recevoir mes
meilleurs compliments, mes salutations empres-
sées. » Il est même loisible, et nullement contraire
à la dignité, d'introduire un mot affectueux, cela
dépend des rapports... et des personnes.

Quand on s'adresse à un domestique, les nuances
plus fines sont plus difficiles à bien observer. On
peut commencer : « Veuillez, Joseph », ou « mon brave
Joseph », ou « mon bon Joseph, chercher, aller, etc. »
et finir : « Je compte sur vous, au revoir. » —
« Croyez à mes bons sentiments pour vous. » Cette
dernière phrase de maître masculin à serviteur mâle
ou de maîtresse à domestique du sexe féminin. —
Lorsque le domestique est éprouvé ou âgé, lorsqu'on l'a depuis longtemps à son service et qu'il
mérite l'affection, il est clair qu'on peut se départir
de la réserve que nous avons indiquée et le traiter
selon son dévouement, comme faisant partie de la
maison, de la famille.

La signature, la date, etc.

Comment doit-on signer ses lettres ?

Une femme qui écrit à des étrangers ou à de
simples connaissances signe de l'initiale de son prénom suivie de son nom. (Le nom de baptême d'une
femme ne doit être connu que de sa famille et de
ses amis intimes.)

Jeune fille, c'est le nom de son père, qui suit cette initiale ; mariée, c'est celui de son mari. Jamais plus une femme mariée ne signe : « Née une telle. » Titrée, elle signe : « Froulard (nom de son père), ou F., (initiale de ce nom), marquise de Créquy (nom et titre de son mari) ».

Un homme peut signer de son prénom et de son nom. Lorsqu'il écrit à des étrangers, il fait précéder son nom de son titre ou de sa qualité : « comte de L...», « le général S... », « le docteur B...», etc.

Celui qui porte un grand nom néglige souvent et son titre et sa particule. « Rohan » suffit... non seulement pour les gens de connaissance, mais pour tout le monde.

Où se place la date ? En haut de la lettre, après l'adresse. Par exemple : « Paris, 42, avenue des Champs-Elysées, le... » — « Morsang, par Savigny (Seine-et-Oise), le... » Cette habitude de donner son adresse et de *la répéter* dans toutes ses lettres (sauf bien entendu pour les amis de cœur et la famille) est vraiment excellente et absolument conforme aux lois du savoir-vivre. Cela signifie : Je ne me crois pas un personnage assez important pour que mon adresse puisse se graver, dès la première fois, dans votre mémoire, ni pour que vous gardiez mes lettres. C'est encore une façon d'épargner le temps d'autrui ; on a parfois besoin de conserver votre adresse et on serait obligé de la rechercher dans des lettres antérieurement reçues.

Pour une pétition, on daterait en haut de la lettre :

> Paris, le   , 189

L'adresse se placerait sous la signature :

> Joseph DURAND

A Paris,

> Rue Git-le-Cœur, n°

L'adresse, le papier.

Comment doit-on écrire l'adresse, placer le timbre-poste? On prend une seule ligne pour la qualification ou le titre suivi d'un nom, ou le nom seul :

> MONSIEUR LOUIS ROBEL
>
> Rue 18
>
> PARIS

> LE DOCTEUR MOREL
>
> A ÉTAMPES
>
> Seine-et-Oise

La mode supprime le mot « monsieur » ou « madame » devant un titre, une qualité entre gens du même monde :

Comte Gaëtan de Banville, Baron et Baronne de

Moville, Le colonel et Madame Tourbel, Le docteur
et Madame E. Mézières.

Si l'on écrivait à des personnes d'autrefois..., personnes formalistes, imbues des coutumes disparues,
âgées, ayant droit au respect, on mettrait deux fois
monsieur ou madame sur l'adresse :

> Monsieur,
>   Monsieur le général de Neuflie:.

L'habitude, l'obligation de répéter cette qualification sur l'adresse d'une lettre vient, assurément, de
l'ancien usage de la formule latine *Dominus Domi-*
nus, qui indiquait la supériorité d'un seigneur féodal
sur de simples feudataires. C'est comme si on disait
à son correspondant : « Je reconnais votre supériorité sur moi. »

Le timbre-poste s'applique très régulièrement à
l'angle droit de l'enveloppe.

Quel papier doit être employé? Son plus ou moins
d'élégance dépend des ressources que l'on possède.
Mais il faut se garder de tomber dans le mauvais
goût, comme lorsqu'on se sert de papier allemand,
de qualité si inférieure et d'ornementation si criarde,
si vulgaire. Le papier anglais est trop lourd, trop
glacé. Le papier français, au contraire, répond à
toutes les exigences ; à double et triple titre, encou-
rageons donc l'industrie de notre pays.

Le format dépend des relations. Pour écrire à un

supérieur, on ne prendra pas une feuille de proportions minuscules, ni couleur d'azur. Pour demander un service à un personnage, pour une supplique, une pétition, format assez développé, papier ministre.

Dans tous les cas, des enveloppes assorties.

On peut faire porter à son papier ses initiales, son monogramme, ses armoiries (correspondance sérieuse) ; son emblème, sa devise de fantaisie, son prénom, le diminutif de ce prénom, etc., etc. (correspondance familière).

On ne doit jamais écrire en travers sur une page déjà couverte de caractères. Cette habitude est à réprouver même pour l'intimité. On impose, ce faisant, une trop pénible fatigue aux yeux qui nous lisent. Il faut ajouter une autre feuille si la première est insuffisante.

Avant de répondre à une lettre, il est bon de la relire. Il serait extrêmement impoli de demander un renseignement déjà donné, de poser une question à laquelle il a été répondu ou au-devant de laquelle le correspondant est allé, etc.

Une autre impertinence, c'est d'écrire incorrectement le nom des gens qui ont signé lisiblement ou avec lesquels on est en relations. En ces circonstances, on ne leur donne pas non plus uniquement leur qualité... lorsqu'ils en ont une. Par exemple : non pas « Monsieur le percepteur de... », mais « Monsieur un tel, percepteur à... ».

Le billet, la carte-lettre, la carte postale.

Le billet n'est qu'une courte lettre. On y observe toutes les règles du savoir-vivre que nous avons indiquées.

Entre amis intimes, en famille, pour affaire, la carte-lettre s'emploie fort bien, quand on a peu de lignes à s'écrire. Ces cartes sont extrêmement commodes pour les personnes dont le temps est précieux, en ce sens qu'elles vous offrent à la fois le papier, l'enveloppe, la fermeture, l'affranchissement.

Les cartes postales suffisent fort bien, également, pour demander un objet ou un renseignement à un marchand. Il est interdit d'y attacher aucun échantillon et d'écrire, du côté réservé à l'adresse, toute autre chose que cette adresse.

On peut s'en servir, sans aucun mauvais goût, — — sauf pour écrire à un supérieur, quand on n'a qu'un mot à dire.

Timbres-poste joints à la lettre.

En quelles occasions doit-on joindre un timbre-poste à une lettre, à laquelle on demande une réponse ?

Lorsqu'on *réclame* ou *sollicite* un renseignement

d'une personne inconnue et qu'on met cette personne dans l'obligation de répondre *directement*, on lui envoie toujours un timbre-poste, afin de ne pas l'induire en dépense, si minime que soit cette dépense.

Ce procédé ne peut aucunement blesser celui à l'égard duquel il est employé.

Il ne faut pas joindre de timbre-poste quand on s'adresse à un fonctionnaire, qui peut répondre *par voie administrative* et, en conséquence, employer la franchise (s'il s'agit du service, bien entendu).

Non plus, dans une pétition ou dans une lettre par laquelle on demanderait une protection, où l'on ferait appel à la pitié, à la charité.

Mais si on écrivait à une duchesse ou à un sénateur pour avoir des renseignements sur une personne qu'il aurait eue à son service, on joindrait un timbre-poste à sa lettre, et la duchesse ou le sénateur devrait employer ce timbre et *non pas le retourner*. La raison en est que le correspondant veut bien demander un léger service (qui est dû, en ce cas et en beaucoup d'autres), mais qu'il ne saurait accepter que l'on dépensât la moindre des sommes pour le lui rendre.

Lorsqu'on demande à un marchand des renseignements sur ses produits, on n'est pas obligé de lui envoyer un timbre pour sa réponse. La somme qu'il dépensera pour satisfaire le client en expectative est comprise dans les frais généraux de son commerce.

Un point délicat.

Quelqu'un vous confie une lettre pour la remettre à une autre personne ; naturellement, cette lettre n'est pas fermée, ainsi que l'exigent l'usage et la plus élémentaire politesse. Le messager choisi doit-il cacheter la lettre immédiatement, en présence de celui qui l'a écrite? Oui, car on ne saurait exagérer les procédés délicats, et j'ai toujours remarqué que les gens honnêtes sont ceux qui donnent le plus de garanties contre eux.

Il y a encore une autre raison. On peut égarer la lettre (c'est le moment de dire qu'il faut en prendre autant de soin que d'une dépêche d'État), et, si elle est fermée, il y a chance qu'elle ne soit pas lue par ceux entre les mains desquels elle peut tomber.

Du reste, la chose doit se faire simplement, rapidement. L'auteur de la lettre ne fera aucune observation, et celui qui cachette n'expliquera rien non plus. — L'usage étant établi, il n'y a pas de danger que le destinataire s'étonne de recevoir une lettre fermée des mains d'un tiers.

Il ne s'agit donc pas ici de la lettre de recommandation, qu'on remet ouverte à celui qui l'a sollicitée, parce qu'il est entendu, convenu, qu'il doit en prendre connaissance, mais d'un autre cas très particulier et rare où une lettre est remise à un tiers,

afin qu'elle arrive sûrement entre les mains de celui
à qui elle est destinée.

Aphorismes littéraires.

Je terminerai ce chapitre par quelques aphorismes
puisés à haute source et qui sont bons à méditer,
lorsqu'on va écrire la plus simple lettre.

« Ce qui n'est pas clair en matière de style n'est
pas français. » (Rivarol.)

« Le Français ne trouve jamais la phrase trop
courte ni trop claire. »

« Ce que le rythme est à la musique, le verbe l'est
à la prose. Cervantès, Bossuet, Molière, de Maistre,
avares d'adjectifs, abondent en verbes. »

« L'abus des épithètes affadit le style, celui des
adverbes l'éreinte ».

« Molière se moque de l'adverbe et il a raison. »

« Toutes les fois que vous le pouvez, remplacez
le substantif par le verbe, l'adjectif par le substantif,
l'adverbe par l'adjectif. *Ordonner* vaut mieux que
donner des ordres. Préciser un ordre vaut mieux que
donner des ordres précis. »

Clarté, concision, deux qualités qui s'obtiennent
en réfléchissant un peu ou beaucoup avant d'écrire
et sans lesquelles il n'est pas d'élégance.

LES PRÉSENTS

Présents de Noël. — Étrennes.

Chez nous, l'usage des présents de Noël n'est pas universellement répandu, — sauf en ce qui concerne les enfants, dont le « Petit Jésus » remplit le mignon soulier, — mais il gagne du terrain, d'année en année et c'est une bonne chose, puisque cette coutume septentrionale permet d'être agréable à ses amis une fois de plus. On peut sans inconvénient s'en dispenser, mais ceux qui voudraient prendre cette habitude seront, sans doute, bien aises de savoir que les présents de Noël sont de même nature que les cadeaux du jour de l'An, à savoir: fleurs, bonbons, bijoux, bibelots, fourrures, dentelles, etc.

Les supérieurs seuls (par l'âge, la position, l'ascendance, etc.), font des *cadeaux* de Noël et du jour de l'An. Les inférieurs n'en rendent pas. Mais ces derniers peuvent offrir un *présent* à leurs supérieurs, à l'occasion de la fête de nom ou du jour de naissance de ceux-ci. — Les gens du même âge, de la même situation, du *même sexe* peuvent échanger des *présents* à Noël et au jour de l'An.

Un célibataire, qui a diné plusieurs fois dans une maison, *doit* envoyer des *fleurs* ou des *bonbons*, voire des *livres*, de la musique à la maîtresse du logis, le 31 décembre au plus tard. *Il ne peut offrir aucun autre présent.* Les livres et la musique doivent en outre, être choisis de façon à n'offenser aucune délicatesse. Il serait insultant pour elle de supposer qu'une femme pût lire ou chanter des choses grivoises ou seulement égrillardes.

La femme à qui ce présent est adressé remercie par l'intermédiaire de son père ou de son mari. Si elle vit seule ou sans parent masculin auprès d'elle, elle écrit un court, un aimable billet. Il est bien entendu que *jamais* elle n'offre rien en retour.

Les cadeaux que l'on se fait entre parents ou entre amis si intimes que les relations ont couleur de liens de famille, si même il n'y a supériorité, ces cadeaux peuvent affecter la forme la plus ordinaire ou la plus splendide : on donne fort bien une douzaine de mouchoirs de poche, ou un fil de perles de 100,000 écus ; de l'argent monnayé : pièce d'argent, louis, billet de mille francs, ou un humble bouquet de violettes ; un sac de bonbons ou une paire de chevaux. Tout dépend des fortunes réciproques. Il n'y a qu'une règle à observer : à une personne riche, il faut offrir une inutilité, ou, du moins, une chose dont elle puisse se passer : bronzes, fleurs extrème-

ment rares, porcelaines anciennes, dentelles précieuses, bonbons exquis ou... si l'on est pauvre, soi-
même, un bouquet très simple. A une personne de
position moyenne, un objet qui puisse, à la fois, lui
servir et satisfaire une de ses fantaisies. A une personne pauvre, une chose utile, qui lui épargne une
dépense.

Pour bien faire un présent, il faut encore étudier
les goûts de celui à qui on le destine. Il y a des
gens, au contraire, qui ne consultent que leurs préférences. Ainsi, un de mes oncles, qui adorait les
mandarines et détestait les pralines, envoya un jour
une caisse de ces petites oranges à une amie qui ne
pouvait les souffrir, tandis qu'elle raffolait des bonbons inventés par le sommelier du maréchal du
Plessis-Pralin. Cette amie sut gré à mon grand-oncle
de l'intention qu'il avait eue de lui être agréable,
mais son présent ne lui apporta pas d'autre plaisir.
C'était un peu maigre. Mon grand-oncle — Dieu
ait son âme! — avait agi en égoïste, — qu'il me
pardonne de le dire; — en cette circonstance, il
n'avait écouté que son *moi*, lequel devait faire silence,
car il ne s'agissait pas de lui. Notez que mon oncle
avait vu son amie grignoter des pralines et refuser
des mandarines.

Les œufs de Pâques.

C'est une coutume très gracieuse, que celle des cadeaux de Pâques, autrement dit des *œufs de Pâques*.

A qui doit-on donner des œufs de Pâques ?

Aux femmes et aux enfants, aux personnes jeunes... sans réciprocité.

C'est une occasion, pour un célibataire, de s'acquitter des politesses qu'il a reçues dans une maison ; occasion que Noël et le jour de l'An n'ont pu toujours lui fournir.

L'œuf de Pâques est un présent quelconque enfermé dans un coffret ou un simple carton, auquel on a donné la forme de l'œuf, qui peut aller jusqu'à la grosseur de celui de l'autruche et plus.

Nous venons de dire un présent quelconque, en quoi nous avons eu tort : répétons qu'un homme de son monde, une simple connaissance enfin, ne peut offrir à une femme qu'un livre, des fleurs ou des bonbons. Ces *œufs de Pâques*, cependant, peuvent aller du plus simple au plus magnifique. Dans une situation modeste, on enverra un livre nouveau broché, un bouquet de violettes (un peu gros), ou des pralines dans un sac ovoïde (ce détail est de rigueur). Un homme très riche priera d'agréer un livre nouveau sur papier du Japon (tiré à dix exemplaires), enrichi d'eaux-fortes, à couverture de satin,

ou un volume ancien, introuvable ; son bouquet
sera composé d'orchidées exotiques ; les bonbons
peuvent être contenus dans un joli œuf de verre ou
de faïence artistique ouvert et volontairement ébré-
ché, comme l'œuf à la coque, pour servir de vase
ensuite, voire de potiche.

Les *œufs de Pâques* ne sont pas seulement des
présents d'obligation. Ce sont surtout des cadeaux
faits avec joie par les parents à leurs enfants, les
oncles et tantes à leurs neveux et nièces, etc., etc.
Ces *œufs de Pâques*-là sont en général des choses
agréables ou utiles, ou l'un et l'autre. Le père
apporte à sa fille un joli chapeau, une robe en pièce,
dans un gros œuf de carton blanc. Un oncle envoie
à sa nièce un œuf de la poule aux œufs d'or : c'est-
à-dire qu'il a fait vider un œuf véritable (de pigeon,
de poule, de dinde... ou d'autruche) et qu'il l'a empli
de pièces d'argent ou d'or, après quoi il a recollé la
partie enlevée. Un frère aîné donne à sa sœur une
loge à l'Opéra (ou un billet de théâtre) dans un œuf
en chocolat.

Pour les enfants, on les contente à peu de frais.
Rien ne les amuse comme de chercher les œufs dans
les coins de l'appartement ou dans les plantes, au
jardin. En Saxe et dans notre Alsace, on leur fait
accroire que ce sont les lièvres, au service du bon
Dieu, qui les ont apportés. Égarez donc, pour leur
plus grande joie, ces doux produits de la confiserie
ou les simples œufs dorés, ou peints ornementés de

leur nom ou d'une devise. Ils sauront bien les re-
trouver où vous les avez cachés.

Les enfants mariés vont *chercher* leurs œufs de
Pâques chez leurs parents, comme leurs étrennes,
du reste.

Le poisson d'avril.

Il y a encore les présents du 1ᵉʳ avril, car cette
date n'est plus seulement consacrée aux mauvaises
plaisanteries. Elle donne lieu à des cadeaux... comiques. Par exemple, on envoie un poisson de
carton à une femme, en la prévenant qu'il doit être
vidé sur l'heure. D'abord dépitée, furieuse, elle
s'avise d'ouvrir le monstre et elle découvre, dans
ses flancs, une botte de fleurs parfumées. A un ami,
vous adressez un panier de coucous, il regarde ahuri,
en haussant les épaules, mais enfin il enlève les fleu-
rettes et il trouve les huîtres qu'il aime tant.

A une fillette, vous donnerez une pelote de fil à
crochet, en lui recommandant de l'utiliser de suite;
elle fait la moue, mais quand elle arrive au bout de
ce fil, elle s'aperçoit qu'il recouvrait un petit écrin,
la bague de ses rêves. On offre encore des vases en
forme de poisson, des poissons en chocolat, en pâte
fine, en pain d'épices. Ce sont les seules plaisanteries
de bon goût, les seules permises.

Ces cadeaux ne s'échangent qu'à la condition
d'une certaine intimité.

Quelques recommandations importantes.

— Quand le présent est un objet acheté dans un magasin, il faut avoir grand soin d'enlever le prix qui peut y être attaché ou collé, sous peine d'indélicatesse ou d'énorme maladresse. Il est bon aussi de donner à tout cadeau un emballage *relativement* élégant. Si on l'enveloppe d'un simple papier, ce papier sera immaculé, les ficelles sans nœuds de rattache, etc.

— Si le donateur apporte lui-même le présent, celui qui reçoit ce présent le déballe, — s'il y a lieu, — dans tous les cas, regarde ce cadeau avec empressement, et témoigne sa gratitude, sa satisfaction, son plaisir ou sa joie, selon le cas. Et si l'objet offert déplaît, va-t-on dire? Il faut quand même se montrer heureux; heureux de l'attention et de l'intention, heureux du désir que le donateur a eu de vous être agréable ou utile. N'est-ce pas, du reste, ce qu'il y a de meilleur dans un présent? On ne doit donc pas être avare de remercîments, et on met une certaine effusion dans l'expression de sa reconnaissance.

— Nous avons dit que les enfants vont eux-mêmes *chercher* leurs étrennes, leurs œufs de Pâques chez leurs père et mère, leurs grands-parents, etc., car s'ils demeurent avec eux, ils leur souhaitent la bonne année dès les premières heures du jour, et s'ils n'habitent pas leur maison, ils leur doivent une visite matinale le 1er janvier et le jour de Pâques lequel se passe aussi en famille.

— Si une personne de laquelle vous n'aviez pas à attendre d'étrennes s'avisait de vous en donner, et si vous ne vouliez pas être en reste avec elle, il ne faudrait pas, cependant, lui renvoyer un cadeau immédiatement. Ce serait de mauvais goût; cela signifierait : « Je ne veux rien vous devoir ». Saisissez la plus prochaine occasion pour vous libérer : Pâques, sa fête de nom ou son jour de naissance, etc., ou encore envoyez un gâteau d'Épiphanie, dans un plat plus ou moins beau.

— Avez-vous reçu un de ces services qui se paye avec de l'argent et pour lequel on n'en a pas voulu accepter? Acquittez-vous au jour de l'An. Un présent utile si le service a été rendu par une personne dans une position inférieure.

Avez-vous affaire à un médecin? Des fleurs à sa femme, des bonbons à ses enfants, etc., etc. En cette circonstance, *faites grand* autant que possible.

Et à un protecteur? Chose délicate, en vérité, d'offrir un présent à un protecteur, au-dessus de soi par la position sociale.

On a l'air de vouloir le payer, et que lui donner qu'il ne possède déjà peut-être?

Si on est doué d'un talent réel de peintre, de dessinateur, de brodeuse, etc., on peut employer son pinceau, son crayon, son aiguille pour essayer de lui faire quelque chef-d'œuvre, au moins quelque chose de joli ou d'original.

Les industriels peuvent encore offrir un produit très soigné de *leur* industrie. Un chasseur enverra du gibier rare. Un pêcheur, un poisson superbe. De très beaux fruits, des fleurs, pourvu qu'ils proviennent du jardin du protégé, sont encore fort acceptables.

— Il ne faut jamais rien offrir, rien promettre, qu'on ne soit assuré de pouvoir donner, exécuter ou tenir; il faut réfléchir auparavant et être bien certain aussi qu'on ne regrettera pas de s'être avancé, parce que, après s'être imprudemment engagé, on ne peut plus reculer, à moins de manquer à la probité mondaine et à la bonne grâce du gentleman.

A combien de personnes n'arrive-t-il pas de dire : « Je vous donnerai cette plante (ou autre chose), je vous prêterai ce livre. » Après, elles font des réflexions : « Si je donne cette plante, je dépouillerai mon jardin; si je prête ce livre, on me le rendra peut-être en mauvais état. » Et elles gardent plante ou livre.

Mais elles ont eu affaire, parfois, à des gens naïfs, confiants, qui prennent tout au pied de la lettre, qui se disent : « Si on m'a offert, promis cela, c'est que l'on avait du plaisir à le faire ». Et ne voyant venir ni livre, ni plante, ils pensent : « On aura sans doute oublié ». Alors, s'autorisant de l'offre qui leur a été faite librement, spontanément, ils se croient le droit de vous rappeler qu'ils attendent toujours le livre ou la plante promise. C'est là où cela devient comique.

Le visage de l'oublieux volontaire s'allonge, devient maussade, presque sévère, semble dire : « Quel être indélicat, inconvenant! » J'avoue que, si les relations ne sont pas intimes, il aurait mieux valu ne pas réclamer, laisser la promesse tomber dans l'oubli. Mais le véritable coupable envers le savoir-vivre, c'est celui qui manque à sa parole, même dans ces toutes petites choses.

Assurément, vous n'êtes pas tenu par la loi d'être obligeant ou généreux envers tout le monde; mais, alors, ne promettez, n'offrez rien. Vous n'avez pas le droit d'infliger une déception; on comptait sur la plante pour orner son jardin, sur le livre pour passer une heure agréable, vous *volez* le plaisir que vous aviez fait espérer.

— Pour être complet, ajouterons-nous qu'un célibataire est autorisé à envoyer des bourriches de gibier — qu'il a tué, — aux maîtresses de maison qui le reçoivent? C'est un des cadeaux permis d'homme à femme, comme aussi les poissons, « pêchés dans *mon* étang »; les fruits et les légumes « de *mon* jardin ». Il faut prendre de grandes précautions pour envoyer les b̄es abattues et toutes choses, du reste. On doit désirer qu'elles arrivent fraîches, en bon état. L'emballage doit être très soigné dans sa rusticité même. Quand il s'agit d'un gibier, c'est à sa patte ou à son aile qu'on attache sa carte, pour indiquer la provenance du présent.

LA JEUNE FEMME

Comme elle devrait être.

Ce n'est pas le type de Paulette (*Autour du mariage et du divorce*). Cependant nous la prenons dans une position analogue, avec des différences de caractère.

Elle a beaucoup d'aisance aussi, encore plus de simplicité *vraie*. Je ne sais si sa grâce est innée ou acquise par l'éducation (c'est-à-dire par une surveillance exercée — sans pédanterie — sur ses gestes et ses mouvements), mais elle est parfaite.

Elle suit la chasse par complaisance, mais elle ne chasse pas. La chasse *pour le plaisir* l'a toujours révoltée; sans tomber dans la sensiblerie, elle n'a jamais pu se décider à détruire des vies innocentes.

Elle a appris à manier une arme, pour se défendre au besoin, mais elle n'aime pas à faire parade de son adresse au tir, encore moins tient-elle à passer pour une habile escrimeuse.

Elle sait conduire son poney-chaise, ce qui est fort

commode, mais vient-elle à sortir en compagnie de son mari, elle lui abandonne les rênes.

Si elle « pédale », c'est pour faire plaisir à son mari ou par raison de santé, mais elle n'enfourche sa « bécane » que dans les allées de son parc.

Elle va aux courses, mais elle n'engage pas des paris, elle ne tient guère à se montrer au pesage et elle ne se passionne pas, outre mesure, pour les *favoris*.

Elle se montre très modérée dans tous les sports auxquels elle est forcée de prendre part. Elle n'a jamais voulu allumer une cigarette. Elle en roule parfois pour son mari, elle n'en a jamais porté une à ses lèvres.

Au bal, elle ne se décollète pas outrageusement, quoiqu'elle soit la mieux faite au monde. Vous sentez, après cela, qu'elle ne se rend pas de sa cabine au flot et du flot à sa cabine moulée dans certains costumes de bains. Elle jette un manteau sur ses épaules.

Pour aller à pied, dans la rue, sa toilette est très *effacée;* dans le monde, ses ajustements sont du plus haut goût, ainsi que sa situation l'exige et *parce que* sa fortune le lui permet.

Elle n'aime pas à faire la charité à grand fracas, à coups de tam-tam, pour faire retourner le gros public; tout en acceptant d'être dame patronesse, par convenance, elle a ses propres œuvres, nombreuses et secrètes.

Sa maison lui ressemble. Charmante, d'un luxe

harmonieux, avec une pointe de haute fantaisie. Très
confortablement moderne, mais ni bazar, ni atelier,
très personnelle, très jolie, très accueillante; sans
aucune trace du cherché, ni du voulu ni de l'effet.
L'hospitalité y est aussi cordiale que sincère.

On en sort toujours charmé. La dame du lieu n'est
ni dénigrante, ce qui est de si mauvais ton, ni jalouse,
n'ayant pas de sot orgueil, ni facile à l'engouement,
ce qui lui épargne les ruptures toujours pénibles et
parfois douloureuses.

Sa maison est la mieux tenue de France et tout en
sachant être magnifique lorsqu'il le faut, elle ménage
la fortune de ses enfants.

Elle trouve du temps pour veiller à la santé des
chers petits, elle s'inquiète de leur éducation et ne
traite pas légèrement la question de leur instruction.

Elle n'est peut-être pas entièrement heureuse,
mais elle n'a pas cherché de consolations coupables.
Toutefois, elle ne fait pas parade de sa vertu, et
personne n'est plus qu'elle indulgente aux autres
femmes.

Elle accomplit son devoir simplement, elle sait que
le bonheur complet n'existe pas et elle n'a pas fait de
rêves impossibles ou, du moins, elle les a étouffés.

Cette femme peut vieillir. Pure, douce, aimante,
elle restera charmante, alors même qu'il aura neigé
sur ses cheveux. Son fauteuil de douairière sera fort
entouré; on saura trouver auprès d'elle de bons avis,
exprimés avec grâce.

Peut-être le compagnon de sa vie — s'il n'a pas apprécié son trésor autrefois — lui reviendra-t-il, comprenant enfin ce qu'elle vaut. Un peu désabusée, elle ne le repoussera pourtant pas, et elle pensera qu'il y a encore quelques fleurs dans l'arrière-saison.

Ce n'est pas là, la femme capiteuse, enviée, jalousée. C'est celle qui rend heureux. C'est celle qui pleure, comme les autres, mais des larmes sans remords.

Réserve obligatoire.

Une femme encore jeune ne doit pas sortir en la seule compagnie d'un homme qui n'est ni son père, ni son frère, ni son mari. Ce que nous prohibons absolument pour les jeunes filles devrait être encore plus sévèrement défendu aux femmes mariées. En effet, une jeune fille compromet surtout son propre honneur, son propre bonheur, son propre avenir une femme mariée compromet l'honneur, le bonheur, l'avenir de son mari, de ses enfants... de son complice et cela sans réparation possible.

A défaut d'amour pour l'époux, il y a un sentiment d'équité à l'égard de celui dont on porte le nom, il y a la dignité féminine, il y a *surtout* la tendresse maternelle pour nous retenir.

« Il est plus facile de s'abstenir que de se contenir, » a dit Fontenelle. Comme c'est vrai! Une femme, une femme mariée surtout, devine *tout de suite* qu'elle est aimée. Alors quelle est la conduite que lui commandent les convenances et l'honneur féminin? Si sûre qu'elle se croie d'elle-même, elle éloignera immédiatement ce danger en refusant de recevoir, — en l'absence de sa mère ou de son mari, — celui dont elle a pénétré les sentiments; elle évitera même de le rencontrer, dans la crainte de se laisser amollir, émouvoir, et Dieu sait où cela peut mener! S'il lui est permis de compter sur la modération et le calme de son mari, elle lui confiera ses soupçons, elle lui demandera de la protéger par sa présence. Si le mari était violent, jaloux, il faudrait se défendre seule, et la meilleure manière, c'est d'ôter tout espoir, dès le premier instant, par une froideur savante, dans laquelle on ne voie que de l'indifférence et non de la peur. Pour Dieu! ne vous flattez pas de rester irréprochable et pure, tout en vous laissant adorer; c'est, au reste, un sentiment égoïste, vaniteux et qui vous est interdit, sous peine de déloyauté. N'ambitionnez pas le rôle d'amie, d'Egérie, d'un homme, d'une intelligence d'élite, même en toute innocence, c'est jouer avec le feu.

Ne donnez jamais prise au soupçon, pour vous-même, pour les autres. Vous êtes peut-être malheureuse, votre cœur est peut-être meurtri, ne cherchez pas de consolations, même idéales, qui sont dangereuses, qui peuvent devenir coupables. Résignez-vous. Perdez-vous tout entière dans vos enfants.

Les femmes de l'autre siècle ne sortaient jamais seules avant la trentième année et au delà, si elles étaient restées jolies. Elles se faisaient toujours accompagner d'une amie plus âgée, en visite, à l'église, à la promenade. Vous me direz qu'une amie peut être une complice ; sans doute, mais d'abord on regarde à se donner une complice, ensuite certaines scènes ne peuvent se passer en présence d'un tiers.

Ces mêmes femmes du xviiie siècle avaient l'excellente coutume, quand elles recevaient un homme, d'amoindrir l'importance du tête-à-tête, en laissant ouverte la porte de la pièce où ils se trouvaient seuls. Le visiteur s'asseyait vis-à-vis de la dame, à distance, et jamais à ses côtés. Pruderie, dira-t-on. Il y a manière de prendre ses précautions *sans appuyer*, pour rester dans le bon goût ; mais il vaudrait mieux montrer trop de rigorisme que de laisser-aller, quand on ne s'appartient plus.

LE VÉRITABLE GENTLEMAN

Son portrait.

Vous l'avez deviné, le véritable gentleman ne se borne pas aux dehors extérieurs de la politesse ; il cultive en lui les bonnes manières, parce qu'elles sont comme la forme tangible de la bienveillance et du respect qu'il professe pour autrui. Mais cette bienveillance et ce respect, il les a aussi dans le cœur.

La politesse a ceci de beau, c'est qu'elle est née de l'amour de l'homme pour son semblable, de la crainte de le froisser, de le blesser, de l'offenser. C'est une vertu des peuples civilisés. Avec ces rares mérites, elle a aussi d'agréables côtés pour celui qui la pratique : elle le rend plus gracieux, plus aimable, plus sympathique, fût-il même dépourvu de dons physiques.

Il est clair que si, après avoir salué avec la désinvolture « d'un homme de sport », avoir parlé avec esprit, avoir accompli tous les rites de la politesse mondaine, vous laissez échapper un mot méchant ou seulement mordant, votre belle apparence extérieure n'empêchera pas qu'on ne vous déteste ou, au moins, qu'on n'éprouve, pour vous, un éloignement mérité.

Le véritable gentleman est bienveillant, modeste, courtois, généreux. Il n'offense jamais personne et il supporte certaines attaques, toutes les fois que ce n'est pas incompatible avec sa dignité. Il ne soupçonne pas toujours le mal autour de lui, parce qu'il n'a jamais l'intention de faire le mal et qu'il préfère voir l'humanité en beau. Il va dans la vie, armé seulement de la conscience du droit et du bien. Il mate ses appétits, raffine ses goûts et ses habitudes, il dompte ses défauts et estime les autres autant et même plus que lui-même.

Ce véritable gentleman est un véritable homme de bien. Il a tous les courages : le courage de ses opinions, le courage de ses affections, le courage physique comme le courage moral, parce qu'il hait la lâcheté et sait que, pour chaque être humain, sonne, au moins une fois dans la vie, l'heure du sacrifice et du dévouement. Sa première vertu est le patriotisme, il ne recule jamais devant les devoirs parfois pénibles, douloureux, imposés pour le salut du pays ; qu'il faille défendre l'intégrité du sol ou sauver l'honneur national. Il ne trahit pas davantage sa foi politique, mais il a mûri longtemps les déterminations qui l'entraînent vers un parti ou un autre, et il ne se laisse inspirer que par ce qu'il croit être le bien.

Cet homme est fidèle à ses affections. Quand il a noué des liens de cœur, il ne les brise pas facilement et, si on a tué l'amitié en lui, il conserve, du moins, les formes du culte anéanti. Il fait cela pour lui-même un peu et beaucoup pour celui qui a démérité de sa tendresse, mais pour lequel il est encore plein de pitié et de bonté. Il trouve que, pour avoir été longtemps aimé, son ami a acquis sur lui des droits imprescriptibles et indéniables. Mais aussi le véritable gentleman ne se laisse-t-il jamais guider par l'engouement ni le caprice. Il étudie celui vers qui la sympathie l'attire avant de lui offrir, de lui donner une affection qu'il ne voudrait pas lui reprendre.

Personne n'est aussi attentif que le véritable gentleman à remplir les petites obligations de la vie. Avec ce désir de rendre heureux, cette crainte de blesser, il n'oublie rien, n'omet rien.

Il est plein de respect et de douceur pour les femmes. Pour leur parler, il assouplit sa forte voix; pour ne pas les effaroucher, il modère la brusquerie des façons masculines; dans la discussion avec une femme, comme dans la conversation, il introduit toutes sortes de termes mesurés et une courtoisie inaltérable. Il se laisse attaquer, taquiner sans montrer d'impatience; il ne répond jamais grossièrement à la parole inconsidérée, maladroite ou vive qui peut échapper à la femme. C'est dans ce commerce avec elle, avec ces ménagements pour sa fai-

blesse, qu'il acquiert ses dons les meilleurs et les
plus charmants. Il parle d'elle, même hors de sa
présence, avec un respect infini ; il ne la compromet
jamais et, au besoin, la défend de sa parole et de son
bras.

Grands et petits devoirs du gentleman.

Un honnête homme, un homme doué de quelque
délicatesse, ne parle jamais à ceux qu'il appelle ses
« camarades » de la femme qu'il a distinguée, vers
laquelle il se sent entraîné, dont il rêve de faire sa
femme. Et alors même qu'il devient sûr que la sympathie éprouvée est partagée, il ne se vante pas de
son bonheur.

Il n'a que le droit d'annoncer son mariage, quand
tout est arrangé, arrêté. Et encore doit-il parler de
l'événement proche avec beaucoup de réserve, de retenue, contenant sa joie. Il est des sentiments qu'on
déflore pour ne pas avoir su les enfermer dans le secret de son cœur.

On reconnaît le gentilhomme de nature, je n'ai
pas dit de race, à ce signe qu'il ne porte jamais la
conversation sur une femme en public, ni pour en
dire du bien, ni pour en dire du mal ; encore moins
pour se prévaloir d'en être aimé, ou seulement remarqué.

Il sait qu'en faisant effleurer d'un soupçon une

réputation de jeune fille, il peut causer à celle-ci le plus grand dommage, faire le malheur de sa vie. Il sait que si l'on entache le nom d'une femme mariée, des maux incalculables peuvent résulter de cette souillure pour elle, pour son mari, pour ses enfants.

L'homme qui se dirige d'après ces principes pratique la vénération de la femme... parce qu'il se souvient de sa mère. N'a-t-il pas vu que cet être, dont la faiblesse s'étaie à la force de l'homme, est capable des plus hauts dévouements et des plus sublimes sacrifices? Il comprend alors de quel respect il faut entourer un nom de femme pour lui laisser l'auréole que lui fait l'amour des siens, et qu'il n'est pas de plus grand respect autour d'elle que le silence, silence qui ne peut être rompu que pour célébrer sa bonté, quand elle a des cheveux blancs.

Il arrive que des femmes trop vives et, disons le mot, mal élevées traitent durement un homme qui a commis quelque maladresse à leur égard. Cette conduite blâmable de la femme n'autorise pas l'homme à l'insulter, ni même à lui répondre vertement. Tout au plus peut-il lui faire sentir son tort avec esprit, bonne humeur et convenance. En cas où, dans une discussion, elle perdrait toute mesure, il ne se départirait pas davantage de cette respectueuse indulgence... due à son sexe, sinon à elle-même.

Dans les danses et les jeux qui autorisent l'enlacement des mains, de la taille, l'homme ne doit pas saisir sa danseuse ou sa partenaire d'une étreinte trop vive, les convenances lui interdisent de trop la rapprocher de lui.

Il peut très bien, en ces circonstances, ou à table, entamer une conversation avec la plus jeune et la plus naïve des fillettes, parler de toute autre chose que de la chaleur et de la beauté de la fête pour l'amuser par une conversation attachante, mais il veillera sur ses moindres paroles, quel que soit l'âge de la femme à laquelle il s'adresse, pour ne pas déflorer, par un mot étourdi, malséant, inconvenant, cette ingénuité féminine que beaucoup de femmes gardent au delà du mariage.

Si une femme laisse tomber son mouchoir, son éventail, un objet quelconque, tout homme bien élevé s'empressse de le ramasser et de le lui remettre, en s'inclinant ou la saluant, si l'incident a lieu dans la rue.

Un homme doit s'effacer en toutes rencontres, tenir le moins de place possible pour laisser le plus d'espace qu'il est en son pouvoir d'accorder à *toute femme*. Il doit prendre garde d'accrocher ses vêtements avec son parapluie, sa canne, etc.

Il n'aborde jamais une femme dans la rue, mais si celle-ci l'arrête, il prend et conserve tout le temps l'attitude la plus réservée, la plus respectueuse. Il a enlevé son chapeau et ne se recouvre que sur l'invitation qui lui est faite (et la femme doit la faire immédiatement) de se recouvrir.

Un homme ne peut offrir de présents sérieux qu'à

sa mère, sa sœur, sa fiancée (à la veille du contrat).

Ai-je besoin de dire aux jeunes gens qu'ils ne réussiront jamais dans le monde — ou du moins pas longtemps — s'ils *affectent* des airs supérieurs, sentencieux ou sombres, fatals, aussi absurdes les uns que les autres? Qu'ils soient jeunes pendant leur jeunesse. Connaissez-vous quelque chose de plus charmant et de plus attirant que le printemps et la jeunesse?

La gaieté va très bien à la vingtième année, puis c'est une qualité française qu'il ne faut pas laisser périr.

On aime aussi, chez un jeune homme, une pointe de fougue, d'enthousiasme, de brillant, de poésie. Après lui avoir dit : respectez profondément la femme, j'ajouterai : au-dessus d'elle, placez encore *la dame* de nos jours, celle à qui vous devez tout votre amour, tout votre sang, *la grande dame*, la patrie, la France!

La tenue.

Un peu de coquetterie, indiquant un légitime désir de plaire, est permise et même ordonnée. Vous verrez que vous en serez mieux accueilli partout, parce que ce soin, que vous prendrez d'être agréable aux yeux, flattera l'amour-propre d'autrui. Lord Chesterfield, une autorité, pour ne pas dire un oracle, en matière de savoir-vivre, écrivait à son fils : « Un homme bien habillé a encore plus d'influence sur les hommes que sur les femmes. »

N'allez pas conclure de là que la question de toilette masculine n'est rien aux yeux de la plus faible moitié de l'humanité. Mais, une tenue négligée, dénotant le dédain où l'on tient l'opinion des autres, indispose l'homme contre l'homme et lui donne envie de rendre mépris pour mépris. Souvent aussi, un homme mal habillé est ridicule aux yeux de ses congénères, qui pensent que cette insouciance de l'apparence extérieure l'empêchera de faire son chemin dans la vie, — ce qui arrive souvent, à moins que l'on ne soit génial.

Toutefois, je n'ai pas l'intention d'envoyer tous mes lecteurs se faire habiller chez les *tailors* de la rue de la Paix ou des boulevards. Mais je voudrais leur voir accorder quelque attention à leur toilette et leur persuader, surtout, qu'il faut choisir parmi ses vêtements selon les circonstances. Ainsi rien n'est aussi absurde, d'aussi mauvais goût, que de se rendre à une fête de village, à un déjeuner de campagne, à une partie dans les bois, en redingote et pantalon noirs, en gilet décolleté, en chapeau tuyau de poêle.

En ces occasions, il faut un complet ou une jaquette et un chapeau de fantaisie. La redingote et le haut de forme sont à leur place aux messes de

mariage, aux enterrements, pour les visites, etc.,
telle est la véritable élégance... Sachez bien que je ne
viens pas vous inciter à des dépenses au-dessus de
vos moyens et qu'il y a avantage à posséder des
habits différents, pour les cas divers, afin de réserver
les plus beaux et les plus coûteux pour les événements solennels.

Un homme qui a des aspirations d'élégance, —
ce qui est à encourager, quand elles restent contenues dans de justes limites, — ne s'habille pas, non
plus, dès le matin, comme un notaire appelé à
dresser un contrat ou à rédiger un testament; il
sait que la redingote et le chapeau haute forme sont
inadmissibles jusqu'à l'heure des visites. Cet homme
a grand soin de ses vêtements : souillés, tachés, ils
sont comme déshonorés. Il ne se couvrira pas, pour
aller au travail, d'un pardessus encore mettable avec
une toilette de fête. Un jour de pluie violente, par
la neige, il n'exposera pas aux intempéries un chapeau neuf, un vêtement frais. Il faut savoir conserver, pour ces mauvais jours, d'anciens habits qu'on
fait nettoyer, réparer et qui rendent d'inestimables
services, le soir, par exemple, pour faire des
courses.

(Le roi Georges de Grèce, qui a eu forcément une
jeunesse économe, change de vêtements le soir,
c'est-à-dire s'habille de vêtements qu'il ne porte
plus au dehors, lorsqu'il passe les dernières heures
de la journée en famille.)

En se donnant ces petites peines, tout le monde peut arriver à acquérir l'aspect d'un gentleman.

Il y a aussi, il y a surtout les soins de la personne. Tout homme peut les prendre. On a toujours un peu de temps pour cela ; l'eau, le savon, un peigne, une brosse ne représentent pas une dépense dont il faille parler. On n'aura jamais bonne façon avec des ongles en deuil ; ces ongles peuvent être rongés par certain travail, on les regardera avec respect, s'ils sont nets et propres.

Il y a des mains rudes, calleuses, rougies, abîmées ; croyez-vous qu'on les serre avec moins de plaisir que la main blanche d'un boulevardier « ces mains sanctifiées par le travail », — selon la belle expression de George Sand, — si elles ont été bien lavées, si elles ont été débarrassées, à la sortie de l'atelier ou à la rentrée à la ferme, des taches que leur a faites l'honnête labeur ? Pour moi, j'aime leur étreinte *saine*, franche, cordiale, tandis qu'il me déplaît de sentir mes doigts entre certaines mains molles et parfumées.

Une dernière recommandation :

Que votre linge soit beau et même précieux si vous le voulez, mais sans broderies ni fioritures. Et surtout ne portez que les bijoux indispensables et d'une façon très discrète.

Pas plus d'une bague et pas d'étalage de breloques sur le gilet ; boutons de chemise imperceptibles.

Il en est de la tenue comme des bonnes manières, que l'on peut cultiver sans la moindre pédanterie ni prétention ; le sentiment de la dignité personnelle, le désir d'être agréable, aux autres voilà qui justifie suffisamment les soins minutieux donnés à sa personne.

Sans le chercher, le véritable gentleman arrive à être un modèle de bon ton. Il s'est initié à tous les petits usages, sans y apporter une importance énorme, mais en en comprenant les bons côtés. Très simple, exprimant d'une manière aimable des choses agréables, on le sent animé de nobles sentiments, d'une sympathie qui lui fait discerner justement les goûts, les besoins des autres. Et, alors, on l'entoure de respect, d'estime et d'affection. Cela vaut bien quelques efforts.

LA JEUNE FILLE

Un portrait.

Une jeune fille bien élevée ne se retourne jamais pour regarder quelqu'un dans la rue.

A moins qu'il ne s'agisse d'un ami très âgé, elle ne permet pas à un homme de lui adresser la parole dans la rue, lorsqu'elle est seule ou accompagnée d'une bonne.

Si elle trouve de jeunes amies dans la rue ou dans un lieu public, elle évite de rire et de causer bruyamment avec elles. Si ses amies oublient ce précepte, elle les rappelle gentiment à l'ordre : « Chut, chut, parlons plus bas, nous allons nous faire remarquer. » L'objurgation est accompagnée d'un sourire comme correctif.

Lorsqu'elle vient à rencontrer une personne de sa connaissance, elle ne croit pas avoir accompli tous ses devoirs en faisant un petit signe de tête bien sec, avec une expression de figure aussi froide qu'anglaise. Elle s'incline du buste avec grâce et laisse apparaître un demi-sourire sur ses lèvres.

Elle ne braque pas sa lorgnette au théâtre sur les gens qu'elle ne connaît pas, et elle ne les regarde pas non plus fixement et effrontément n'importe où elle les rencontre.

Si un homme lui cède sa place, en wagon, en voiture, en tout autre lieu, ou lui rend un de ces petits services qu'on peut accepter, elle remercie poliment, d'un air souriant.

Au dehors, ni même à la maison, elle ne porte jamais de vêtements singuliers ou excentriques et répudie toute couleur voyante qui « tire l'œil ».

Le ton de sa voix n'est ni fort, ni faible, ni affecté, ni languissant, ni âpre, ni perçant. Elle parle naturellement, d'une voix distincte, ni trop basse, ni trop élevée, aux sons argentins... si elle a bien veillé sur son organe, que la nature a fait doux et dont l'altération ne serait due qu'aux accès d'emportement, de colère ou à une sécheresse de cœur irrémédiable.

Elle se garde bien de toute extravagance dans la conversation, elle ne répète pas à tout propos : « C'est insensé », pour « c'est extraordinaire ou incroyable ». Elle ne dit pas : « Un tel est impayable. » « C'est assommant », « je m'embête » ; elle évite un verbe qui est beaucoup trop naturaliste, elle dit : « Cela sent mauvais. » Elle n'abuse pas de : « J'adore cela », « je déteste cela ». Elle n'émaille pas sa conversation de : « C'est splendide, c'est délicieux, c'est adorable, c'est ravissant », quand il s'agit de choses toutes simples et tout ordinaires.

Elle ne prodigue pas à ses amies des démonstrations hyperboliques d'affection, ne leur saute pas au cou à tout propos, ne les accable pas d'appellations mignardes, mais elle est d'un commerce fidèle et sûr, elle apporte dans ses relations une grande honnêteté de caractère, ne révélant ni les travers, ni les défauts, ni les fautes de ses amies; ne jalousant ni leur beauté, ni leur fortune, ni aucun de leurs avantages; se plaisant à les faire valoir au contraire.

Elle ne prend pas les matières familiales pour texte de ses conversations avec ses amies les plus intimes et même les plus sûres. Les choses du foyer ne se racontent pas. Si elle veut être estimée, elle parlera toujours de sa mère avec respect et tendresse.

En visite avec sa mère, elle attendra qu'on lui parle; mais alors elle s'efforcera de répondre autrement que par monosyllabes. Il ne lui est nullement interdit de montrer qu'elle est spirituelle, intelligente; ce qui est à réprimer, ce n'est pas l'aisance qui donne tant de grâce, mais l'aplomb effronté et sot, qui indique qu'on est absolument contente de soi-même.

Elle ne bâille pas en écoutant un interlocuteur ennuyeux; elle a la patience d'entendre deux fois la même anecdote, de sourire deux fois au même bon mot, d'accorder son attention aux récits les plus prosaïques. — Elle s'efforce d'acquérir la mémoire des visages, des noms qui leur appartiennent, des faits qui les concernent, afin d'éviter de passer auprès d'une personne de connaissance sans la saluer, ce qui est une offense, ou de s'incliner devant une inconnue, ce qui est une sottise... parfois compromettante; ce petit effort mnémotechnique l'empêchera aussi de dire, en présence de certaines personnes, des choses qu'il faut laisser dans l'oubli pour ne pas les froisser, et ainsi elle ne méritera pas qu'on pense : « Elle vient de perdre une belle occasion de se taire. »

Elle évite le fou rire, en prenant l'habitude de dominer ses impressions.

Elle ne chante pas en public et ne joue pas d'un instrument, qu'elle ne soit sûre de sa voix ou de l'exécution du morceau choisi ou demandé.

Il ne lui est pas défendu de chercher à plaire en se rendant agréable, en paraissant apprécier les autres et en se montrant reconnaissante de ce qu'ils font pour elle.

Elle sera aimée si elle sait faire quelques petits sacrifices, naturellement, de bonne grâce, comme s'ils lui coûtaient peu; si elle a quelque considération pour les opinions, les sentiments, les préjugés des autres.

Ce qu'elle doit faire, ce qu'elle doit éviter.

Une jeune fille n'accepte jamais d'un homme un présent de valeur, à moins que cet homme ne soit son fiancé. Et encore, jusqu'au jour du contrat, celui-ci ne doit-il offrir que des livres, de la musique, des fleurs, des bonbons.

Une jeune fille ne fait pas faire sa photographie à chaque instant, et surtout elle ne distribue pas à tort et à travers les exemplaires de cette photographie. Elle peut la donner aux membres de sa famille, — sauf à de jeunes cousins qui, peut-être, la laisseraient traîner çà et là ; — à celles de ses amies qui sont douées d'un caractère sérieux et qui sont incapables de laisser aller ce portrait entre les mains de ceux qui ne doivent pas le posséder.

Elle ne porte son monogramme ni en broche, ni sur aucun objet de toilette, sauf son mouchoir de poche. Encore bien moins son prénom. Même prohibition en ce qui concerne le papier à lettres d'une jeune fille, lequel doit être simple, azuré ou blanc. Elle peut signer ses lettres à ses amies de son prénom suivi de son nom de famille ; à un professeur, à une personne de connaissance, à un fournisseur, l'initiale de son prénom précède le nom de son père.

Au bal ou dans toute autre fête, si une gaieté

bruyante, des conversations trop prolongées avec
un homme, et une exubérance trop vive lui sont
interdites, il ne lui est pas ordonné, pour cela, de
prendre une physionomie froide et sérieuse. Un joli
rire, un air aimable, certaine spontanéité même,
lui siéront très bien. En un mot, elle choisira le
juste milieu entre le laisser-aller et l'excessive pruderie, et elle peut être certaine qu'elle sera convenable et charmante.

A table, elle ne doit pas manger comme Gargan-
tua, ce n'est pas joli et cela nuirait surtout à sa
santé, mais ce serait encore plus déplaisant de la
voir manger comme un oiseau, — à moins qu'elle
ne soit de constitution délicate ou souffrante, —
parce qu'on supposerait, non sans raison, qu'elle
réprime son appétit, pour affecter des airs éthérés.
Quand on est jeune, on a toujours faim aux heures
des repas, et on ne criera pas au réalisme, parce
qu'une jeune personne, encore en croissance, satis-
fera un bel appétit. Ce qu'il faut seulement éviter,
c'est la gourmandise qui enlaidit et qui dénote une
mauvaise éducation. Par exemple, une jeune fille ne
boira jamais du vin pur et *trempera* même fortement
son vin. Elle n'acceptera pas de liqueur. Une femme
doit se garder des spiritueux, sa beauté et la bienséance l'exigent. Les Romaines de l'antiquité ne
buvaient jamais de vin en public. Il faut suivre cet
exemple au dehors et à la maison.

Elle évite de railler les autres, de se moquer de

ses amies ou des étrangers. Les blessures qu'on fait à l'amour-propre d'autrui saignent longtemps. Par bonté d'abord, par prudence ensuite, elle s'arrangera de façon à ne jamais piquer ni froisser quelqu'un.

Comme la vie est pleine de cas d'exception, un homme a pu s'adresser directement à elle pour lui déclarer sa tendresse. Qu'elle ait accepté ou repoussé l'amour offert, elle est tenue de mettre sa mère au courant de ce qui se passe. Ainsi elle s'épargnera souvent de grands malheurs. Il n'est pas de meilleure, de plus sûre confidente qu'une mère. Il n'est pas d'affection plus vraie et plus protectrice que celle d'une mère. Quant à ses amies, une jeune fille loyale ne va pas leur raconter ce qui s'est passé entre elle et l'homme dont elle a agréé la recherche ou qu'elle a découragé: seules, les petites sottes vaniteuses se font gloire de ces choses-là.

Comment elle acquiert l'aisance et la grâce.

On dit aux jeunes filles de se tenir bien droite mais gracieusement, évitant les attitudes languissantes tout autant que les airs délibérés, garçonniers.

Pour être gracieux, il faut exercer ses membres. Une mère a raison, — à double titre, — d'obliger ses fillettes à aller et venir par la maison, en s'oc-

cupant du ménage, autant que les études sérieuses
le leur permettent. Les mouvements naturels et
presque inconscients qu'elles sont tenues de faire
en accomplissant ces travaux, mesurés à leurs
forces assouplissent leurs articulations au moins
autant que la danse et la gymnastique, où les gens
nerveux se raidissent quelquefois, par suite d'une
tension ou d'une préoccupation de l'esprit. Une
jeune fille qui ne fait qu'étudier ses livres et son
piano, pour qui tout est leçon et enseignement
didactique, ne sait pas marcher... avec grâce.

On ne doit pas faire entrer brusquement sa fille
dans le monde. Il vaut mieux la préparer peu à peu
en la faisant assister à de petites soirées dans la
maison paternelle, en lui enseignant, *par l'exemple*,
à y prendre un rôle actif de bienveillance et d'amabilité.

Il ne faut pas lui faire trop de leçons mondaines,
on l'effrayerait en donnant trop d'importance à de
petites choses, et la crainte de manquer à de puérils
détails du cérémonial lui enlèverait ce grand charme
de la jeunesse : la grâce timide, les étonnements
candides. Elle se trouvera bien d'apprendre « le
monde » petit à petit, par elle-même. On l'aidera en
faisant devant elle, comme par hasard, de ces observations exemptes de dénigrement, mais judicieuses,
de ces réflexions sensées qui en disent plus long
qu'un sermon ou un cours de belles manières.

Pour lui donner de l'aisance, on lui persuadera

que les jeunes filles passent inaperçues lorsqu'elles sont simples, modestes et ne pèchent pas contre les convenances. Elle sera bien plus heureuse que si on l'épouvantait de la crainte du ridicule, que si on appuyait tant sur la nécessité de se soumettre à une foule d'usages insignifiants, ce qui lui ferait croire que tout le monde aura les yeux fixés sur elle pour noter les moindres manquements, les plus légères irrégularités.

Ce système d'éducation lui laissera un peu de cette délicieuse gaucherie qui sied bien aux très jeunes filles, chez lesquelles on n'aime pas à rencontrer un aplomb imperturbable, mais elle ne sera certainement ni contrainte ni guindée.

LETTRES DE FAIRE PART
ET D'INVITATION

Faire part de naissance.

Voici plusieurs modèles de ces billets — où la fantaisie s'admet fort bien.

« Madame C... est heureusement accouchée d'une
« fille, qui portera le nom de Germaine.

« Monsieur C... a l'honneur de vous en faire
« part. »

Papier uni, blanc sans chiffre.

Ou :

« Le petit Jean a fait une heureuse entrée dans ce
« monde, le quinzième jour de mars ; ses père et
« mère, M. et Mme G. de N..., ont la joie de vous en
« faire part. »

La carte et l'enveloppe — ornées du monogramme
paternel — sont couleur d'azur, les caractères bleu
plus foncé, ou argent.

Autre : « La marquise B. de l'E... est heureuse-
« ment accouchée d'une fille.

« Le marquis B. de l'E.... a l'honneur de vous en
« faire part.

            « Paris, le.... »

A l'angle gauche de la carte rosée, la couronne
héraldique du père et, s'élançant du milieu des perles
et des feuilles d'ache, celui des signes du zodiaque
qui dominait dans le ciel, au moment de la naissance
de l'enfant.

Enfin, un quatrième modèle : « J'ai l'heur de vous
« apprendre que mon fils est sorti du cloître mater-
« nel, pour commencer mortelle vie, le vingtième
« jour de mars. — J'ai choisi pour parrain à ce mien
« enfant, Messire Jean, duc de... et, pour marraine,
« gracieuse dame Arlette, marquise de... qui lui
« bailleront, pour nom baptismal, Jean-Hughes.

            « Louis, comte de..... »

Voilà pour les connaissances ordinaires. Le billet
des intimes porte cette addition : « Je vous convie
« à venir partager joies et liesse de ce baptème, en
« mon château de...

            « ... le ...e jour de... »

Cette lettre de faire part et d'invitation est imprimée sur parchemin en caractères gothiques et enlu-
minés. Au bas, les armes accolées du père et de la
mère.

On retourne une carte pure et simple aux père et
mère, ou on leur écrit pour les féliciter, ou on trace

quelques mots sur sa carte ; toutdépend des rapports
établis.

Lettres d'invitation à la bénédiction nuptiale.

On est revenu à des rédactions assez simples. Et
la décoration de ces lettres est d'une extrême sobriété
également et même n'existe aucunement, quoi qu'on
ait voulu un instant, à la mode anglaise, recourir
aux caractères d'argent.

La lettre d'invitation se compose de deux doubles
feuillets. Un double feuillet (celui qu'on trouve d'abord
en ouvrant la lettre) est réservé aux parents de la
mariée ; l'autre double feuillet, à ceux du marié.

Chaque feuillet est timbré à l'initiale du nom
du père de la mariée et à celle du nom du père du
marié, ou, s'il y a lieu, ce sont les armes accolées
des deux familles. Si une seule famille est titrée, sa
lettre est timbrée de son blason, l'autre lettre ne
porte qu'un chiffre.

Les monogrammes et armoiries ne sont pas de
rigueur et sont même supprimés par beaucoup de
personnes élégantes.

Un usage universel et des plus recommandables
veut qu'on fasse figurer les grands-parents des futurs
en tête de la lettre d'invitation — comme de celle
de faire part, quand on a le bonheur de posséder
encore les aïeuls.

« Monsieur A..., Monsieur et Madame B... ont
« l'honneur de vous faire part du mariage de Made-

« moiselle Marcelle B..., leur petite-fille et fille, avec
« Monsieur Gaston C..., lieutenant au 100ᵉ dragons,
    « Et vous prient d'assister à la bénédiction nup-
« tiale, qui leur sera donnée le jeudi... 18..., en
« l'église de..., à midi très précis. »
                    (Adresse des parents au bas.)

L'autre double feuillet est ainsi conçu :

    « Le colonel C..., commandant le 80ᵉ hussards,
« officier de la Légion d'honneur, et Mᵐᵉ C... ont
« l'honneur de vous faire part du mariage de Monsieur
« Gaston C..., lieutenant au 100ᵉ dragons, leur fils,
« avec Mademoiselle Marcelle C...,
    « Et vous prient... »

Les titres, les grades, les qualités s'énoncent toujours dans ces lettres.
    Si la cérémonie est suivie d'un *lunch*, les lettres
destinées aux connaissances intimes contiennent
une carte ainsi conçue :
    « Madame (la mère de la mariée) recevra chez
elle après la bénédiction nuptiale, ou après la cérémonie ». L'adresse, de nouveau, au bas de cette
carte.
    On répond à l'invitation au lunch de cette façon :
                    (Carte de visite)

    Monsieur X...
    « Sera heureux de profiter de l'invitation qui lui
« est adressée.

« Avec ses félicitations et ses vœux pour le
« bonheur des fiancés. »

ou :

Monsieur X...

« Regrette d'être sérieusement empêché de pro-
« fiter de la bonne invitation qui lui est adressée.
« Avec ses félicitations les meilleures etc., etc. »

Les gens qui se proposent d'assister à la bénédiction nuptiale — n'ayant reçu que cette seule invitation — n'ont pas de carte à envoyer.

Mais s'ils ne peuvent y assister, ils envoyent leur
carte purement et simplement, en exprimant leurs
« regrets » d'en être empêchés. Ils expriment
des félicitations, aussi, s'ils le veulent, et peuvent
également envoyer leurs vœux. Tout dépend des
rapports existants.

Faire part du mariage et réponses.

Au dernier siècle, le billet de faire part à l'adresse
d'un prince du sang, d'un supérieur dans l'ordre
hiérarchique, était écrit à la main ; c'était un raffinement de politesse à l'égard de ces personnages,
un raffinement enseigné par l'art des nuances.

Aujourd'hui encore l'usage subsiste, mais plutôt
pour annoncer le mariage, avant sa célébration.

Le faire-part ne diffère de la lettre d'invitation dont nous venons de parler que par la rédaction.

Elle est ainsi conçue, très simplement désormais :

« La Comtesse douairière de D..., le Comte et la
« Comtesse de D... ont l'honneur de vous faire part
« du mariage du Vicomte Gontran de D..., attaché à
« l'ambassade de France à Constantinople, leur
« petit-fils et fils, avec Mademoiselle Yvonne du
« Quercy.

                « Paris, avenue Montaigne, n°..., le... »

« Monsieur et Madame de Bruges ont l'honneur
« de vous faire part du mariage de Mademoiselle
« Yvonne du Quercy, leur nièce, avec le Vicomte
« Gontran de D..., attaché à l'ambassade de France
« à Constantinople.

                « Lille, rue... n°... le..... »

Mais souvent le billet n'est plus envoyé en double. Les père et mère de la mariée font part de leur côté, et les parents du marié du leur, à leurs connaissances respectives. Cela est très rationnel.

S'il y a lieu *d'annoncer* séparément le même événement à des connaissances communes, il est tout à fait absurde que les parents du marié ou ceux de la mariée fassent part du mariage de leur fils ou de leur fille à des gens qui leur sont totalement inconnus : ce soin n'incombe qu'à celle des deux familles qui est en relations avec le destinataire du billet.

12

Dans le cas où l'on recevrait une lettre double, on ne devrait toujours de réponse qu'à une seule des deux familles, si on ne connaissait que celle du marié ou celle de la mariée ; mais si on connaît les deux familles, une réponse est due à chacune.

Cette réponse consiste en une simple carte de visite ; en une carte sur laquelle on a écrit quelques mots de félicitations au-dessous de son nom (la poste en tolère cinq) ; ou en une lettre fermée. On s'inspire des relations qui existent entre soi et l'envoyeur.

On doit répondre à l'envoi d'un faire part dans les trois ou quatre jours qui suivent.

Au cas où la personne qui recevrait ce faire part ne serait en rapport qu'avec le marié, c'est aux jeunes époux qu'elle adresserait sa réponse, et non aux parents de l'un ou de l'autre.

Lettres d'invitation à un convoi, faire part de décès et réponses.

En ce qui concerne une mort, il y a aussi les lettres d'invitation à la cérémonie funèbre et les lettres de faire part.

Dans le grand monde (comme on dit), — et voilà que l'usage se répand dans tous les mondes (comme on dit encore), — les lettres d'invitation au convoi sont rédigées au nom des seuls parents masculins ;

les femmes de la famille n'y figurent pas, même la veuve, même la mère, même la fille !

Pour ces lettres d'invitation, les parents masculins prennent leur titre, s'il y a lieu, mais n'y étalent pas toutes leurs qualités et dignités. Ainsi on dira très bien : « Le colonel S... du 250° de ligne » — car il s'agit de faire connaître, par des désignations claires, tous ceux qui invitent, afin qu'il n'y ait pas d'erreur dans l'envoi des cartes de retour, mais il serait de mauvais goût d'ajouter : « Commandant le 250° de ligne, officier de l'ordre de la Légion d'honneur, chevalier de ceci, grand'-croix de cela. »

Par exemple, on n'observe pas la même réserve en ce qui concerne le défunt ; tous ses titres, grades, dignités sont énoncés.

Quand les gens qui ont reçu la lettre d'invitation assistent aux obsèques, ils n'ont aucune réponse à faire. A la sortie de l'église ou du cimetière, ils salueront la famille.

Empêchés, ils s'excusent par lettre ou par carte, en ajoutant quelques mots au-dessous de leur nom, parfois en adressant une simple carte.

On devrait n'inviter à l'enterrement que les personnes habitant la même ville, ou au moins les villes ou villages limitrophes. On ne peut imposer un voyage, même court, une perte de temps à *ses connaissances*, pour leur offrir un spectacle de tristesse et de désolation. Au delà du rayon que nous avons indiqué, on adresserait seulement des lettres de faire part.

Dans cette lettre, les femmes de la famille figurent cette fois et les parents masculins énoncent tous leurs titres. La raison en est que ces lettres ne s'envoient qu'après les funérailles et qu'alors, on a eu le temps de se reconnaître, de se reprendre.

On répond à cette lettre par l'envoi de sa carte pure et simple, ou par quelques mots de condoléance, ou par une lettre émue, cela dépend du degré d'intimité.

La carte ou la lettre de réponse n'est adressée qu'à ceux qu'on connaît parmi tous les parents qui font part de la mort.

Les amis du défunt sont avertis par lettre autographe, émanant d'un membre de sa famille.

La lettre de faire part est *due* à tous ceux qui ont eu quelque rapport avec le mort.

Quelques jours après l'enterrement, la famille du mort envoie une carte collective à toutes les personnes qui ont assisté aux obsèques.

Invitations au bal, à un diner, etc.

On invite à un bal *au moins* quinze jours d'avance. Il faut bien ce temps à une femme pour préparer, combiner sa toilette, aujourd'hui que tout est si compliqué dans l'ajustement.

Pour un bal, voici la teneur de l'invitation — sur une large carte imprimée et parfois enguirlandée de la fleur choisie, quand il s'agit d'un bal floral :

« M. et Mme X... prient Monsieur et Madame Z... (le nom écrit à la plume) de leur faire le plaisir d'assister au bal qu'ils donneront le..... »

Si c'est un bal particulier, on le mentionne : « au bal blanc », « au bal des roses », « au bal costumé », « au bal masqué », etc. Ainsi on est averti que les célibataires des deux sexes danseront seuls (à un bal blanc) ; que l'on doit garnir sa toilette ou orner sa boutonnière de la reine des fleurs (à un bal des roses) ; que l'on doit se costumer, se masquer, etc.

Pour une soirée, l'invitation est toute simple, c'est encore une carte :

« M. et Mme X... resteront chez eux, jeudi soir... avril. On dansera — ou on fera de la musique... ou on jouera la comédie — ou on dira des vers. »

Les invitations au réveillon s'adressent par cartes, toujours. On les illustre de rouges-gorges et de branches de houx, elles peuvent être rédigées d'une façon fantaisiste : « Nous mangerons du boudin, le soir de Noël, et nous vous en réserverons une part. Messe (en telle église). »

L'invitation à une fête d'Épiphanie exige une carte timbrée d'une étoile d'or et portant ces mots : « On découpera, chez nous, le gâteau de la fève, le 6 janvier, venez vous faire élire roi (ou reine). » Cette invitation est signée, comme celle du réveillon.

Pour un garden-party : « Nous danserons, en notre jardin, le... à... heures du soir et nous espérons bien vous voir à notre fête champêtre, etc., etc. »

Lorsqu'il s'agit d'un dîner, on invite par lettre manuscrite ou de vive voix. Le nombre des convives étant relativement restreint, on peut bien prendre la peine d'écrire à chacun ou d'aller leur formuler soi-même l'invitation.

Réponse à une invitation.

Lorsqu'il s'agit d'une soirée, il n'est pas de nécessité absolue que les amphitryons soient fixés sur le nombre des invités qui acceptent. En conséquence, on peut se borner à envoyer sa carte, dès la réc-ption du billet d'invitation et ensuite assister ou non à la réception. Voilà la stricte obligation. Toutefois, il serait plus aimable d'ajouter quelques mots sous son nom :

« Monsieur et Madame X... remercient Monsieur et Madame Z... d'avoir pensé à eux et espèrent que rien ne les empêchera de profiter de la gracieuse invitation qui leur est adressée. » Ou « sont désolés (pour telle cause) de ne pouvoir profiter, etc. » On exprime toujours des regrets et on ne manque jamais de remercier.

Pour un dîner, on répond par un court billet : « Cher Monsieur et chère Madame, nous acceptons

avec un très grand plaisir, mon mari et moi (ou ma
femme et moi), l'aimable invitation que vous avez
bien voulu nous adresser, et nous vous remercions
de l'aimable pensée que vous avez eue pour nous. »
Ou : « Nous regrettons très vivement que (telle
chose) nous prive du plaisir d'accepter, etc. »

Après avoir refusé une invitation, on ne se ravise
pas, on n'avertit pas que, les circonstances nouvelles
le permettant, on peut assister à ce dîner auquel on
avait été convié. Cela pourrait gêner les maîtres de
la maison, qui ont peut-être offert à un autre la place
qu'ils vous avaient réservée à leur table, en premier
lieu. La réponse doit être adressée immédiatement,
afin que les amphitryons sachent à quoi s'en tenir,
au plus tôt, et puissent remplacer, dans les délais
exigés par la politesse, les convives qui font défaut.

FUNÉRAILLES

Premières dispositions, formalités.

Voici un triste chapitre. Mais, hélas ! il n'est personne qui échappe au malheur de perdre l'un des siens. Et l'étiquette et la coutume, qui n'abdiquent leurs droits en aucune circonstance, règlent la façon dont nous devons porter ou, tout au moins, manifester notre douleur.

Quand la mort entre dans une maison, les plus forts, parmi les amis ou les parents, rétablissent autour de celui que la vie vient d'abandonner une sorte de calme et d'ordre, qui sont de décence rigoureuse. On ferme les volets, les persiennes, les portes ; on allume des bougies dans la chambre mortuaire. Le corps est gardé jusqu'au moment où on le met au cercueil, et après, c'est le cercueil qu'on garde jusqu'à son enlèvement.

On fait subir au mort une toilette, sur laquelle il n'est pas besoin d'insister, car tous les peuples du monde et toutes les classes de ces peuples ont eu l'idée de parer le cadavre pour le tombeau. Toutefois, il ne faut procéder à cette toilette qu'après le passage du médecin certificateur de la mort.

On va à la mairie de l'arrondissement, de la ville ou de la commune, faire la déclaration du décès.

La municipalité envoie alors un médecin au domicile du défunt, pour constater le décès, et déterminer, sur le certificat, la maladie qui a amené la mort. On doit présenter, pour l'établissement du certificat, les ordonnances du médecin qui a soigné le défunt.

Il reste ensuite à s'entendre avec l'église ou avec l'administration des pompes funèbres, selon les lieux, pour les service, convoi et enterrement.

Si on désirait transporter le corps dans un autre cimetière que celui de l'arrondissement ou dans une autre ville, il y aurait lieu d'en demander l'autorisation au maire, qui en réfère au préfet.

Étiquette du convoi.

Six ou douze heures après le décès, il arrive que la chambre du mort soit transformée en chapelle ardente où ceux qui l'ont aimé sont admis à le revoir. Plus rarement, le cercueil ouvert est descendu dans un salon tendu de draperies funèbres et illuminé comme une église. Cette décoration dépend absolument de la situation de fortune du défunt ou de ses héritiers. Ceux-ci, en tenant compte, bien entendu, de leur position pécuniaire, ne doivent ni lésiner ni marchander quand il s'agit de dépenses de cette espèce. Ils sont tenus de faire honorablement les choses, cela ne veut pas dire qu'ils soient obligés d'étaler un faste ruineux, tout relatif qu'il peut être, mais qu'il est de bon goût, en ces tristes circonstances *surtout*, de ne commettre aucune mesquinerie.

On éloigne les jeunes enfants de la maison mortuaire, où il faut faire régner le silence, où l'on doit marcher doucement, parler bas, où la vie ordinaire est, pour ainsi dire, suspendue.

Le jour de l'enterrement, le cercueil est exposé sous la porte de la maison. On l'entoure de lumières, on le couvre de fleurs, dernier hommage, dernier présent à celui qui va disparaître à jamais ! Chaque ami apporte son bouquet, sa couronne. On se souvient encore des imposantes funérailles du grand tribun et du grand poète, où les fleurs s'entassèrent par monceaux énormes. L'antiquité donnait aussi des fleurs aux morts. Elle leur avait consacré le pavot et la primevère. Elle couronnait de roses sauvages les jeunes vierges enlevées par la « noire voleuse ».

Les domestiques en deuil ou, s'ils sont en livrée, portant un nœud de crêpe à l'épaule, sont rangés sous le porche, autour de la bière. Ils peuvent naturellement être remplacés par une simple garde.

Les invités qui se rendent à la maison mortuaire

sont reçus par les parents masculins. On se serre la main. Des conversations ne s'établissent jamais entre les personnes présentes. Ce serait une inconvenance suprême. Si on est forcé de dire quelque chose, on parle bas, à demi-voix. Les parents du mort sont en habit, en grand uniforme, ou en autres vêtements de deuil, s'ils n'ont pas droit à l'uniforme ou ne possèdent pas d'habit. Dans tous les cas, la tenue est d'une scrupuleuse propreté et très soignée.

Si le mort est un personnage officiel, il faut prendre des dispositions, réglées d'ailleurs par un cérémonial d'État. Certaines positions entraînent aussi certaines cérémonies, arrêtées d'avance.

Le cercueil, — sur lequel on dispose les insignes qui distinguaient le mort pendant sa vie, soit qu'il ait appartenu à l'armée, à la magistrature ou au corps des grands fonctionnaires, — le cercueil, déposé sur un corbillard ou porté à bras, cela dépend des lieux, est suivi de toute « la maison » du défunt. Si c'est un militaire, son cheval, revêtu d'une housse noire, si c'est un personnage politique, sa voiture stores baissés, lanternes allumées, s'avance au milieu des domestiques. Puis, viennent les parents masculins les plus proches, tête nue. Les invités peuvent se servir des voitures de deuil, des voitures du mort, des fiacres ; mais, en général, ce ne sont pas les hommes qui y montent, on les laisse aux femmes.

Quant aux dames de la famille, il leur est accordé de ne pas assister ostensiblement aux funérailles. Si

elles le préfèrent, elles se font conduire à l'église ou
au cimetière avant le départ du cortège. Elles suivent l'office d'une chapelle voisine, maîtrisant leur
douleur de leur mieux ; au cimetière, elles se dissimulent jusqu'à ce que le dernier assistant étranger
ait disparu.

A Paris, l'office terminé, les hommes qui mènent
le deuil se placent au bas de l'église, où les invités
qui n'accompagnent pas le corps au cimetière viennent les saluer ou leur serrer la main. La même cérémonie se renouvelle au cimetière quand tout est fini.

Dans les petites villes de province, dans les villages, on serre la main des parents ou on les salue
une seule fois, à la porte du cimetière.

Les salutations à la famille ont pourtant lieu à
la porte de l'église, n'importe en quel pays, si le
corps est emporté dans un autre endroit.

Les choses ne se passent pas de la même façon
partout. Dans une partie des Ardennes, on reconduit les parents du mort jusqu'à leur demeure ; un
des assistants prononce une prière, la famille remercie et on se sépare. Ailleurs, nous avons vu le
mort entouré jusqu'au dernier moment par ses parents, entre lesquels les invités venaient asperger
le cercueil ; il n'y avait ni remerciements, ni serre-
ments de main à la porte du cimetière. Il est donc
indispensable, en ces circonstances, de se conformer aux usages de la localité qu'on habite, fût-ce
passagèrement.

Chez les protestants, le service religieux a souvent lieu à la maison mortuaire. Après que l'office est terminé on accompagne le corps au cimetière, où les choses se passent, à peu de chose près, comme chez les catholiques.

Chez les Israélites, on va souvent aussi directement du logis au cimetière. Pendant toute la cérémonie, même à l'arrivée dans la maison mortuaire, les hommes restent couverts. Habitude difficile à prendre pour ceux qui ne pratiquent pas la loi de Moïse et qui ont, au contraire, un si profond respect de la mort.

A la campagne, on est souvent obligé d'offrir un repas aux personnes qui se sont dérangées pour assister à l'enterrement. C'est encore aux parents masculins seuls qu'incombe le devoir de présider la table. Le menu sera simple, quelle que soit, d'ailleurs, la position de fortune des amphitryons. On fera bien de méditer le menu du repas des funérailles qui s'offre après la cérémonie, chez les paysans de la Creuse, et qui est invariable, dans toutes les maisons, riches ou pauvres : betteraves au lait, haricots au lait, fromage à la crème, eau ou cidre.

Toujours, en ce même pays, le dîner terminé, tout le monde se lève et on récite la prière des morts.

LE DEUIL

Règles générales.

Le deuil, qui est une marque extérieure de la douleur, — dont il a, du reste, tiré son nom, — le deuil a des règles, qui doivent être très sévèrement observées. Tous les peuples civilisés l'ont porté, le portent, d'une manière différente, c'est possible, mais inspirés par la même pensée de témoigner, ostensiblement, de leur affliction.

Pourtant, à l'heure qu'il est, les Américains et les Anglais cherchent à battre en brèche l'usage du deuil; ils veulent en raccourcir la durée, voire le supprimer. Un simple bracelet de crêpe par-dessus un vêtement quelconque leur paraît suffisant en bien des cas.

Autrefois, le deuil était très long, chez nous. La duchesse de Berry, fille du régent, fit diminuer de moitié la durée de tous les deuils. Mais, malgré l'insertion dans les *Colombats* de la réforme imaginée par cette fille de France, la vieille noblesse provinciale eut bien de la peine à l'accepter.

Alors, on portait le deuil de père à la mort de *l'aîné de sa famille*, du chef de sa maison, le degré de parenté fût-il assez éloigné.

Encore aujourd'hui chez nous « peuple léger »... qu'on nous accuse d'être, les observances du deuil sont encore et seront toujours peut-être très rigoureuses et de longue durée.

Les coutumes un peu solennelles ou jolies, la grâce et l'élégance appartiennent bien plus à notre race qu'à toute autre... Aussi les usages respectueux et décents.

Il est certes des lois, des règles qui doivent se modifier selon les époques, mais on ne gagnerait rien à supprimer le culte des morts... qui est celui des ancêtres !

Deuil de veuve.

Le deuil de veuve, le plus long de tous, dure deux ans. Le grand deuil austère toute une année : robe de laine unie ou de crêpe anglais ; chapeau à long voile *tombant sur le visage ;* châle *en pointe ;* bas noirs, fil ou laine ; gant de suède ; à la maison, un bonnet ou coiffe de veuve (les cheveux doivent être couverts); les bijoux sont interdits, même ceux de bois durci.

Cependant le grand voile extrêmement gênant peut être rejeté en arrière après six mois. Il est

alors remplacé sur le visage par une voilette en
tulle uni bordée de crêpe. Toutefois, si on peut le
supporter plus de six mois, on ne s'empresse pas
de se découvrir le visage. Par une chaleur étouffante
il est bien permis de l'écarter un peu, on le rabaisse
dès que le visage est rafraîchi.

Pendant les six premiers mois de la première période de la seconde année, le crêpe est remplacé par
la gaze, le mérinos par des étoffes moins sévères :
grenadine *unie*, voile, lainage légers ; les garnitures
sont encore simples ; on prend des gants de chevreau ; au lieu du châle, une jaquette, un mantelet
de même étoffe que la robe ; bijoux de jais. Les derniers six mois admettent les divisions suivantes : la
dentelle noire, la soie, les ruches, les broderies de
jais, pendant trois mois ; les étoffes blanches et
noires, les dentelles blanches pendant six semaines,
puis, jusqu'à la complète expiration, le gris, le
prune, la pensée, le lilas (il faut bien observer la
gradation des nuances) ; dans les derniers quinze
jours, des fleurs : scabieuses, violettes, pensées,
pervenches ; des bijoux : perles et améthystes.

L'astrakan est fourrure de deuil, de grand deuil.

Les fourrures noires sont admises pendant la
seconde période du deuil.

Le deuil terminé, il y aura encore une légère
transition avant de s'habiller comme tout le monde :
on commence par des nuances discrètes, neutres
ou foncées ; les hyacinthes et les diamants sortent

des écrins, et on peut placer dans ses cheveux le chrysanthème (de toutes les couleurs), car c'est une fleur de veuve.

Une veuve fait quitter la livrée à son cocher particulier pendant la durée de son deuil, — il est vêtu de noir avec cocarde de crêpe au chapeau.

Une femme qui a perdu son mari ne prend la qualification de veuve que dans les actes notariés.

Les gens avec lesquels elle est en relations mondaines n'ajoutent jamais non plus ce mot de veuve à son nom, en aucune circonstance, ni sur l'adresse d'une lettre, ni en parlant d'elle, ni en la présentant à une autre personne. Hors de sa présence, on dit à ceux qui ne la connaissent que peu ou pas : « Madame une telle, — c'est une veuve, elle est veuve. »

Les femmes de la noblesse qui ont un fils font suivre leur titre de la désignation *douairière ;* et alors ce n'est pas manquer à l'élégance, au contraire, que de se servir de ce terme, pour indiquer le veuvage d'une femme de qualité, comme on disait autrefois, et surtout pour la distinguer de la femme de son fils aîné, laquelle porte le même titre qu'elle.

Les cartes de visite des gens en deuil, leur papier à lettres sont bordés d'un filet noir plus ou moins large, selon l'ancienneté du deuil, sa période.

Deuils divers.

Le deuil de père ou de mère, de grand-père, de grand'mère, celui de frère ou de sœur se portent de la même façon, avec les mêmes gradations, seulement ils diffèrent de durée : le deuil de père et de mère, dix-huit mois; de grand-père et de grand'mère, quinze mois; de frère ou de sœur, dix mois. Le deuil d'oncle ou de tante, six mois; de cousin germain, de parrain, trois mois. Ces deux derniers, moins sévères, n'exigent ni laine, ni crêpe, même au début. — On prend aussi le deuil à la mort d'un cousin éloigné, d'un ami. Ce sont les deuils dits de courtoisie, parce que l'usage ne les impose pas. A notre avis, ils sont mal désignés : un deuil d'ami est un deuil de cœur.

Mais la première désignation prévaudra par la raison qu'on n'est tenu à porter le deuil que de ses ascendants et de ses aînés. Le deuil est un signe de respect autant que de douleur. Aussi, pendant longtemps, les père et mère ne prenaient pas le deuil à la mort de leur enfant; un oncle se dispensait de porter celui de son neveu. Aujourd'hui, les relations familiales sont devenues plus étroites, plus tendres; on pense moins à la dignité de l'âge et de l'autorité; on porte le deuil quand le cœur est atteint. Les mères ne quittent plus celui qu'elles prennent à la mort de leur fille; les grand'mères portent le deuil de leur petit-fils, c'est le deuil de tendresse.

Il va sans dire que les deuils de beau-père et de belle-mère, de beau-frère et de belle-sœur sont les mêmes que ceux de père et de mère, de frère et de sœur. Chaque perte subie par le mari est également ressentie par la femme, si ce n'est en réalité, du moins en apparence et convenance extérieures.

Le deuil des hommes passe souvent inaperçu à une époque où ils sont si tristement vêtus. Il consiste, pour eux, en gants noirs, crêpe au chapeau, drap d'un noir plus mat. On ne le remarque un peu que dans le costume négligé, le complet, qui n'est jamais noir qu'en cette circonstance. Ils le portent aussi longtemps que les femmes, sauf... dans le cas de veuvage où ils s'en affranchissent, lorsqu'ils veulent, bien avant les deux années d'obligation, contracter un nouveau mariage.

Dans le cas où un homme ne pourrait s'acheter d'habits de deuil, il porterait un crêpe au bras sur ses vêtements ordinaires (mode anglo-saxonne, excusable en ces circonstances). Si un crêpe qui se fane vite lui paraissait encore trop onéreux, il le remplacerait par une bande de mérinos noir.

Par contre, dans les maisons riches, tous les domestiques sont en deuil. Les serviteurs mâles en grande livrée portent la cocarde de crêpe au chapeau. Les domestiques du sexe féminin sont pourvues d'un

deuil aussi rigoureux que celui de leur maîtresse et
soumis aux mêmes gradations.

Convenances à observer.

On ne reçoit aucune visite, avant que six semaines,
au moins, se soient écoulées depuis la mort de
celui qu'on pleure.

On ne rend les visites de condoléance que six semaines après les avoir reçues : soit trois mois pendant
lesquels on reste enfermé chez soi. Il est entendu que
ces règles ne sont pas applicables aux femmes qui
sont appelées au dehors par les conditions de leur
existence. Lorsqu'au bout de ce temps on rompt sa
clôture volontaire, il est admis qu'on arrivera chez
les gens qu'on doit voir, le jour où ils reçoivent, naturellement, mais de très bonne heure, afin de ne
rencontrer personne dans leur salon.

Une veuve, une mère, peuvent fort bien même
se borner à déposer une carte, mais en personne et
en grand équipage... s'il y a lieu.

Durant la première moitié du deuil, on s'abstient
de tous plaisirs, de toutes distractions. Il est d'usage
de fermer son piano, de délaisser tout instrument de
musique pendant un certain temps... mais seulement
quand la musique n'est qu'un plaisir, une distraction
pour l'exécutant. Si on en est à la période des études,
celles-ci ne peuvent être interrompues longtemps

sans dommage. Après trois mois, on peut rouvrir son piano, dans les conditions que nous venons d'indiquer; il suffira de choisir de la musique sérieuse... celle qui convient au reste le mieux pour l'étude.

Dès le commencement de la seconde période, on se permet des conférences sérieuses, les expositions; on fait des visites, on reprend son jour. Vers la fin du deuil — deux mois avant son expiration — on rétablit son *five o'clock tea*, on donne à dîner, on assiste à un concert. Le deuil terminé, on commence à reparaître dans de petites soirées, sans danser encore; on va à la Comédie française, puis à l'Opéra. Peu à peu, on rentre dans le train de la vie ordinaire.

Les gens en deuil ne peuvent prendre part aux fêtes d'un mariage. Tout ce qu'ils sont autorisés à accorder à l'amitié, c'est d'assister à la bénédiction nuptiale, et encore cela dépend du degré où en est le deuil; une veuve se récuse avant six mois de deuil, une orpheline avant trois mois.

On peut être parrain et marraine pendant le deuil, à condition de ne pas prendre part à la fête joyeuse, si les parents de l'enfant en donnent une.

Un mariage étant décidé dans une famille et la mort d'un parent proche, père, mère, grand-père, grand'mère, frère, sœur, oncle, tante, survenant, il faut bien surseoir à l'événement. On attendra un mois ou deux mois selon le degré de parenté. Le mariage se célébrera dans la plus stricte intimité et sans fête. Un déjeuner réunira les proches, les témoins, les deux couples de garçons et de demoiselles d'honneur.

La mariée, fût-elle au commencement du deuil le plus profond, est toujours vêtue de blanc.

Les femmes de sa parenté qui font cortège à la mariée et portent le même deuil qu'elle, s'habillent de gris-perle, de mauve ou de blanc pour cette journée.

Le lendemain, elles reprennent leur deuil.

Une épousée dont le mari serait en deuil prendrait ce deuil, le lendemain du mariage, à la période où il en serait.

Les gens en deuil ne portent pas de fleurs sur eux, jusqu'à la période où certaines d'entre elles sont accordées.

Ils proscrivent aussi pendant quelque temps, dans leurs appartements, ces éclatants, ces superbes symboles de joie.

Nous ajouterons encore quelques lignes sur ce lugubre sujet. Les ambassadeurs des nations étrangères prennent le deuil à la mort de l'un des membres de la famille royale de leur pays. Dans ce cas, les jours de réception à cette ambassade, les invitées, étrangères à la nationalité de l'ambassadeur, et, à Paris, les Françaises surtout, porteront des toilettes entièrement blanches. C'est affaire de politesse internationale.

L'HOSPITALITÉ

Celui qui la donne.

Nous ne voulons pas parler de l'hospitalité fastueuse. Non seulement elle n'est pas à la portée de tous, mais certaines recherches sont inutiles. Toutefois, lorsqu'on invite les gens à faire un séjour chez soi, il faut être sûr de pouvoir leur procurer le confort et les distractions auxquels ils sont habitués.

On doit connaître le jour exact de l'arrivée de ses invités, pour préparer leur appartement avec les soins les plus minutieux. Qu'on reçoive une personne d'humble condition ou un prince, on doit le traiter avec tous les égards possibles et lui donner tout le bien-être compatible avec la situation où l'on est placé.

La maîtresse de la maison inspecte donc l'appartement qu'elle destine à l'invité. Une propreté scrupuleuse est de rigueur absolue; on débarrasse les armoires de ce qu'elles peuvent contenir, on les époussette et on procède de même pour les tiroirs de

commode. Sur une table on dispose tout ce qu'il faut
pour écrire, du papier à lettres, des enveloppes, etc.;
à côté, quelques livres, choisis d'après l'idée qu'on a
toujours des goûts et des tendances littéraires de
ses amis.

Sur un plateau, on prépare de l'eau, un sucrier
plein, un flacon d'eau-de-vie (pour les hommes) ou
d'eau de fleur d'oranger (pour les femmes) et une
boîte fermée contenant des biscuits. Il y a des gens
qui, pendant la nuit, ont besoin d'un léger réconfort et qui n'oseraient rien demander. Il est donc
indispensable d'établir ce léger en-cas.

Les flambeaux doivent être garnis de bougies
neuves, avec le petit écran indispensable à certains
yeux. Les pelotes sont couvertes d'épingles et on
placarde, bien en vue, une petite carte bristol, où
l'on indique l'heure des trains aux stations les plus
voisines, celle des courriers (arrivée et départ) du
bureau de poste qui dessert la maison.

Le lit doit être très soigné, et le cabinet de toilette
ou la simple table de toilette tout autant. Beaucoup
de personnes, d'une délicatesse extrême, ont des
répugnances insurmontables; il faut leur épargner
le supplice de vaincre, chez vous, celles que certaines
négligences leur inspireraient. On place une pile de
serviettes sur la toilette, on ajoute une boîte de
savons intacte; il est probable que l'invité ne l'ou-
vrira pas, qu'il apportera ce qui lui est nécessaire,
mais s'il venait à oublier de se munir de quelques

menus objets, il ne faut pas qu'il ait l'ennui, la gêne de les demander.

En général, on va au-devant de son invité et, à l'arrivée du train ou de la voiture, on s'inquiète de ses bagages, pour lui épargner l'embarras de re-trouver ses malles.

Dès qu'il est entré dans la maison, après qu'il a serré la main de ceux qui n'étaient pas venus à sa rencontre, on le conduit à sa chambre, où il rétablit un peu d'ordre dans sa toilette, si même il ne change pas de costume.

Au cas où l'heure du repas serait encore éloignée, on lui ferait porter quelque chose chez lui : un bouil-lon, une tasse de thé ou de chocolat. C'est ce mo-ment qu'on choisit pour lui demander ce qu'il prendra tous les matins. En effet, les uns sont habitués au lait, d'autres au café, au thé, etc. Il faut prendre soin de satisfaire les goûts de cha-cun.

Ces détails matériels ne sont rien en comparaison des autres devoirs de l'hospitalité. Il faut, à tout prix, distraire, amuser, charmer l'invité. Les gens indolents font donc mieux de se refuser la satisfac-tion de recevoir leurs amis. C'est qu'on est tenu d'or-ganiser des promenades, des excursions intéres-santes: en ville, des visites d'églises, de musées, de monuments curieux, etc. ; à la campagne, des parties de pêche, de chasse, des plaisirs d'intérieur pour les jours pluvieux. On doit à ses invités son temps, ses pensées ; ils sont l'objet des plus constantes préoccupations.

Si on a des chevaux, des voitures, des domestiques, on les met à la disposition de l'invité. A la rigueur, on se prive de leurs services pour qu'il puisse en user largement.

Les gens de goût ne commettent pas la faute de conduire leur invité de fleur en arbre, de champs en vergers, de bois en prés, pour étaler les richesses ou les charmes de leur propriété. Cette revue, si intéressante pour l'hôte, est « assommante... » pardon ! pour l'invité, qui est contraint d'admirer, de s'extasier, quand tout cela lui est peut-être indifférent, quand, dans son par-dedans, il critique peut-être l'ordonnance des jardins, la culture des terres, etc. Il jouirait de tout beaucoup mieux, il admirerait plus sûrement, si on le laissait découvrir tout seul les beautés du domaine. — On en agit avec la même réserve, la même modestie, pour les galeries de tableaux, les collections, etc., qu'on peut posséder.

Avant l'arrivée de l'invité, on a tout revisé dans l'organisation du logis pour que, durant la visite au moins, tout marche sur des roulettes. Les moindres accidents matériels sont insupportables pour l'invité, qui peut les attribuer au surcroît de besogne apporté par sa présence. Il est encore plus essentiel que le bon accord règne dans la maison, ou, alors, que le visiteur ne puisse se douter de ces troubles affligeants qui agitent trop souvent les familles. C'est pour son repos qu'on dissimulera, qu'on se contraindra. Que voulez-vous qu'il devienne, par exemple, entre mari et femme mécontents l'un de l'autre? Son rôle est épineux, difficile, on le condamne à un malaise qui lui fait abréger sa visite.

Si l'on reçoit dans sa maison plusieurs personnes à la fois, on s'occupera de toutes également. Attirer les gens chez soi pour les délaisser, en faveur de quelques privilégiés, c'est une singulière hospitalité, on en conviendra. Il est entendu, toutefois, qu'à l'égard de très jeunes invités, il peut y avoir un peu de relâchement dans ce principe; mais s'il est naturel d'entourer de plus de soins et d'attentions les invités âgés, on s'arrange de façon à prouver aux autres qu'ils sont aussi l'objet de notre sollicitude.

Pour en finir avec les devoirs de ceux qui offrent l'hospitalité, n'oublions pas de mentionner une tentative de quelques fières et généreuses maisons, pour abolir le *pourboire* de l'invité aux serviteurs. — L'initiative du mouvement a été prise par le prince de Galles à sa résidence de Sandringham-house. — Ce sont les maîtres du logis qui indemnisent les domestiques du surcroît de besogne qui leur a été occasionné par le séjour des invités et, alors, on les oblige à refuser la gratification de ceux-ci. C'est très bien pensé. On doit se préoccuper de rendre la visite de ses amis, dans sa maison, aussi peu onéreuse que possible et même pas du tout.

Il y a encore une autre cause à cette suppression.

Tous les invités ne sont pas dans la même position de fortune et tous ne peuvent, en conséquence, reconnaître de la même façon les services qui leur ont été rendus par les domestiques. De là, un dédain à peine dissimulé de ces derniers pour les visiteurs les moins riches, les moins brillants. Cela est à éviter à tout prix, et l'on ne pouvait prendre de meilleur moyen que la désuétude de cette coutume du pourboire, pour obtenir à chacun la même dose de respect et la stricte égalité dans le service.

Celui qui la reçoit.

L'hospitalité impose de très sérieux devoirs à celui qui l'exerce; celui qui la reçoit n'en est pas exempt.

Il doit arriver en dispositions gaies, agréables et bienveillantes. Si on apportait à son hôte un visage morose, une humeur acerbe ou dénigrante, le rôle de celui qui reçoit serait, en vérité, bien pénible. L'invité n'est pas obligé de faire montre d'une gaieté folle, mais il lui faut être aimable et souriant. Il n'est pas tenu d'entasser louange sur éloge, mais il ne doit pas être désobligeant.

Sa discrétion sera extrême. Il peut user de toutes choses, la plus élémentaire délicatesse lui défend d'en abuser, et, cela, quelles que soient les circonstances. Il ne réclame des serviteurs que le nécessaire et il les traite très poliment. Sa réserve serait encore plus grande, s'il recevait l'hospitalité dans une maison où il n'y aurait pas de domestiques. Avant d'accepter une voiture, un cheval, il tâche de savoir si son plaisir n'imposera pas une privation, une gêne, aux gens de la maison. S'il est capable de rendre un service quelconque aux maîtres du logis, il y met un empressement sincère, heureux.

Sans mentir, sans flatter bassement, il découvre tous les côtés agréables de la maison où il est reçu et en fait des compliments à ses hôtes. Ces choses aimables, sans exagération, sont toujours écoutées avec plaisir, si modestes que soient ceux auxquels on les adresse.

Il arrive que les habitants d'un pays le voient à travers un prisme qui l'embellit singulièrement... à leurs yeux. On ne peut pas toujours partager leur admiration ; sans se laisser aller à louer avec la même exagération... qui ne serait pas de bonne foi, on dissimule poliment son sentiment d'étonnement.

Rien n'annonce un caractère grossier, un naturel désagréable, comme l'air de mépris avec lequel on accueille trop souvent l'expression de ce naïf orgueil, peu motivé si vous voulez, mais touchant, parce qu'il a le caractère du patriotisme, un peu plus étroit, voilà tout. On se gardera donc de blesser son hôte, en manifestant un dédain supérieur pour ce qui fait sa joie ou sa fierté.

Est-il nécessaire de dire qu'en plus d'un cas l'in-

vité ne doit avoir ni yeux ni oreilles ? Il y a des
choses qu'il ne faut ni voir ni entendre. Non seulement on les garde pour soi, mais encore on fait tout
ce qu'on peut pour les oublier.

Il est aussi inutile, sans doute, de recommander
à l'invité de quitter immédiatement la maison de
son hôte, s'il y survient un trouble quelconque et
que sa présence puisse devenir une gêne. Dans le
cas, au contraire, où il pourrait être de la moindre
utilité, il reste et ne marchande ni ses peines ni son
temps pour le service de ceux qui l'avaient reçu sous
leur toit.

Tout aussi superflu encore, cet appel à une réserve extrême dans le langage et les manières, s'il
y a des femmes dans la maison.

L'invité doit encore se montrer aussi gai que son
caractère le lui permet ; il tâche de réprimer toute
susceptibilité mal placée ; — en général, les gens
bien élevés ne sont pas susceptibles, par la bonne
raison que, n'ayant jamais l'intention de blesser
personne, ils ne croient pas qu'on veuille leur être
désagréable.

Enfin l'invité se pliera à tous les usages, à toutes
les habitudes de la maison. Il y a de vieilles coutumes qu'on ne doit pas railler, parussent-elles
absurdes ; il est de vieux amis ennuyeux de l'hôte
qu'il faut traiter avec politesse et bienveillance.
L'invité enregistre soigneusement dans sa mémoire
l'heure de tous les repas ; il ne se laisse pas entraî-

ner à prolonger une promenade qui pourrait retarder le dîner de son hôte.

Il s'arrange pour laisser un peu de liberté à celui-ci, pour ne pas l'accabler de sa présence, mais il ne montre pas non plus un trop grand esprit d'indépendance, — qui serait une forme de l'égoïsme : il fait jouir les gens de sa conversation ou il écoute la leur. Il est toujours prêt pour servir de partenaire au jeu ; il n'éloigne pas les enfants, il daigne parler aux personnes plus jeunes que lui ; s'il est emmené dans une excursion un peu lointaine et qu'il en résulte pour lui une fatigue à laquelle il n'est pas accoutumé, il ne se plaindra pas amèrement d'avoir été *éreinté*, et si on s'excuse de ne pas l'avoir ménagé, il répondra gaiement :

— Que voulez-vous, c'est la faute de mes jambes, du manque d'habitude, etc.

Il est très indélicat de prolonger sa visite au delà du terme fixé. Si on vous a dit : « Venez passer huit jours, une quinzaine, un mois avec nous, » partez dès que ce temps sera expiré. Ne cédez pas aux instances qu'on fait pour vous retenir, elles peuvent être dictées par la simple politesse, par la bienveillance, on cherche peut-être à vous être agréable plus qu'à soi-même, et il vaut beaucoup mieux se faire regretter que de lasser les gens. On sera donc bien éloigné d'amener son hôte à demander la prolongation d'un séjour chez lui.

Dans les huit jours qui suivent son départ, celui

qui a reçu l'hospitalité écrit à celui qui la lui a
donnée et le remercie encore des soins dont il a été
l'objet. Il lui avait déjà exprimé sa gratitude en le
quittant.

Encore quelques légers détails.

L'invité est astreint à une tenue très soignée pendant toute la durée de sa visite, et il doit s'arranger
pour ne pas bouleverser, mais au contraire pour
maintenir tout en bon ordre et en état de propreté
dans l'appartement qui lui est affecté.

N'oublions pas non plus de recommander à l'hôte
de pourvoir l'invité de quelques provisions au
départ, surtout s'il s'agit d'une femme. Quelques
gâteaux, des sandwichs ; un flacon de sirop étendu
d'eau ou d'eau rougie ; un peu d'eau de fleur d'oranger,
etc. C'est le dernier mot de l'hospitalité. Il y a des maîtresses de maison qui se font un plaisir de préparer
des paniers de voyage très confortables, très complets.

DIVERS

En voyage. — Aux eaux.

Parmi ceux qui nous font l'honneur de nous lire, beaucoup vont au bord de la mer ou dans une ville d'eaux pour cause de santé ou pour y dépenser leurs vacances. Il nous semble donc utile de traiter le chapitre des voyages.

Avant toute chose, il nous faut prendre le train et recommander aux hommes jeunes et aux jeunes femmes de toujours céder et même offrir la meilleure place, le coin, aux personnes âgées, si inconnues que leur soient celles-ci.

On n'est, bien entendu, tenu à pareille déférence qu'à l'égard des vieillards. Cela s'applique également au transport par omnibus, bateau ou diligence, — il y en a encore. Il arrive parfois que toutes les places de ces véhicules publics soient prises et qu'une femme âgée, un vieil homme tremblotant soient debout sur la plate-forme ou le pont, balancés par les cahots ou par le roulis, exposés au

13

froid, etc. J'estime *qu'il est du devoir* des jeunes
gens de leur céder la place confortable qu'ils occupent à l'intérieur, et j'ajouterai qu'un homme qui
n'est pas sexagénaire *doit* offrir sa place à toute
femme, fût-ce une fillette, qu'il voit debout.

Un homme se découvre partout où il entre. Tant
pis... pour ceux qui sont assez grossiers pour ne
pas toucher leur couvre-chef, en réciprocité de sa
politesse. Il demande pardon aux femmes dont il
froisse la robe, dont il effleure le pied, en gagnant
la place à occuper. Si le wagon ou la voiture n'était
rempli que d'individus du sexe fort et que ceux-ci
n'eussent pas répondu à son salut à l'entrée, il s'en
irait sans prendre, une seconde fois, garde à eux.
Mais si la voiture renfermait des femmes, même une
seule, en vertu des principes chevaleresques, il se
découvrirait au départ comme à l'arrivée.

Il est certains soins qu'un voyageur peut, doit
rendre à une voyageuse : ouvrir une portière, passer un paquet, l'aider à descendre, etc., etc. La
voyageuse remercie poliment, et même *gracieusement.*

Mais en wagon ou tout autre lieu public, les gens
bien élevés n'engagent jamais de conversation avec
des inconnus. On peut demander ou donner un renseignement et cela d'un ton poli, aimable, avec une
vraie bonne grâce; mais ensuite on fait bien d'ouvrir un livre, un journal pour ne pas continuer
l'entretien.

La prudence, toujours entièrement d'accord avec le bon goût, exige qu'on ne parle pas de ses affaires intimes aux parents, aux amis avec lesquels on voyage, en présence d'inconnus. On ne sait jamais devant qui l'on s'épanche et cet abandon peut avoir de graves conséquences.

Cette réserve n'abandonnera pas le voyageur dans le lieu qu'il a choisi pour se soigner ou pour s'amuser. On peut bien échanger quelques banalités polies avec les gens qu'on rencontre chaque jour au bain, à la table d'hôte, etc., etc. ; mais leur accorder immédiatement sa confiance, se lier avec eux, c'est une spontanéité que l'on doit blâmer.

Il ne faut pas que ces personnes rencontrées, et dont on ignore le passé et même le présent, puissent, plus tard, venir à vous avec des allures d'amis et vous faire rougir de les connaître, — cela arrive, hélas ! — Il est entendu qu'il n'y a lieu de rougir que si les gens connus aux eaux manquent d'honorabilité. On peut tendre la main à tout honnête homme, si mince que soit sa fortune et si humble que soit sa position sociale.

Craignez donc de former des relations à la légère, comme il arrive si souvent dans les villes d'eaux et à la mer. On doit prendre des informations exactes sur la situation et le passé des gens, avant de les admettre dans sa maison.

« Quand on s'entoure de connaissances d'une considération douteuse, dit je ne sais plus qui, on risque fort (si l'on n'est pas de leur espèce) d'être couvert de calomnies injustes lorsque, lassé de leur vice, on vient à les expulser de chez soi. Mais, dans ce cas, on n'est sali par la boue que pour s'être exposé à ses maculatures. »

C'est pour avoir été mises en garde contre une trop grande facilité d'accueil, ou pour avoir subi d'amères déconvenues, que tant de personnes, d'ailleurs aimables, laissent si malaisément forcer leur intimité. Il est de bon goût d'attendre un peu avant de se jeter dans les bras des gens. On n'a jamais à se repentir de s'être montré circonspect et réservé. D'autre part, il n'est pas défendu d'être bienveillant et affable pour tous; mais toute autre chose est d'ouvrir son cœur et sa maison au premier venu.

Aux eaux, pas plus que dans la ville que vous habitez, ne vous permettez un laisser-aller qui nuit toujours aux yeux des gens corrects.

Ne croyez pas, non plus, devoir arborer des toilettes excentriques et tirant l'œil. Un homme ne se fait pas remarquer par le débraillé ou le pittoresque de son costume, quand il a reçu une bonne éducation; une femme n'a vraiment de charme que si, par sa toilette et ses manières, elle cherche à passer inaperçue. — Au casino, les femmes gardent leur chapeau pour danser.

Ventes de charité.

Une femme dont la position de fortune est médiocre ou qui n'aime pas à se mettre en vue peut décliner sans scrupule le rôle de vendeuse qui l'entraînerait à des frais trop dispendieux pour elle, ou à une exhibition de sa personne désagréable à sa timidité. Elle peut être certaine qu'il se trouvera dix personnes pour accepter l'honneur qu'elle refuse ; les pauvres n'y perdront donc pas.

Mais lorsqu'on a accepté de tenir un comptoir dans une vente de charité, il faut se soumettre aux obligations imposées par la fonction.

Une bonne vendeuse soigne non seulement sa toilette, mais encore l'ornementation de son comptoir et son approvisionnement. Pour attirer les acheteurs elle déploie toute sa grâce, toute son amabilité, elle fait usage de tout son esprit. Elle a envoyé des cartes d'invitation (fournies par l'œuvre) au ban et à l'arrière-ban de ses amis et connaissances, écrivant son nom dans le blanc laissé entre ces mots imprimés : « De la part de Mme ... qui vendra tel jour. »

L'usage veut que les amis et connaissances répondent à cette invitation comme à toutes les autres, soit en personne, soit par lettre. En personne, on vient acheter ; par lettre, on envoie une offrande.

C'est une des mille obligations mondaines. — La
vendeuse a toujours un siège ou deux dans sa bou-
tique pour faire asseoir pendant quelques instants
ceux qui ont répondu à son appel.

A propos des invitations, il faut dire qu'on ne
doit pas les lancer à tort et à travers. Celles qui les
adressent devraient être sûres que ceux qui les reçoivent sont en mesure d'y faire honneur comme à
une traite qu'on tirerait sur eux. Les requêtes souvent renouvelées tantôt par cette amie-ci, tantôt par
cette amie-là, peuvent occasionner une perturbation
dans le budget d'un ménage peu aisé, d'un jeune
homme sans fortune. Une vendeuse douée de tact et
véritablement charitable, *oubliera* sur sa liste plus
d'un nom d'ami ou de connaissance. Si elle tient à
faire une recette dépassant celle de ses rivales, elle
l'augmentera au moyen de ses propres deniers.

A l'église.

Une femme bien élevée ne fait pas une toilette
tapageuse pour aller entendre les offices ou prier à
l'église.

Nous n'irons pas jusqu'à lui conseiller les « robes
d'Avent et de Carême », ce sont exagérations mondaines et dévotieuses, mais exhiber une robe rouge
aux Ténèbres du vendredi-saint, par exemple, serait
manquer de goût.

Une attitude décente et recueillie est encore bien plus recommandée. Quels que soient les sentiments religieux, fût-on athée, lorsqu'on met le pied dans un temple quelconque, serait-ce une mosquée ou une pagode, le respect des croyances d'autrui exige que l'on garde un maintien convenable, que l'on parle à voix basse et que l'on réprime toute expression de moquerie ou de pitié blessante.

Du reste, dans quelque temple que ce soit, on peut s'incliner devant le culte rendu à l'idéal... et même au divin.

Quand un devoir social nous appelle dans un temple — à l'occasion d'un mariage, d'un enterrement, etc., — la condescendance aux sentiments d'autrui oblige à accomplir toutes les formalités du rituel adopté. C'est-à-dire qu'on s'agenouille lorsqu'il le faut, qu'on va à l'offrande, qu'on bénit les cercueils, etc., que chez les protestants, les israélites, les grecs orthodoxes, etc., on se conforme aux agissements des fidèles.

— Une personne qui quête, dans une église ou ailleurs, ne doit jamais regarder dans la bourse qu'elle tend, au moment où les gens y déposent leur offrande. Ses yeux se porteront un peu plus haut, elle jettera un regard à celui qui donne, en remerciant de la parole et du sourire.

Agir différemment serait tout à fait contraire aux lois de la politesse. En effet, on aurait l'air de contrôler le don et cela pourrait gêner les gens dont la position de fortune ne répond pas à la position sociale. Si dénué de vanité que l'on soit, on se sent humilié, — en certains cas, — de laisser tomber une pièce de cuivre, au milieu des pièces d'argent ou d'or, qui peuvent remplir la bourse de la quêteuse.

On n'est jamais forcé de mettre une offrande, si modeste soit-elle, dans la bourse d'un quêteur (ou d'une quêteuse bien entendu). Mais si on veut s'abstenir, comment agira-t-on? On voit des gens continuer à lire dans leur livre d'heures, comme s'ils ne s'apercevaient de rien ; d'autres inclinent légèrement la tête, en signe de refus poli. L'une et l'autre de ces manœuvres sont défectueuses. Si on paraît plongé dans sa lecture pieuse, le quêteur croit qu'on ne l'a ni vu ni entendu et agite de nouveau sa bourse pour attirer l'attention du fidèle. Si on le salue, il ne comprend pas bien et réitère son geste. Cependant, je préfère cette seconde façon de procéder, elle est plus aimable que la première.

Il est mieux de faire un imperceptible mouvement de tête *négatif*, tout en conservant à son visage une expression bienveillante.

— En toutes circonstances, l'homme doit *prévenir* la femme. Cependant une femme jeune à laquelle un homme inconnu offrirait l'eau bénite ferait semblant de ne pas voir son geste. Elle plongerait ses doigts dans le bénitier et se signerait sans manifester aucun courroux, sa physionomie restant aussi im-

passible que possible ; car cet homme n'avait peut-
être pas l'idée de l'offenser. Mais, lorsqu'un indi-
vidu du sexe fort accompagne à l'église sa mère, sa
sœur, sa femme, sa fiancée ou son amie, il lui offre
l'eau bénite, même quand il ne s'astreint, pour son
propre compte, à aucune des pratiques du culte.

Les rôles changent si une femme entre à l'église
avec un ecclésiastique. Un prêtre n'est pas considéré
comme un homme ordinaire par les croyantes ; il
est, pour elles, le représentant de Dieu. C'est pour
cette raison qu'elles lui témoignent un respect dont
elles ne pourraient, sans ridicule, entourer un mondain. Toutefois, dans le cas où le prêtre serait très
jeune, on ferait bien de s'abstenir si, soi-même, on
n'était pas arrivée à la vieillesse. Du reste, on s'efface
pour laisser entrer l'ecclésiastique le premier et,
alors, il arrange les choses comme il l'entend. S'il
exige qu'on prenne le pas sur lui, on observe les
nuances indiquées.

Entre femmes arrivant ensemble au bénitier,
c'est la plus jeune qui offre l'eau bénite à la plus
âgée. Des deux parts, on s'incline légèrement, en
se souriant du regard. Quand plusieurs femmes qui
se connaissent entrent ensemble dans une église,
celle qui y pénètre la première sait qu'elle doit
offrir l'eau bénite à l'amie qui la suit immédiatement. Mais souvent elle reste auprès du bénitier,
tendant aussi, à toutes les autres femmes, le bout
de ses doigts mouillés. Elle pouvait se borner à faire

cette politesse à celle qui était entrée après elle
et qui eût renouvelé la cérémonie pour la personne
entrée la troisième ; celle-ci pour la quatrième et
ainsi de suite, jusqu'à épuisement de la troupe
d'amies.

— Lorsqu'on rend le pain bénit dans sa paroisse,
il est d'usage d'offrir, à ses amis, une brioche d'une
certaine taille, bénite à la messe.

Ces brioches, — accompagnées de la carte de
l'envoyeur, — sont portées, *à l'issue de l'office*, dans
les familles, auxquelles elles sont destinées, par le
bedeau de l'église, par un domestique ou par un
commissionnaire. La personne qui donne ce gâteau
peut encore fort bien l'apporter elle-même, à ses
intimes, dans l'après-midi.

Il serait excessivement impoli d'envoyer la brioche
le lendemain ; toute pâtisserie devant être mangée
fraîche. Un tel retard indiquerait une négligence et
un sans-gêne blessants pour ceux qui en seraient
l'objet. Il vaut beaucoup mieux s'abstenir de tout
présent que d'offrir la moindre chose d'une façon
incorrecte et de froisser autrui, pour n'avoir pas
pris la peine d'être *complètement* aimable.

Au nombre des brioches destinées à être offertes
il s'en trouve toujours une pour le curé de la paroisse.

C'est, en général, une jeune fille de la famille qui
va à l'offrande, au nom de ses parents. Elle est désignée d'avance au bedeau qui vient la prendre, en lui

présentant un cierge allumé. Cette jeune fille quête
également à la messe.

— Quand on est étranger dans une paroisse, on
prend bien garde de s'emparer de la place attitrée
d'un paroissien. On s'agenouille aux derniers rangs :
ce sont ordinairement les places libres. Mais encore
est-il mieux de s'adresser à un suisse, à un bedeau
afin de ne pas commettre d'impair.

Par contre, les paroissiens qui voient leur place
envahie font preuve d'un savoir-vivre généreux et
témoignent d'un véritable esprit chrétien en ne dé-
rangeant pas l'indiscret ou l'étourdi qui s'est installé
à leur prie-Dieu.

Passage des portes.

Au passage des portes, les personnes jeunes
s'effacent pour laisser entrer les gens âgés les premiers ; les hommes en agissent de même à l'égard
des femmes, les hôtes vis-à-vis de leurs invités.
Dans ce dernier cas, si la maîtresse de la maison est
plus âgée que la femme qu'elle voulait faire passer
avant elle, celle-ci se défendra un peu d'accepter
cet... honneur. La dame du logis peut alors fort bien
passer sans plus de contestation, mais si elle insiste pour laisser le pas à l'étrangère, celle-ci obéira
immédiatement. Les choses se passeront de même
entre hommes dans le même cas. Vous connaissez

peut-être la vieille histoire : Louis XIV invitait l'ambassadeur anglais à monter dans son carrosse et s'effaçait pour l'y laisser entrer le premier, le lord fit un mouvement de respectueux recul, mais le roi eut un geste d'insistance et le grand seigneur monta vite pour ne pas désobliger le souverain en le forçant à se tenir debout plus longtemps à la portière de son carrosse.

Entre personnes du même âge, les *cérémonies* du passage des portes ne doivent pas excéder quelques secondes. Il faut bien que l'une des deux se décide à devancer l'autre.

Par contre, beaucoup de femmes âgées oublient de se targuer de quelques-uns des privilèges attribués à la vieillesse. Aussi, quand une dame a atteint la soixantaine et qu'elle reçoit chez elle des jeunes femmes, lorsqu'il y a à passer des portes, elle entre ou sort la première, après un léger simulacre de refus et d'hésitation qui ne doit pas durer plus d'une seconde.

Quand on passe du salon à la salle à manger, si la porte qui donne entrée dans cette dernière pièce n'est pas suffisamment large, les hommes s'effacent un peu pour laisser passer les femmes qu'ils conduisent. La maîtresse de maison ne s'efface pas plus que les autres dames, à moins que son cavalier ne soit si âgé et si vénérable qu'elle n'ait avec lui les façons d'une fille.

Au théâtre.

Les femmes qui vont au spectacle ne doivent pas se faire de visites entre elles, de loge à loge. Il serait mieux qu'une femme restât à sa place pendant toute la durée de la représentation.

Les hommes qui l'accompagnent lui feraient apporter ce dont elle peut avoir besoin : bonbons, fruits glacés, gâteaux, etc. Nous l'engageons, en cette circonstance, comme en toute autre, à faire preuve de sobriété : un gâteau pour apaiser ou prévenir un tiraillement d'estomac, un fruit pour se rafraichir, c'est tout ce qu'il faut.

Une femme ne doit, sous aucun prétexte, lorgner dans la salle.

Si elle emmène avec elle une parente, une amie, une simple connaissance, elle lui cède la place d'honneur dans sa loge.

Une femme bien élevée fait tout ce qu'elle peut pour ne pas attirer l'attention. Elle quitte sa loge (ou sa place) sans bruit, et elle est arrivée aussi discrètement. Elle parle à demi-voix, contient son rire et son geste.

Les hommes ne quittent pas, tous à la fois, la loge où ils sont avec des femmes. L'un d'eux reste toujours auprès d'elles. Les hommes ne saluent pas non plus, de l'orchestre (ou d'une loge), les

femmes qu'ils reconnaissent dans la salle. Ils vont
leur offrir leurs hommages à la place où elles se
trouvent.

Au théâtre, les femmes portent ordinairement
des toilettes élégantes.

A l'Opéra, elles se décollètent (ce n'est pas obligatoire) et sont coiffées en cheveux.

Si, là et ailleurs, elles adoptent le costume de
ville, il est généralement taillé dans des étoffes
claires et jolies et elles se coiffent d'un chapeau
assorti, de *petites* et *légères* dimensions.

Les hommes portent la toilette du soir, c'est-à-
dire l'habit (ou la redingote comme dans les visites
de cérémonie).

Il est odieux de siffler les acteurs et les auteurs.
Si la pièce déplaît ou le jeu des interprètes, on le
témoigne par son silence.

Bienséances de voisinage.

A Paris, les rapports du voisinage se bornent à
peu de chose. On veille seulement à ne pas désobliger, ennuyer ceux qui vivent au-dessus, au-dessous ou à côté de soi, par un sans-gêne trop absolu.
On tâche de ne pas piétiner sans raison au-dessus
de leur tête ; on ferme quelquefois sa fenêtre pour
épargner au voisin de côté le supplice d'entendre,
pendant des heures, le pianotement hésitant d'un

enfant; on prend soin de ne pas lancer d'eau, ni de pot de fleur, de ne pas secouer la poussière de ses tapis sur le balcon du dessous, etc. Bien souvent, presque toujours, on ne connaît pas ceux qu'on ménage ainsi. Des voisins qui se sont rencontrés plusieurs fois, ouvrant leur porte sur le même palier, se saluent sans se parler. Toute femme est saluée dans les escaliers par un homme, qu'elle habite ou non la maison.

En général, on va à l'enterrement d'une personne décédée dans la maison où l'on demeure, alors même qu'on ne l'a jamais vue

Si un voisin a besoin d'aide ou de secours, on n'hésite jamais à se déranger, à sacrifier un peu de son temps et de son argent, à donner de sa personne.

A la campagne, en province, les rapports de voisinage sont plus étendus. On a beaucoup d'occasions de donner des preuves d'obligeance, de bienveillance, de facilité de caractère. On a aussi beaucoup plus à supporter des autres. Il faut être aussi tolérant que possible. Il est presque obligatoire de saluer tous ses voisins et, s'ils vous adressent la parole, de répondre avec courtoisie.

Mais, pour mériter le nom de *bon voisin*, on n'est pas tenu d'ouvrir sa porte à ceux qui vivent auprès de soi. Je crois même que moins *on voisine*, plus on mérite l'estime et la considération de ceux qui vous entourent. Tout le monde voudrait vivre dans une île déserte, si le voisinage obligeait à laisser pénétrer chez soi des êtres ennuyeux ou antipathiques.

Dans les petites villes et les villages, on assiste au convoi d'une personne qui habitait la même rue que soi.

Événements divers.

Quand la mort frappe un adversaire, un ennemi, le bon goût commande qu'on se taise, si ce n'est qu'on s'incline devant son cercueil. Il est ignoble d'injurier un mort. A défaut de générosité, notre dignité personnelle exige le silence en face de la tombe ouverte ou, au moins, beaucoup de mesure et d'impartialité.

Lorsqu'un événement heureux, — promotion, avancement, distinction, etc., — arrive à l'un de nos amis ou à une personne de notre cercle de connaissance, nous lui devons des félicitations, soit que nous lui écrivions, soit que nous allions, en personne, lui porter nos compliments.

C'est assez l'habitude de célébrer cet événement heureux par une fête. Dans ce cas, le favori de la Fortune y convie toutes ses connaissances. *Par exemple*, lorsqu'un officier marié est promu à un grade supérieur, sa femme offre un dîner ou une soirée à tous leurs amis, et surtout aux officiers du régiment et à leurs femmes. Au cas où l'officier passerait dans un autre régiment, avec son nouveau grade, la soirée ou le dîner serait à deux fins : il servirait encore de fête d'adieu. A l'arrivée dans l'autre régiment, nouvelle réception... d'avènement, celle-là, pour se mettre en rapport avec les officiers du nouveau corps et leurs familles.

Cet exemple est applicable dans toutes les circonstances analogues, qu'il s'agisse de magistrats, de fonctionnaires, etc.

Quant à l'officier non marié, il sait ce qu'il a à faire. *C'est écrit* au règlement des divers services, aussi n'avons-nous pas à en parler. Un magistrat, un fonctionnaire célibataire offrira à dîner à ses collègues.

Un fonctionnaire, un officier, un magistrat mis à la retraite invitent à dîner, avant de quitter le service, ceux qui ont été placés sous leurs ordres, et leurs chefs si leur position ou l'autorité dont ils jouissent est de nature à leur permettre de prendre cette liberté.

Lorsqu'on quitte une ville, on doit une visite à toutes les personnes avec lesquelles on a eu des relations, même de pure convenance.

Quand le chef d'une manufacture, d'une maison de banque ou de commerce se marie ou marie l'un de ses enfants, il fait bien d'associer à sa joie tous ses employés, tous ses ouvriers. Les employés sont reçus au salon ; pour les ouvriers, à cause de leur

nombre, on organise une fête particulière ; toutefois, le plus âgé d'entre eux, le plus ancien, les
représente à la table des patrons, à une place honorable. On les appelle tous en un jour de funérailles,
il ne faut pas les éloigner aux jours de bonheur.
Le marié et la mariée passent un instant dans la
salle du banquet des ouvriers pour échanger un
toast avec eux, en touchant leurs verres. Ces preuves de solidarité et d'estime gagnent le cœur du
peuple honnête.

On doit prendre part au bonheur, à la joie de
ses amis ; on doit, encore plus, leur témoigner sa
sympathie, lorsqu'un malheur tombe sur eux.
Viennent-ils à subir une ruine, un échec, une disgrâce, la politesse du cœur exige que nous leur
fassions sentir que nous souffrons avec eux. Mais
il faut déployer beaucoup de tact. Il est aisé de
féliciter chaudement les gens, quand on n'a pas de
jalousie dans l'âme : heureux, ils sont tout disposés
à croire que le monde entier se réjouit comme eux,
autant qu'eux. Il est plus délicat, plus malaisé de
faire comprendre que l'on partage une douleur, une
déconvenue, une déception.

Un cœur meurtri par la souffrance demande à
être manié avec des précautions infinies ; l'âme
ulcérée acquiert soudainement des intuitions éton-
nantes ; l'oreille d'un malheureux devient d'une
telle justesse, d'une telle acuité, qu'elle perçoit
la moindre dissonance de la voix et de l'accent.

En conséquence, lorsqu'en dépit d'une certaine chaleur de cœur, on manque d'éloquence naturelle, il vaut mieux se borner à serrer la main de celui qui vient d'être frappé par le sort, lever sur lui un regard humide sans parler, plutôt que de lui adresser une de ces consolations banales ou bêtes qui crisperait toutes ses fibres, atteintes d'une susceptibilité maladive.

On court immédiatement chez les gens atteints d'un désastre ou d'un désagrément. Si l'on n'est pas très intime avec eux, on ne reste pas longtemps, on leur exprime en peu de mots sa sympathie, les vifs regrets du malheur qui leur arrive ; on s'efforce de leur redonner confiance ou courage et, surtout quand on peut leur être de quelque utilité, on leur offre, sans phrases, ses services et ses bons offices.

Dans le cas où le malheur qui vous fait accourir serait un de ceux dont on n'aime pas à parler, pour lesquels il n'est pas de consolations, un de ceux dont on rougit, alors même qu'il est immérité, mieux vaudrait apporter sa carte cornée. Une amitié ancienne, très éprouvée, peut seule forcer la porte en semblable circonstance. Il est des douleurs qui ont leur pudeur.

Qu'il soit établi seulement qu'on n'a jamais le droit de se montrer indifférent à la joie ou à la peine de ceux qui font partie de nos relations.

Nous ajouterons, même, que si une personne

que nous avons aimée ou que nous avons admise
dans notre intimité, vient à faillir, nous avons le
devoir de lui tendre une main secourable. Il est
cruel, il est contraire aux lois du vrai monde de
tourner le dos à ceux qui ont commis une faute.
Rien n'est plus noble, rien ne ressemble mieux au
savoir-vivre que d'essayer de les remettre dans le
droit chemin, de les relever dans leur chute, de les
couvrir, comme d'un manteau, de la bonne réputation qu'on a acquise. La politesse est une des
formes de la bonté et de la générosité : un homme
vraiment poli n'a pas le triste courage de traiter
durement ceux qui sont assez malheureux pour s'être
détournés, un instant, des étroits sentiers de l'honneur humain.

Si la faute est tellement grave qu'elle ne puisse
attendre d'excuse ni de pardon, on évitera celui
qui l'a commise, on écartera toute rencontre où il
faudrait se montrer impitoyable. Je me rappelle
qu'une jeune fille de mes relations venant à croiser, dans la rue, une autre jeune personne, son
ancienne et très intime amie, dont la réputation
était entachée, détourna la tête, ne répondit pas
au salut que la malheureuse lui avait adressé. Le
procédé fut trouvé barbare, car celle envers qui
on l'avait employé faillit en mourir de honte et de
douleur.

L'amitié fait contracter de véritables obligations,
et l'on ne peut s'en affranchir aussi complètement.

Fête de nom.

La célébration de la fête de nom est une sorte d'hommage rendu. Par exemple, au jour consacré par l'Église au saint dont leur père ou leur mère porte le nom, les enfants leur expriment des vœux ; les ouvriers et les employés en agissent de même à l'égard de leur patron ; les élèves envers un professeur, un chef d'institution, — sans que les personnes fêtées, qui sont des supérieurs à un titre quelconque, soient tenues à la réciprocité.

Un fiancé souhaite la fête à sa fiancée. Celle-ci attend, en général, d'être mariée pour lui rendre cette amabilité.

On ne donne pas d'étrennes à ses parents, à un patron, à un supérieur, mais on peut leur offrir un *cadeau de fête*. Le présent est toujours accompagné de fleurs : bouquet ou plante en pot. Les enfants offrent, en général, à leurs parents, un ouvrage de leurs mains : crochet, broderie, tricot, dessin, peinture, etc. — objet utile ou joli. Les employés et les ouvriers, les élèves se cotisent pour acheter un présent, ceux-ci au professeur, ceux-là au patron. Pour ce dernier, on choisit un beau vase, un bronze ou quelque chose d'autre, mais de même genre. Pour le professeur, on tâchera de savoir ce qu'il peut désirer ; une personne de son entourage peut, presque toujours, obtenir ce renseignement.

Des amies se souhaitent leur fête réciproquement.
Des personnes jeunes célébreront aussi fort bien
la fête de nom d'une personne âgée et amie, d'un
bienfaiteur.

Comment s'y prend-t-on pour souhaiter la fête ?
se demandent bien des gens. On dit tout simplement, en présentant ses fleurs et son présent : « Je
vous souhaite une bonne fête » ou « Bonne fête, chère
amie », ou « Bonne Saint-Henri, mon père », etc.

En écrivant, il n'y a pas non plus d'autre formule
à employer. On peut ajouter : « et bonne santé et
beaucoup de bonheur ».

Beaucoup de personnes croiraient commettre une
inconvenance si, ayant à souhaiter la fête d'une
femme d'un certain âge qui n'est pas mariée, elles
lui offraient un bouquet qui ne fût pas entièrement
blanc. D'autres personnes, et je suis de ce clan, —
trouvent que ce symbolisme a plutôt quelque chose
de choquant et de ridicule.

Les emprunts.

Lorsqu'on prête un livre, on doit bien se garder
de donner une enveloppe à la couverture du volume,
si luxueuse qu'elle soit. Ce serait dire, presque en
propres termes : « Je crains que vous ne preniez pas
soin de mon livre, que vous ne me le rendiez
souillé, taché, et je me mets sur mes gardes autant

que possible. » Si l'emprunteur était notoirement
connu pour une personne négligente, il vaudrait
mieux trouver un prétexte pour ne pas lui confier le
livre.

Voilà pour le prêteur. L'emprunteur est tenu de
respecter dans un livre, fût-il simplement broché et
déjà fané, la propriété, le bien d'autrui. C'est lui qui
mettra les couvertures du volume à l'abri des souil-
lures, en les revêtant d'une enveloppe. Il tournera
les pages avec des doigts très nets, afin de ne laisser
aucune trace sur le papier. Il ne pliera pas le volume
en deux, comme cela se fait si souvent et ce qui a
pour résultat de casser le dos du livre; enfin, il
prendra les précautions les plus minutieuses pour
rendre l'ouvrage prêté dans l'état où on le lui a
remis. S'il arrive un accident à ce livre, — ce qui
peut se produire indépendamment de la volonté et
des soins, — il réparera le dommage de son mieux,
au besoin il rachètera le volume.

Cela n'est pas toujours possible, il est des ouvrages
tirés à un nombre restreint d'exemplaires qui sont
vite épuisés.

C'est pour cette raison qu'il ne faut pas emprunter ni souffrir qu'on vous prête, — à moins de cas
très exceptionnel ou de besoin très pressant, —
des livres de cette rareté ou des éditions de grand
luxe.

— Nous n'avons parlé que des livres, mais la
règle est applicable à toutes choses. Une femme ne

doit pas emprunter à une personne de sa connaissance, voire à une amie, un mantelet de riche dentelle, — par exemple, — pour en prendre le patron.
L'amie n'osera peut-être pas refuser, mais, au fond,
ce ne sera pas sans inquiétude qu'elle verra s'en
aller de chez elle ce vêtement précieux. Et si on
déchirait la dentelle, — ce qui est facile à faire,
— si, en dépit des précautions, on faisait quelque
dérangement au bel objet de toilette, pourrait-on
toujours y remédier ?

Il vaudrait bien mieux ne jamais rien emprunter,
même les objets les plus insignifiants. Combien d'ennuis, de brouilles, de désagréments sérieux sont
résultés d'un emprunt !

— Quant à la question d'argent, c'est encore
beaucoup plus grave, mais la vie a, parfois, de ter-
ribles nécessités qui nous forcent à recourir à la
bourse des autres. A moins d'amitié bien étroite et
bien sûre, on offrira toujours une reconnaissance de
la somme prêtée, on insistera même un peu pour la
faire accepter. Il est des personnes auxquelles on
doit sérieusement proposer de payer l'intérêt de la
somme empruntée, tout cela dépend des situations
et des relations. Il faut réfléchir avant de fixer la
date à laquelle on s'engagera à rapporter l'argent
prêté. Mieux vaut prendre un délai un peu plus
long et ne pas manquer à sa parole, pour soi-
même ou pour le prêteur qu'on pourrait mettre dans
l'embarras.

Celui qui prête, — du moment qu'il a consenti — doit apporter beaucoup de bonne grâce à rendre le service qu'on lui a demandé, et il fera bien de se souvenir du proverbe : « C'est obliger deux fois que d'obliger vite. » Et toutes les fois qu'on a confiance en quelqu'un, il faut aller au-devant de sa demande, pour lui épargner tous préliminaires pénibles.

Il y a des gens riches qui se lèvent et prennent la fuite si on parle, en leur présence, d'économies à faire, de privations à s'imposer, d'embarras pécuniaires, même momentanés, à surmonter. Souvent, cela a été dit gaiement, d'un ton de bonne humeur, sans arrière-pensée de celui dont la fortune ou la position subit une éclipse et dont la fierté se révolterait à l'idée qu'on eût l'intention de lui venir en aide.

Il faut dire qu'en ce cas l'homme riche et l'homme gêné ont agi aussi maladroitement l'un que l'autre. Il ne fallait pas que le dernier prêtât à des suppositions par un discours... déplacé en cette compagnie. L'homme riche a encore plus manqué de savoir-vivre. En s'esquivant brusquement, il a montré la crainte qu'il avait d'une demande de fonds ou d'appui. Il devait mieux dissimuler sa pensée ; au besoin, attendre de pied ferme une sollicitation indiscrète ou importune, et y répondre carrément par un refus... poliment motivé, bien entendu. Cette façon d'agir eût été moins mortifiante.

Les photographies.

Il est ridicule de vulgariser *son image* en prodiguant sa photographie, en l'offrant aux premiers
venus, aux connaissances banales. Cette facilité
témoigne d'un naïf amour de soi-même, de l'importance qu'on accorde à sa personne.

Mais si un ami, ou une personne de vos relations intimes ou presque intimes, vous demandait
votre photographie d'une façon pressante, il y aurait mauvaise grâce, ridicule presque aussi grand
et certainement plus déplaisant, à la lui refuser
obstinément, ou à la lui faire attendre trop longtemps.

On donne alors une carte ordinaire, qui se glisse
aisément dans l'album, avec toutes les autres. Une
grande photographie peut embarrasser celui à qui on
l'offre : il faut la faire encadrer, l'exhiber, ce n'est
peut-être pas ce qu'il souhaitait. Cependant, si un
ami a sollicité une photographie de grande taille,
on la lui donnera dans ces dimensions, pour lui être
agréable, pour lui faire plaisir.

D'autre part, il y a des personnes qui ont une certaine répugnance à se faire photographier. Dans ce
cas, on n'insistera pas pour obtenir leur portrait.
On les mettrait à la gêne, elles hésiteraient entre
votre déplaisir et le leur. Ne demandons jamais de
sacrifices aux autres.

Une femme bien élevée, à moins qu'elle n'ait l'âge des aïeules, n'accorde jamais la demande qu'un homme peut lui faire de sa photographie.

Un homme bien élevé ne sollicite jamais pareille faveur.

Un homme de tact se garde bien de montrer à ses amis les photographies féminines qu'il peut posséder. Si une femme a été assez imprudente pour lui donner son portrait, il le dérobe soigneusement aux regards. Au cas où les relations viennent à être rompues entre elle et lui, il brûle loyalement cette photographie, qui peut compromettre celle qu'elle représente.

Les photographies (portraits) encadrées sont à leur place dans les chambres à coucher et les salons intimes. En guise de fronton, le cadre qui contient des portraits de bébés ou de jeunes femmes est souvent surmonté d'un joli nœud papillon en ruban de nuance tendre.

Indications concernant la toilette.

— Ne vous parfumez pas à outrance, car cela peut incommoder sérieusement vos voisins.

Une jeune femme fut gravement indisposée pour avoir reçu une lettre fortement imprégnée d'un parfum violent. Le mélange des odeurs est d'un effet encore plus désastreux sur les personnes délicates. Quoique les Grecs de l'antiquité eussent un parfum différent pour chaque partie du corps, j'oserai m'élever contre cet usage. Le bon goût et le désir de ne causer aucune gène à autrui sont d'accord pour prescrire l'emploi d'une senteur unique et douce. L'iris, la violette sont à recommander. Les roses séchées dans les tiroirs donnent aux vêtements y contenus un parfum très délicat.

Les hommes font aussi bien de proscrire les odeurs de leur toilette.

On peut presque définir le caractère d'une femme d'après son parfum favori. Sur ce point, comme en toutes choses, la modération décèle une nature bien équilibrée.

— Les femmes se maquillent, c'est un fait... bien regrettable. Le maquillage est tout à fait contraire à la beauté, à la santé ; toutefois, nous prêcherions en vain celles qui « font leur visage ». Mais voici que les jeunes filles s'en mêlent, et, cette fois, il faut bien leur dire qu'elles donnent d'elles la plus triste idée, faisant absolument douter de leur bonne éducation et de leurs sentiments de loyauté et d'honnêteté. Un homme sérieux ne se détournera-t-il pas d'une jeune personne qui couvre ses joues de blanc et de rouge, qui avive ses lèvres, allonge ses yeux, porte de faux cheveux et a recours à mille artifices... pour se rendre laide ? Ces jeunes filles se vieillissent par toutes les additions qu'elles font maladroitement aux charmes dont elles étaient naturellement douées, oubliant que le plus grand attrait, c'est la jeunesse et la candeur. Une mère soucieuse de faire bien juger sa fille et de se faire bien juger elle-même, ne souffrira pas qu'un pot de carmin entre dans le cabinet de toilette ; au besoin, elle exercera une surveillance rigoureuse, pour soustraire son enfant à cette déplorable pratique du maquillage.

— On se demande, parfois, quand doit-on se ganter et se déganter ?

Quand doit-on être ganté ?

On se gante pour sortir dans la rue ; pour aller à la promenade, à l'église, au jardin, en visite, en voyage, en soirée, au bal, au théâtre. Lorsqu'on va dîner en ville, on quitte, en arrivant chez l'amphytrion, son chapeau et son manteau ; (à déjeuner, les femmes ne quittent pas leur chapeau) mais on garde ses gants jusqu'à ce qu'on soit assis à table. Alors, seulement, on les retire et on les glisse dans sa poche.

On se dégante pour prêter serment, pour signer un acte public, notarié, etc.

Beaucoup d'hommes affectent d'aller dans la rue, de paraître à l'Opéra les mains découvertes, c'est une espèce de protestation, une sorte d'opposition, depuis que le gant s'est démocratisé. Autrefois, les hommes de l'aristocratie seuls portaient le gant, cachant ainsi des mains blanches et bien faites. Puis le prix de cet objet de toilette s'étant abaissé, les

travailleurs eurent l'idée d'en faire usage, pour dissimuler les callosités et les déformations infligées à
leurs mains par un rude labeur. Au début, avant que
cette élégance leur devint familiière, leurs gants trop
étroits éclataient de toutes parts ou étranglaient leurs
poignets jusqu'à arrêter la circulation. Voyant cela,
les hommes qui cherchent à se distinguer, rejetèrent
leurs gants au fond des tiroirs ou les tinrent à la
main, et étalèrent leurs fines extrémités, répétant
partout qu'il faut cinq siècles d'oisiveté dans une
race pour acquérir une belle main. Sottise et prétention ! Les ouvriers ont raison de porter le gant, ils
le choisiront large et « aisé ». Les hommes du monde
doivent le reprendre pour conserver leurs mains en
état de parfaite netteté.

A l'audience d'un souverain, d'un chef d'État, un
homme se présente les mains nues.

Pour recevoir en sa maison M. le Président de la
République, un prince de race royale, un très grand
personnage, une femme même retirerait ses gants ou
ses mitaines.

La reine d'Angleterre dîne gantée, sauf aux dîners
officiels, où elle retire ses gants.

En Angleterre, on ôte son gant pour tendre la
main et si on le garde, on dit : *Excuse my glove*
(excusez mon gant.)

Le rôle du mouchoir de poche.

Il a fallu une civilisation avancée pour nous doter du mouchoir de poche. Les races inférieures, les sauvages l'ignorent. Peut-être leur est-il moins qu'à nous nécessaire.

Au Japon, par contre, on le comprend d'une autre et plus raffinée façon que nous ne faisons, nous autres Parisiens de cette fin de siècle. Les habitants de l'Empire du soleil levant transportent cet utile objet de toilette par douzaines, dans les larges manches qui leur servent de poche, ou mieux, d'armoire déambulant avec eux. C'est qu'au pays du Mikado, le mouchoir ne sert qu'une seule fois; — il est vrai qu'on le taille dans l'admirable, solide et soyeux papier de riz; les délicates *mousmés* nous verraient, avec étonnement et horreur, remettre, en notre poche un mouchoir qui aurait déjà servi, fût-il bordé de fine dentelle et parfumé à l'oppoponax.

Autrefois, — et pour faire supposer, peut-être qu'elle était exempte des infirmités humaines, — la femme portait prétentieusement à la main, au bal, en visite, dans la rue, un mouchoir fleurant l'ambre ou la verveine, et encadré d'une broderie féérique ou d'un point précieux — mais elle avait, en sa poche, un second mouchoir destiné aux usages vulgaires. Au-

jourd'hui, on n'a qu'un seul mouchoir, il est d'une
élégance plus discrète, mais charmante ; ce qui me
fâche, c'est qu'on néglige parfois de l'employer.

Oui, vraiment. Tenez, ne vous est-il pas arrivé
plus d'une fois en omnibus, en wagon ou ailleurs,
d'être frappé de l'air de distinction d'un nouvel
arrivant ? Vous éprouviez pour lui une espèce de
sympathie, née de ses manières gracieuses, de sa
belle tenue, de tout son maintien et vous vous amu-
siez à bâtir des suppositions sur la condition sociale
de ce voisin de grande allure. Tout à coup, le héros
de votre petit roman se penche en avant et... crache
entre ses jambes. C'est fini ! votre prince charmant
n'est plus qu'un vilain homme vulgaire et vous lui
en voulez de vous avoir détrompé sur son compte.
Que dire, quand c'est une femme qui vous inflige
cette désillusion, qui fait naître ce mouvement de
dégoût répulsif ?

Certes, on ne peut se flatter d'échapper aux misères
inhérentes à l'espèce humaine, en certains cas, il
faut cracher, mais il y a manière d'obéir à l'injonction
de la nature, sans faire bondir le cœur des autres,
sans manquer à cette élégance dont un homme
chic, une femme distinguée ne se départissent pas
un instant. Le mouchoir, que la civilisation a mis
dans notre poche, devait nous servir à dissimuler
notre imperfection physique ; nous pouvions approcher le mouchoir de nos lèvres et... personne
ne se fût aperçu de rien — ou si peu, en nous ren-

dant cette justice que nous songions à ménager les justes répugnances d'autrui.

Je m'étonne bien souvent aussi que le mouchoir sauveur ne serve pas plus souvent, dans les salons, à *étouffer* la convulsion ridicule de l'éternuement. Vous sentez venir le titillement que vous savez, vite vous appliquez le mouchoir sur vos narines et on n'entend rien ou si peu de chose, qu'une personne imbue des façons d'autrefois, ne pourrait vous souhaiter les cent mille livres de rente, qui sont le terme des ambitions mesurées à notre époque ; souvent même l'application du mouchoir serre à prévenir, à empêcher l'éternuement, surtout si on sert un peu fortement les deux narines, sous le morceau de batiste.

D'autre part, il arrive qu'on se serve trop ostensiblement de ce mouchoir, dont l'emploi n'éveille aucune idée poétique, dont l'usage n'a rien d'olympien. C'est quand, dans un salon, on déploie ce mouchoir comme un drapeau et qu'on se mouche avec un bruit de fanfare éclatante, comme si l'on était chargé d'appeler les morts dans la vallée de Josaphat. Toutes ces opérations, qui rappellent désagréablement à l'esprit l'empire de la matière, doivent se faire rapidement, *discrètement, clandestinement.*

14

Le bras à offrir.

Beaucoup d'hommes prétendent que le cavalier doit offrir le bras droit à la femme qu'il accompagne dans la rue, au bal, qu'il mène à table, etc. Ils trouvent qu'il est moins respectueux de présenter le bras gauche.

Le cavalier offre le bras gauche pour garder libre son bras droit, qu'il doit consacrer, au besoin, au service de la dame, — qui est « sa dame », selon la vieille expression chevaleresque, tout le temps qu'elle est sous sa protection. — En effet, il peut avoir à écarter la foule devant elle; le cas peut se présenter où il aurait à la dégager. Ainsi que le dit la vieille romance des Porcherons, il faut « un bras pour la défendre »; le bras droit remplit cette office beaucoup mieux que le bras gauche. Plus simplement, quand il conduit une dame à table, il est nécessaire qu'il ait la main droite libre pour manœuvrer le siège sur lequel elle doit prendre place; en une foule de cas analogues, où il est obligé d'agir pour elle, il serait fort maladroit s'il n'avait que sa main gauche à sa disposition.

Quant aux officiers, portant l'épée à gauche, ils sont forcés d'offrir le bras droit lorsqu'ils sont armés. Quand ils ont déposé leur épée, ils offrent le bras gauche, à moins que l'habitude ne les em—

porte..., et alors cela ne peut guère prêter à la
critique.

Quelques cas embarrassants.

Quand un homme et une femme ont un escalier à monter ensemble, quelle conduite doit tenir
l'homme en cette circonstance?

Lorsqu'un homme et une femme gravissent ensemble un escalier, l'homme précède la femme. Lorsqu'ils le descendent, l'homme suit la femme. On
nous dispensera de commentaires. Voilà ce qui se
fait, c'est assez dire : il est rare que ce ne soit pas
de bonnes raisons qui créent l'usage.

— « Si deux femmes viennent à se rencontrer et
que l'une soit une demoiselle de quarante-cinq à
cinquante ans, l'autre une jeune femme de trente à
trente-cinq ans, laquelle saluera la première? »

La jeune femme. L'état de mariage ou le célibat
n'a aucune influence sur les questions d'âge. Pourquoi une femme mariée aurait-elle plus de droit au
respect qu'une vieille fille?

— Une personne de notre cercle de connaissances
nous posait un jour cette question :

« J'ai perdu ma femme depuis trois mois. Ma fille
aînée dirige ma maison. En parlant de moi aux
domestiques, elle dit : « Monsieur », comme faisait
sa mère. Il y a là quelque chose qui me choque; il

me semble qu'elle devrait dire : « Mon père », qu'en
pensez-vous? »

Oui, la jeune fille doit dire « Mon père », cela est
beaucoup plus naturel, plus respectueux à l'égard du
père, plus convenable dans les rapports avec les serviteurs. A cela, on a objecté que les domestiques,
parlant du maître de la maison à sa fille, pourraient
dire : « Votre père. » L'inconvenance serait beaucoup
moindre et, du reste, on pourrait les prier de dire
« Monsieur ».

Les riens qui rendent insupportable.

Beaucoup de personnes, excellentes du reste, se
rendent désagréables — et même odieuses aux gens
très nerveux — par un manque d'esprit d'observation
qui leur nuit presque autant que de véritables défauts. Du reste, certaines petites infractions aux
prescriptions du savoir-vivre, le peu de souci qu'on
a de plaire et d'être agréable, indiquent l'absence
d'une finesse, d'une délicatesse que de très esti-
mables qualités ne sauraient pas toujours remplacer.

Ainsi, ces personnes cureront leurs dents, se net-
toieront les oreilles, couperont leurs ongles, s'essuie-
ront le cou en votre présence, oubliant qu'on ne
peut se livrer à ces soins de sa personne que loin
des regards, dans l'inviolable cabinet de toilette.

Elles ne comprennent pas qu'il faut le moins

possible étaler les imperfections ou les infirmités humaines, pour ne pas se rapetisser : j'approuve certainement et de toutes mes forces bains et débarbouillages, mais je n'admets pas qu'on parle dans le monde de ces soins de propreté. Cela éveille des idées trop réalistes.

D'autres s'étendent tout de leur long sur leur chaise, ce qui n'est pas gracieux, ni révérencieux pour les personnes avec lesquelles on se trouve ; ils battront une marche ou une retraite sur les vitres ou sur la table ; ils se balanceront sur leur siège ; à temps réguliers, ils lèveront leurs mains et en rabattront la paume sur le bras de leur fauteuil.

Ces petites choses horripilent les gens nerveux.

Le bâillement caverneux est chose atroce pour celui qui l'entend. Un tic insupportable, c'est de ricaner après chaque remarque, même quand la réflexion ne prête pas à rire. Un bavard intéressant lasse à la fin, que dire de ceux qui nous racontent des choses insignifiantes? Il y a des femmes qui fredonnent et des hommes qui sifflent sans cesse et à demi-voix, cela produit un bourdonnement exaspérant.

Sollicitude familiale déplacée.

Je n'approuve certes pas ceux qui réservent pour les étrangers leurs paroles les plus aimables, leurs

sourires les plus doux, leurs empressements de
toutes sortes, tandis qu'ils n'ont, pour leur famille,
que des mots brefs ou désagréables, un visage
ennuyé et une totale indifférence, accompagnée
d'une répugnance visible à rendre le plus léger service. Si l'on veut faire de sa maison un paradis, c'est
aux siens qu'il faut donner les meilleurs sourires,
c'est autour du foyer qu'il faut faire entendre les
mots les plus affectueux et les plus tendres, c'est là
qu'on doit prodiguer sa grâce, son esprit, son cœur.

Mais est-ce à dire qu'il faille tomber dans l'excès
contraire, qu'il ne soit pas permis, en dehors du
cercle familial, de traiter autrui avec bienveillance
et bonté, de s'intéresser aux autres, ni de leur
témoigner certains égards? Nullement; nous ne pré-
conisons pas l'exclusivisme, qui annonce toujours
une nature sèche, égoïste.

Il y a temps et place pour tout, comme on dit. On
peut être, dans l'intimité de l'intérieur, la mère et la
femme la plus dévouée, le mari ou le père le plus
affectueux, en présence d'étrangers, chez soi ou
dans le monde, si l'on est bien élevé, on n'étalera
pas pour les siens une sollicitude, qui s'exerce au
détriment du bien-être ou du plaisir de ceux qui ne
nous appartiennent pas par d'aussi étroits liens.

Qui n'a connu un jeune ménage amoureux et...
insupportable. L'univers n'existait pas pour ces
nouveaux époux et c'était bien en chantant un véritable duo, dans un perpétuel tête-à-tête, qu'ils tra-

versaient les salons sans rien voir, sans rien entendre, souriant devant les catastrophes et les
douleurs. On leur pardonnait en faveur de leur
jeunessse, parce que la vue de ce bonheur évoquait
des souvenirs chez les uns et des espérances chez
les autres, parce que les cœurs généreux se
réjouissaient de rencontrer des heureux ; mais
leurs mines, les choses tendres et bébêtes, qu'ils se
débitent parfois en public, crispaient les êtres en-
vieux, les gens souffrants ou les délicats, qui n'admettent pas qu'on ait de ces effusions-là devant un
tiers.

Mais que dire d'un mari quinquagénaire et d'une
épousée mûre qui ne s'occuperont que d'eux, se sou-
riront coquettement, s'enverront des baisers d'un
bout de la pièce à l'autre... devant témoins ?

D'autres, à table, s'inquiéteront l'un de l'autre
d'une façon excessive et ridicule.

— Mon Dieu, mon amie, est-ce que vous allez
manger du homard, vous savez qu'il ne vous réussit
pas ?

Ce disant, le mari, effrayé, se dresse sur sa chaise,
interrompant une réponse ou une question de sa voisine.

— C'est vrai, répond la femme, mille grâces,
chéri.

Et elle renonce docilement à sa tranche de homard.

Un instant après, c'est elle qui s'écrie :

— Mon amour, je vous recommande ces morilles, elles sont exquises.

Et le dialogue conjugal ne tarit plus d'un bout de la table à l'autre, — on a eu la barbarie de séparer ce couple, — qui amuse les esprits moqueurs, mais agace les gens de bon sens dont ces sottises troublent la conversation et qui pensent, judicieusement, que le mari aurait dû faire ses recommandations avant de se mettre à table, que la femme devait savoir son mari assez grand garçon pour apprécier lui-même les plats qu'on lui présente ; enfin que les petits noms, les appellations mignardes doivent être réservés au strict tête-à-tête.

Une jeune femme, agréable sur tous les autres points, a la manie de fermer toutes les portes et les fenêtres des maisons dans lesquelles elle entre, craignant toujours que ses enfants ne soient exposés là à un courant d'air. Vous avez trop chaud, tant pis pour vous, maître et maîtresse de maison et invités, cette sollicitude maternelle excessive ne prend garde qu'au danger des bébés. — Eh ! madame, il ne fallait pas les amener.

On voit aussi des pères et des mères ayant des invités à leur table servir à leurs enfants les plus délicats morceaux. Ils ont sans cesse l'œil sur cette trop choyée géniture et, en conséquence de cette inquiétude, négligent leurs hôtes. Si les enfants sont petits, faites-les manger avant les grandes personnes, car il faut bien veiller au bien-être des babies et *diriger* leur appétit. S'ils sont grands déjà, associez-les au rôle plein d'abnégation et de générosité qui est celui des maîtres du logis. Enseignez-leur que si nous devons tous nos soins à ceux qui nous tiennent de près, l'hôte, même l'hôte de quelques instants, est en quelque sorte un être sacré, parce qu'il nous donne une preuve de confiance honorable en venant sous notre toit, et que tout ce qu'il y a de meilleur et de plus beau doit lui être offert, fût-ce au prix d'une privation, d'un sacrifice. Si vous pouvez leur faire prendre de l'hospitalité, même passagère, une idée antique, orientale, tant mieux.

Partout, chez vous et dans le monde apprenez-leur qu'on doit s'oublier pour les autres, et cela sans attendre aucun retour. Et quand ils auront été froissés, attristés par les égoïstes, mais non découragés, c'est alors que le foyer, pour lequel on aura gardé les plus radieux sourires, les plus vives tendresses, le meilleur de son esprit et de son cœur, leur paraîtra doux et qu'ils ne voudront le quitter qu'autant que le devoir le leur commandera.

Étiquette du cigare et de la cigarette.

Il est bon, peut-être, d'établir les principes de l'étiquette du cigare, en divers pays, c'est-à-dire la manière dont on procède quand on invite quelqu'un à fumer avec soi.

A l'ile de Cuba, le caballero prend le cigare ou la
cigarette entre ses lèvres, l'allume ainsi, pousse quelques bouffées et la tend à son ami, pour qu'il y allume la sienne. Même façon de procéder, en Espagne.
En Autriche, on allume sa cigarette et on tend, à
son compagnon l'allumette encore enflammée ; on
agit de la sorte, pour donner plus de temps à ce
dernier. En effet, si on tend l'allumette enflammée
avant de s'en servir, celui qui l'a reçue se hâte pour
la rendre, avant qu'elle soit consumée. En Angleterre, le gentleman offre un cigare ou une cigarette
à son *fellow* (camarade), la lui allume et roule une
autre cigarette pour lui-même, qu'il allume aussi lui-
même.

Le Français tend toujours l'allumette à son compagnon avant de s'en servir. L'habitude d'arrêter
les gens inconnus, dans la rue, pour leur demander
du feu est d'origine américaine ; une mauvaise éducation seule permet d'agir ainsi. Cependant, ce service ne se refuse pas, mais les gens bien élevés ne
le demandent jamais.

L'ameublement.

On croira peut-être que ce chapitre ne ressortit
pas du savoir-vivre.

Il serait bon cependant d'indiquer quelques

règles d'ameublement à ceux qui se piqueraient d'acquérir une certaine élégance — et l'élégance est la fleur du savoir-vivre.

Il y a des meubles affectés aux chambres à coucher et aux salles à manger, qui ne peuvent figurer dans un salon. Ainsi une armoire à glace, un buffet ne sont à leur place, la première que dans le cabinet de toilette ou, plus modestement, dans la chambre où l'on dort, le second dans la pièce où l'on mange.

Toutes les fois qu'on le peut, on arrange une des pièce de l'appartement en salon. Il est plus facile d'y maintenir le bon ordre que partout ailleurs dans la maison, et puis la salle à manger ne peut servir de salle de réception à toutes les heures, encore moins la chambre à coucher, et il est des visiteurs qui arrivent en dehors des heures et des jours où l'on reçoit et qu'on est bien forcé de faire entrer quand même.

L'ameublement peut toujours être très modeste, il doit toujours être harmonieux. En général, il faut au moins un canapé dans un salon, deux ou quatre fauteuils, deux ou quatre chaises assorties et autant de chaises volantes que l'on veut. La table principale ne se place plus au milieu du salon. Quand on le peut, on a aussi de petites tables de fantaisie, qui rendent toutes sortes de services. Le piano est disposé de façon que l'exécutant ne tourne plus le dos à l'assistance; en conséquence, l'envers du

piano, exposé aux regards, est drapé d'une étoffe
plus ou moins riche.

Il ne faut pas *s'encombrer* de bibelots, fussent-
ils des œuvres d'art, et on fait bien de proscrire
tout ce qui n'est pas marqué au coin du goût et de
l'art. Mais on peut avoir de jolis vases pleins de
fleurs, des livres ici et là, des photographies aussi
bien encadrées que possible, pour donner de la vie
à la pièce où l'on reçoit — à toutes les pièces de la
maison, au reste. Au lieu d'une garniture de cheminée inférieure, disposez sur la tablette une coupe
en cristal ou en faïence contenant des fleurs, des
plantes. Gardez-vous du faux luxe; un ameublement
simple, gracieux, préviendra en votre faveur les
gens de goût. Des tentures criardes, des objets en
simili-bronze, la recherche de l'*effet* vous feront
mal noter des artistes et des gens de bon sens.

Une salle à manger en pitch-pin sera cent fois
plus jolie, dans sa simplicité, que si elle est compo-
sée de meubles en soi-disant vieux chêne, grossièrement fouillés, surchargés de sculptures.

On peut se créer un intérieur charmant avec des
riens, pourvu que l'on soit doué de goût et d'ingéniosité; l'orientalisme est à la mode, de sorte qu'avec
des objets venus de la vieille Asie, sans grande valeur, mais authentiques, les artistes, les fantaisistes
arrivent à donner à leur logis une vie éclatante et
surabondante, où les sensations sont pour ainsi dire
doublées et triplées. Mais il faut savoir faire un

choix parmi ces tentures, ces écrans, ces meubles que nous envoient des peuples dont le cerveau surchauffé ou bizarre commet des erreurs de proportions, parmi des orgies de couleurs et des caricatures du règne végétal et animal, qui vont jusqu'à faire éprouver une souffrance. Empruntez donc aux peuples exotiques, mais en vous souvenant que leur imagination est souvent déréglée et qu'il ne fait pas bon vivre dans les cauchemars qu'ils inventent.

Il suffira, je pense, de ces quelques indications.

Pour donner aux plus superbes ameublements, aux plus magnifiques appartements toute leur valeur, il faut faire régner partout la plus exquise propreté, l'ordre, le soin ; une tache sur une tenture de brocatelle, une couche de poussière sur un meuble d'ébène leur enlève la moitié de leur beauté. Une pièce en désordre paraîtra toujours désagréable à habiter.

La timidité et l'aisance

Vous vous désolez d'être timide, vous sentez que le manque d'aplomb vous rend gauche et contraint, vous retire toute l'élégance native dont vous êtes doué, et dont on ne s'aperçoit que dans le sanctuaire de la famille.

Consolez-vous, cela passera, surtout si vous ne vous préoccupez pas outre mesure du jugement que l'on peut porter de vos manières, si vous pouvez vous persuader que beaucoup de maladresses passent inaperçues, parce que l'attention des autres n'est pas constamment fixée sur vous. Continuez à aller dans le monde, peu à peu vous vous sentirez moins gêné, moins intimidé.

Vous êtes dans la situation d'un jeune soldat qui va au feu. Une balle siffle à son oreille, il se jette en arrière ou de côté; un obus éclate... loin de lui, il courbe la tête. A la seconde bataille, il frissonne un peu moins fort. A la troisième, il tressaille à peine. Puis, le voilà qui s'aguerrit, au point de plaisanter les boulets, en leur ôtant son képi, et de narguer la Mort qui fauche auprès de lui. Il est crâne, il est gai, l'habitude en a fait un vrai troupier.

Il en sera ainsi du jeune homme, de la jeune fille qui affrontent les feux des salons. La timidité, qui n'est pas sans charme chez les personnes jeunes, se change vite en aisance gracieuse, par l'usage du monde... comme on dit si justement.

Les gens sympathiques ne se font jamais remarquer par l'*aplomb* — qui a toujours quelque chose de désagréable et d'insolent pour les autres. Mais ils ont de l'*aisance*, ce que les êtres modestes et timides finissent par acquérir en se raisonnant un peu et par la fréquentation ininterrompue des gens du monde.

La susceptibilité.

La susceptibilité est, certes, un travers bien insupportable et nous engageons ceux qui en sont affligés et qui en affligent les autres à se corriger, pour leur propre bonheur et celui des êtres qui les entourent.

Mais il y a susceptibilité et susceptibilité, comme il y a fagots et fagots.

Vous dites un mot méchant ou seulement désobligeant et vous prétendez que je vous sourie? Vous m'attaquez sur un point sensible et vous voulez que je reste calme et sans riposte ? Et si je ne me laisse pas faire, moi, l'offensé, on m'accusera de susceptibilité !

Savez-vous quels sont ceux qui se plaignent le plus de la susceptibilité des autres? Ce sont les gens qui se refusent à subir toute gêne, qui supportent impatiemment toute chaîne imposée par le devoir, qui placent leur liberté au-dessus de tout; les gens qui disent : « Il faut me prendre comme je suis », ne voulant s'astreindre à aucune loi mondaine, à aucune obligation familiale et qui, cependant, réclamant toutes les concessions, n'en font aucune et brisent net au premier tort que l'on peut avoir envers eux, s'entêtant dans une brouille sans retour, et cependant jurant qu'ils ne sont pas susceptibles, eux, tandis que les autres !

La susceptibilité condamnable, la susceptibilité sotte, c'est celle qui dénonce un amour-propre outré, une opinion de soi trop avantageuse. Il y a, en effet, des gens qui exigent des égards extraordinaires, qui ne tolèrent pas un oubli, un défaut d'attention, qui font vivre leurs amis sur un qui-vive perpétuel.

Un mot, un geste imprudent, une minute de détente peut faire naître des reproches, une querelle ou un silence boudeur. Et ce qu'il y a de drôle, c'est que ces mêmes personnages se permettent tout ce qu'ils défendent aux autres. Ils s'accordent le droit de tout dire, et ils ne consentent à entendre que des louanges ou des approbations. Ils ne veulent pas se gêner ni qu'on les gêne, mais ils prétendent qu'on leur sacrifie ses aises.

Ils sont au-dessus des usages, des lois du savoir-vivre, mais il ne faut pas les oublier à leur égard. Vous ne devez omettre aucun de vos devoirs envers eux, mais ils s'affranchissent, eux, de toute obligation. Et si vous venez à vous plaindre du manque de réciprocité de leur part, ils vous accusent d'être susceptible, car, bien entendu, ils ne croient pas l'être, ils ont pour cela une trop excellente idée d'eux-mêmes.

Les gens bien élevés, aimables, ceux qui sont pleins d'attentions et de politesse pour les autres ne sont guère susceptibles ; désireux de plaire, ils ne supposent pas à autrui l'intention d'offenser ; ne se dérobant à aucune obligation, ils attribuent tout manque d'égards à une distraction, et il faut qu'on les atteigne vraiment dans leur dignité pour qu'ils se retirent sous leur tente.

Lorsque quelqu'un les a offensés, ils ne s'entêtent pas dans une rancune orgueilleuse ou vindicative, surtout lorsqu'on vient leur apporter des excuses. L'offense a peut-être tué l'amitié dans leur cœur, il n'est pas en leur pouvoir de faire revivre cette affection; mais la courtoisie exige qu'ils reçoivent les excuses offertes. La haine, le ressentiment empoisonnent la vie. Ils s'éloignent de ceux dont la vue excite leurs courroux ou un mauvais ressouvenir, ils essaient de les chasser de leur pensée. Ils ont médité, puis mis en pratique ce beau conseil de Musset :

Si l'effort est trop grand pour la faiblesse humaine
De pardonner les maux qui nous viennent d'autrui,
Epargne-toi, du moins, le tourment de la haine;
A défaut du pardon, laisse venir l'oubli.

Un orgueil que je conseillerais, parce qu'il est très noble, très généreux, ce serait de faire du bien à ceux qui nous ont fait du mal, quand nous en trouvons l'occasion. Ce sont choses qui font dire aux esprits élevés — qui sont témoins du fait ou qui l'apprennent : C'est très beau cela. Celui qui a dit le premier : « Rendez le bien pour le mal », n'était pas seulement un grand maître en morale, c'était un grand maître en savoir-vivre, et tenez pour certain que, dans les rapports journaliers de l'existence, il était d'une politesse exquise.

La monnaie de la gratitude.

— Vous appelez un médecin, ce n'est pas assez de le payer, il faut encore le remercier, lui témoigner une certaine gratitude et l'estime où vous tenez son savoir.

En certains cas, on apprête pour le médecin une cuvette très nette, remplie d'eau propre, une serviette blanche et souvent de l'eau de Cologne.

Si le médecin est forcé de rester plusieurs heures auprès du malade, on lui offre des rafraîchissements, un réconfort, à dîner ou à déjeuner selon l'heure.

— Un ouvrier vous rapporte un objet qu'il a confectionné pour vous, ou vous présente sa facture, vous payez et vous dites : « Merci ».

— Pour demander votre chemin ou un renseignement à un gardien de la paix ou à toute autre personne, vous devez soulever votre chapeau... si vous appartenez au sexe fort.

— Beaucoup de gens entrent dans un bureau de poste, de banque, de chemin de fer, etc., etc., et s'adressent au receveur, à l'employé, au sous-agent, sans daigner faire aucune démonstration de politesse ; ils sortent de même. Ils découvrent ainsi que leur éducation a été des plus défectueuses et que leurs dons naturels n'ont pu suppléer aux enseignements qui leur ont manqué.

Les personnes bien élevées salueront toujours en entrant, les hommes du chapeau, les femmes de la parole. Elles se serviront toujours d'expressions polies : « Voulez-vous bien, me dire » « me donner, monsieur ». Elles remercieront lorsqu'elles auront obtenu le renseignement ou la chose et salueront encore, en sortant.

Soyez certains que ces gens polis ne rencontreront jamais d'employé raide, grincheux, désobligeant.

La politesse du foyer.

La courtoisie du mari envers sa femme, la politesse de la femme à l'égard du mari sont, peut-être, les meilleurs garants de la paix conjugale.

Le mari et la femme peuvent avoir un avis différent ; ils discuteront, même avec une certaine chaleur, — ce qui est à éviter, du reste, si le tempérament le permet, — mais s'ils savent retenir tout mot blessant ou simplement impoli, le bon accord ne tardera pas à se rétablir, le débat n'aura pas eu plus d'importance qu'un nuage léger flottant dans

un ciel serein, et l'un des conjoints, — le mieux
doué, — ne tardera pas à céder.

Au contraire, un mot piquant, une parole injurieuse appelle l'orage et souvent le maintient à jamais au firmament conjugal.

Dans tous les cas de la vie, — sauf dans les affaires où la femme serait incompétente, dans les
petites questions de ménage auxquelles le mari
n'entend rien, — c'est une preuve de déférence des
époux, l'un envers l'autre, de se consulter avant de
prendre aucune décision. C'est de cette façon qu'on
établit l'union dans un ménage. « Deux avis valent
mieux qu'un », est un proverbe très vrai. Il va
sans dire que le mari et la femme, qui agissent
comme nous venons de l'indiquer, ne combattent
pas l'idée soumise pour le plaisir de la combattre, de
parti pris, ou que celui dont elle vient ne la soutient
pas, envers et contre tous, quand on lui en a démontré clairement les inconvénients. Les gens
affligés de ces défauts, l'orgueil ou l'obstination, ne
seront jamais véritablement polis et n'auront jamais
le sens de la vie pratique.

Dans la conversation ordinaire, c'est surtout avec
les siens qu'il faut se garder des duretés inutiles,
des *pointes* désagréables. Il est certain qu'il ne faut
pas flatter bassement ceux qu'on aime le mieux,
mais lorsqu'on peut leur adresser un compliment
agréable et mérité, pourquoi se refuserait-on et leur
refuserait-on ce plaisir?

L'affection n'autorise jamais à dire des choses
dures ou désagréables à ses parents, à ses amis.
Plus près on est du cœur de quelqu'un, plus on a
besoin de tout son tact et de toute sa courtoisie pour
faire entendre des vérités utiles, nécessaires. On
emploie mille circonlocutions, on fait usage d'une
foule de précautions oratoires, pour ne pas blesser
un étranger, et on négligerait ces ménagements
quand il s'agit de ceux qu'on aime et qui vous aiment!
Du reste, la douceur, seule, sait persuader et, au
premier moment, on ne veut jamais se laisser con-
vaincre par les hommes aux manières brusques, aux
paroles brutales, au caractère rude. La politesse est
indispensable au foyer, aussi bien et plus encore que
dans le monde.

Les femmes aiment les bonnes manières, les gracieuses attentions. Une politesse à laquelle une
habileté recommandable ordonne de ne pas manquer, c'est le soin de sa personne pour la plus stricte
intimité, — qu'il s'agisse du mari ou de la femme.
Une propreté rigoureuse est une coquetterie qui ne
coûte rien qu'un effort de goût, un désir légitime
de plaire à l'être aimé. On m'a raconté une histoire
charmante : une femme était en grande parure du
soir, elle allait partir pour le bal et son mari s'exta-
siait sur sa beauté et sur sa toilette.

— Tu me trouves belle ainsi habillée? Eh bien,
ce triomphe me suffit! Il fera meilleur au coin de
notre feu, je vais commander une tasse de thé, je

garderai cette robe qui te plaît, et je n'aurai jamais passé de soirée plus belle qu'auprès de toi, tête à tête.

Il est inutile de vous dire ce que répondit le mari.

A mon humble avis, voilà de la politesse raffinée. Cette politesse qui naît de l'amour, qui vient du cœur.

Les enfants d'un tel ménage doivent être charmants. Ces petits êtres si imitateurs prennent le tour d'esprit du logis. Lorsque la pelote échappe aux doigts de la mère et que le père se baisse avec empressement pour la ramasser, il y a des yeux candides qui voient, de petit cerveaux qui notent ce simple acte de politesse, lequel dit beaucoup de choses.

Par l'exemple, mille fois mieux et plus vite que par le précepte, on enseigne aux enfants à se parler gentiment l'un à l'autre, à reconnaître les bons procédés, à être doux, généreux, à se soucier du confort de la famille. Les façons courtoises du père envers la mère incitent les plus turbulents garçons à prendre des manières chevaleresques à l'égard des sœurs. Ils leur offrent leur aide, veillent à leur sûreté et ne leur disent jamais des mots grossiers ou seulement déplaisants. Les filles imitent la mère; elles sont, pour leurs frères, douces, patientes, vraiment obligeantes.

Ce qui détruit souvent l'harmonie, c'est l'inégalité d'humeur. On n'oserait, à propos de rien, se montrer

tout à coup froid, raide, désagréable à l'égard d'é-
trangers, et on ne se gêne pas pour infliger ce supplice à ceux qui vous entourent. Voilà une des plus
graves infractions à la politesse familiale.

Même dans la plus stricte intimité, même dans le
sanctuaire de la famille, ne laissez jamais échapper
de ces bâillements sonores et prolongés, qui peuvent
impressionner désagréablement les personnes ner-
veuses qui vous entourent.

La fatigue, le besoin de sommeil ou l'ennui que
dénoncent ces bâillements gagnera immédiatement
celui ou ceux qui les entendront, s'ils ont les nerfs
délicats et il vous sauront mauvais gré d'avoir fait
passer en eux votre état de malaise physique ou moral.

Par égard pour autrui, dissimulez donc de votre
mieux les bâillements irrésistibles, que la plus soigneuse politesse et la plus parfaite amabilité ne
peuvent faire réprimer entièrement, je le sais, mais
qu'on doit dérober de son mieux à l'oreille et même
à l'œil de ceux auprès desquels on se trouve, proches
comme étrangers.

Il y a encore une autre raison qui oblige à porter
la main devant sa bouche, quand on bâille ou quand
on tousse. Je n'en parlerai pas, on le devine facilement. Une coquetterie bien entendue explique
encore cet usage.

Que de femmes parlent pour parler! Leur mari est
plongé dans une lecture sérieuse, elles diront à demi
voix : « Il faut que j'aille chercher mon dé. » L'at-

tention du mari aura été distraite : « Qu'est-ce
que tu dis? — Je dis qu'il me faut aller chercher
mon dé. » Et cela se répète pour des choses de
même importance. Puis on pleure quand le mari
s'éloigne, va lire tranquillement dans son cabinet...
ou à son cercle.

LA VRAIE
FORMULE DU SAVOIR-VIVRE

« Aimez-vous les uns les autres », le savoir-vivre *tout entier*, l'art de vivre en paix avec soi-même et avec les autres est contenu dans ces paroles divines prononcées il y a dix-neuf cents ans et qui auraient changé la face du monde si, depuis ce moment, le principe chrétien avait été mis en pratique.

Mais, comment aimer ? dira-t-on. Dans le monde, par exemple, où on est obligé à tant de réserve ?

Il ne s'agit pas d'accabler les gens chaque jour, à chaque heure, de caresses ni de présents, ni de témoigner à chacun une fade et mièvre tendresse. Ce n'est pas ce qui prouve grand'chose. Aimer, c'est épargner au prochain toutes les souffrances, grandes ou *menues*, qu'il est en notre pouvoir de lui épargner, c'est lui faire tout le bien possible.

Une bonne parole, un sourire encourageant sont

des témoignages de notre amour pour notre semblable.

Nous aimons, lorsque nous réprimons à l'égard
des sensitifs une brusquerie, une rudesse qui peuvent nous être naturelles ; lorsque nous adoucissons
pour eux notre geste, notre voix, afin que leur cœur
palpitant ne se resserre pas douloureusement. Et
nous recueillons immédiatement le prix de notre
effort : nos façons frustes deviennent agréables et,
par suite, nous rendent *aimables* au sens absolu du
mot.

Nous aimons lorsque nous refoulons le rire,
même le sourire qui nous monte involontairement
aux lèvres en présence d'un être ridicule mais
inoffensif ; lorsque nous ne formulons pas la raillerie
mordante, la moquerie cruelle qui s'esquisse dans
notre esprit ; lorsque nous retenons le mot vif,
piquant, dur, qui blesserait autrui. La pitié qui
grandira alors, toujours dans notre cœur, nous
revêtira de vraie noblesse.

Nous aimons quand nous gardons le silence sur
les défauts de nos semblables. Quand nous défen-
dons les gens présents ou absents attaqués, si nous
pouvons le faire en toute justice, ou en cherchant
les circonstances atténuantes, si les torts sont réels.
Nous aimons le coupable... et le juge en empê-
chant celui-ci d'être trop sévère... ce qui est pour
lui redoutable. Cette indulgence nous revêt de douceur attirante.

Nous aimons quand nous accordons, sans flatte-
rie, la louange méritée qui réconforte et encourage ;
quand nous reprochons une faute avec ménagement.
Nous aimons, lorsque nous montrons que nous com-
patissons à la peine des autres, que nous nous
réjouissons de leurs joies. Nous aimons toutes les
fois que nous ne jalousons pas le bonheur de notre
prochain, toutes les fois que nous souffrons de son
malheur ou de sa douleur, toutes les fois que nous la
soulageons selon nos moyens. Cette sympathie nous
élève intérieurement et met à notre front un rayon.

Nous aimons quand nous laissons à chacun une
place au soleil... même dans un salon. Nous aimons
quand nous retenons la contradiction âpre, obsti-
née, aigre ; lorsque nous craignons de froisser les
gens dans leurs sentiments, leurs goûts, leurs affections ; lorsque nous cherchons à persuader pour le
bien, et non à *imposer* nos vues et nos idées, même
avec de bonnes intentions.

Petites choses, direz-vous. Que voulez-vous, on
n'a pas souvent l'occasion de se jeter à l'eau et au
feu pour son prochain, et il faut se souvenir du
verre d'eau de l'Évangile, que le plus pauvre peut
constamment donner au nom du Seigneur. Ces
petits dévouements dont on pourrait aisément mul-
tiplier les exemples, sont capables de produire le
plus grand bien. Savez-vous que si on arrivait à
une complète réciprocité dans l'échange des bons et
aimables procédés, ces toutes petites choses condui-

sant toujours plus l'humanité aux nobles mouvements, elle atteindrait la perfection !

Nous n'en sommes pas là, malheureusement.
Mais, en attendant, celui qui aime son prochain est
le plus parfait homme du monde (je veux entendre
aussi, sous le titre de ce livre, le gentleman, le mondain). Les façons exquises, la bonté, la douceur, la
grâce découlent de cet amour dont il fait preuve à
l'égard des *petits* comme des grands. Et il semble
qu'évitant tout ce qui peut nuire à autrui, et même
tout ce qui peut simplement lui déplaire, il n'ait
souci que donner aussi aux autres le bonheur d'aimer, ce sentiment qu'il est si facile de ressentir pour
les gens bienveillants.

Voilà ce qui constitue chez l'homme (et la femme
bien entendu), l'élégance véritable, l'élégance morale.
grâce à laquelle il est *si facile* de se familiariser avec
celle des salons.

Tandis que si, se bornant à la lettre de la civilité,
on n'en comprend pas l'esprit, on ne donne pas pour
base à sa politesse le plus puissant des sentiments,
avec les manières les plus correctes en apparence,
avec l'élégance extérieure la plus impeccable, on
pourra bien accomplir toutes les cérémonies du protocole, mais on restera dépourvu de ce savoir-vivre
d'autre essence qui, seul, peut nous rendre sympa-
tiques, parce qu'il fait de nous des gens agréables
au premier chef.

TABLE DES MATIÈRES

Paris. — Imp. PAUL DUPONT, 4, rue du Bouloi (Cl.) — 349.5.97.

www.ingramcontent.com/pod-product-compliance
Lightning Source LLC
Chambersburg PA
CBHW060951280326
41935CB00009B/686